novum pro

Tiefschlaf

Was Menschen im Komazustand erleben
und wie sie kämpfen müssen

Herbert Hierzer

novum pro

Bibliografische Information
der Deutschen Nationalbibliothek:

Die Deutsche Nationalbibliothek
verzeichnet diese Publikation in
der Deutschen Nationalbibliografie.
Detaillierte bibliografische Daten
sind im Internet über
http://www.d-nb.de abrufbar.

ISBN 978-3-99048-681-8
Lektorat: Pia Euteneuer
Umschlagfoto: Herbert Hierzer
Umschlaggestaltung, Layout & Satz:
novum Verlag

Gedruckt in der Europäischen Union
auf umweltfreundlichem, chlor- und
säurefrei gebleichtem Papier.

www.novumverlag.com

Vorwort

Ich erzähle Ihnen, wie Menschen kämpfen müssen, wenn sie nach einem Unfall, oder ähnlichem, in einen komaähnlichen Zustand gelangen, in dem es um ihr Leben geht. Immer wieder wird gesagt: „Der kämpft um sein Leben."

Ich durfte dies miterleben und möchte Ihnen erzählen, wie schwer es für den Komapatienten ist, in der geistigen Welt, in der er sich in dieser Phase befindet, zu kämpfen. Komamenschen tauchen wie sterbende Menschen in die Zwischenwelt ein und sehen in die Welt der Energie. Vielleicht mag vielen diese Welt brutal vorkommen, aber wenn du selber in diese Situation kommst, wirst auch du, wie alle anderen, den Fluss der Zwischenwelt durchschwimmen.

Am 8. August 2012 um 9:45 Uhr hatte ich meinen Unfall. Darüber und über die nachfolgende Zeit möchte ich in diesem Buch erzählen.

Es war eine Explosion, bei der ich mit Schnapsdampf besprüht wurde und danach blau brannte. Im ersten Moment wusste ich nicht, was ich machen sollte, doch dann beschloss ich, mich zu löschen, und für diesen Vorgang musste ich in den ersten Stock, doch von diesem war nichts mehr vorhanden. Ich kämpfte mich ins Stiegenhaus vor, denn der Weg war mir durch Schutt und Feuer versperrt, dennoch schaffte ich es und stand nun da und sah, was ich angerichtet hatte.

Mir fuhr durch den Kopf: „Ich muss jeden Tag 14 bis 16 Stunden arbeiten, sieben Tage in der Woche und habe immer noch einen Haufen Schulden." Da blieb ich stehen und überlegte.

Niemand war zu sehen und wenn ich nun hier stehen bleiben würde, würde ich so verbrennen, dass mein Leben nicht mehr zu retten sei.

Der Gedanke begann mir zu gefallen, denn ich wäre die Arbeit los und auch meine Schulden, ich war gut versichert und meiner Frau würden keine Schulden überbleiben.

Doch da sprach diese Stimme auf einmal zu mir. Ich hatte sie in meinen Leben schon öfter gehört, denn ich war schon häufig kurz davor gewesen zu sterben und immer in letzter Sekunde sprach diese Stimme zu mir.

Das erste Mal hatte ich sie im Alter von einem halben Jahr gehört, da war ich schwer krank geworden und hatte wochenlang um mein Leben kämpfen müssen, wobei mir diese Stimme geholfen hatte.

Dann war ich herangewachsen, wobei ich dieses Erlebnis nie mehr hatte vergessen können und vor allem und vor jedem Angst gehabt hatte.

Ich hatte nur an Mutters Rocksaum gehangen, was sie sehr genervt hatte.

Mit vier Jahren hatte ich diese Stimme zum zweiten Mal gehört, ich war von einem Militärauto erwischt worden und die Stimme hatte mir geholfen, zu überleben.

Das dritte Mal war ich ins Wasser geworfen worden und hatte mich vor Schreck nicht mehr bewegen können, auch diesen Vorgang hatte ich überlebt und beim vierten Mal hatte ich auf der Straße überlebt.

Immer, wenn diese Stimme zu mir sprach, war alles Geschehen um mich herum wie in Zeitlupe, und dank dieser Stimme durfte ich so alt werden, wie ich jetzt bin.

Das letzte Mal, als ich von ihr gehört hatte, war es eine Abmahnung gewesen, dass mein Leben ab nun so schnell und so hektisch wie eine Sirene vergehen würde und so war es auch gewesen und nun stand ich da und wollte verbrennen wie die Hexen im Mittelalter.

Kurz zuvor erst hatte ich das Geschehen im Mittelalter in unserer Region ausgearbeitet und mich speziell auf die Hexenverfolgung konzentriert und genau am Vorabend meines Unfalls sagte ich noch zu meiner Frau, dass Verbrennen der schlimmste Tod sei, und einige Stunden später brannte ich.

All diese Vorgeschichten und meine Erlebnisse im Tiefschlaf, die ich hier in diesem Buch erzähle, kann ich nicht als Zufälle abhacken, so viele Zufälle wären auf einmal zu viel.

Danach musste ich noch eineinhalb Jahre auf Reha verbringen und da an meinem Körper nicht viel war, was nicht verbrannt war, konnte ich auch nicht viel sehen, denn die Augen wurden mir auch verbrannt.

So hatte ich sehr viel Zeit, um das Erlebte zu verarbeiten, und kam zu dem Schluss, dass all dieser Ablauf geplant und durchgeführt worden war.

Ich war zum Sterben ausgeschrieben worden und sollte sterben.

Doch die Energie in mir wollte nicht aufgeben und feuerte mich an, ich sollte mich doch noch löschen, was ich auch tat, denn nur sie wusste, wofür es gut sein sollte.

Meine Energie kämpfte mit mir und wir schafften es, aber nur durch den Willen der Energie. Mein Körper und ich selbst wollten mich aufgeben, denn das Leid, das zu ertragen war, war so schwer, dass ich Gott anflehte, wenn er mich schon nicht sterben lassen wollte, so sollte er mich doch verrückt werden lassen.

Doch in dieser Welt der Energie ist alles anders, denn dort werden alle Arten von Energie sichtbar und spürbar.

Tauchen und fühlen Sie kurz hinein in die Welt der Energie, dessen Tür jeder lebende Mensch noch öffnen wird und in die er sich hineinleben wird müssen.

2012 – Wir, Gabi und Herbert, bewirtschafteten eine Liegenschaft in der Größe von 16 Hektar in der Oststeiermark. Unsere Produkte waren Obst und Wein und diese wurden in unserer Weinschänke an unsere Kunden verkauft.

Die Weinschänke lief sehr gut.

Es war ein heißer Sommer, die Temperaturen erreichten täglich fast 40 Grad und die Nächte hingegen waren relativ kühl, sodass die Temperaturen nachts bis unter 16 Grad Celsius abfielen, dies waren die idealen Voraussetzungen für Krankheiten im Obst- und Weinbau.

Es hatte bereits eineinhalb Monate nicht mehr geregnet und der Boden war ausgetrocknet.

Gras wuchs nicht mehr viel, doch der Gänzich (ein Unkraut) wuchs zwischen den Zeilen meterhoch, so gut war er noch nie gewachsen.

So hatte ich nun die Aufgabe, täglich einige Weinstockzeilen in meinem Weingarten vom Unkraut zu befreien.

Heute war es nicht anders, seit fünf Uhr morgens mähte ich bereits im Weingarten, wie jeden Tag. Jetzt um acht Uhr morgens kamen meine Mitarbeiter.

Ein Auto um das andere fuhr die Hofeinfahrt hoch.

Wir hatten sechs Mitarbeiter, die bei uns beschäftigt waren und nun von ihrem Urlaub zurückkamen.

Im Monat Juli war unser Betrieb, wie jedes Jahr, geschlossen.

Nach unserem Urlaub freuten wir uns auf eine neue, erfolgreiche Saison.

Anscheinend gut erholt stiegen meine Mitarbeiter aus ihren Fahrzeugen.

„Hallo, meine Lieben! Wie war der Urlaub? Jetzt gehen wir es wieder an!“

„Schön!“, meinte die Mehrheit. „Und wie war Ihr Urlaub, Chef?“

„Na ja, arbeitsreich, aber sonst war er nicht so schlecht. Stellt euch mal vor, was uns passiert ist! Am 3. Juli hatten wir hier ein Unwetter und der Sturm hob das Blechdach von unserem Zubau ab!“

„Wirklich?“

„Das war eine Heidenarbeit, dieses Dach wieder dicht zu kriegen!“

Vor zwei Jahren hatten wir zur alten Weinschenke einen Zubau errichtet, der eine Baufläche von 200 Quadratmeter aufwies, und dieser Zubau war mit einem Blechdach versehen worden.

„Der Sturm war so heftig, dass das zusammengeschraubte und verklebte Blechdach als Ganzes abhob, sich verbeulte und in das Ziegeldach, das den Altbau abdeckte und das sich direkt neben den Neubau befand, stürzte. Der viele Regen, der mit dem Sturm kam, drang in alle Ritzen. Mit viel Arbeit hat der Urlaub begonnen und endete mit viel Arbeit. Jetzt hoffen wir nur, dass es mit viel Arbeit weitergeht!“

Das Personal sah mich mitleidig an, ich sah ihnen aber an, dass sie mehr als froh waren, bei den Aufräumarbeiten nicht dabei gewesen zu sein.

Da es bereits nach acht Uhr war, wir noch eine Menge Arbeit vor uns hatten, begann ich schleunigst mit den Einteilungen.

Denn ich wollte mich in meinen Weinkeller zurückziehen. Für den heutigen Tag hatte ich mir Kellerarbeiten aufbewahrt.

Nach der ersten Begrüßung gingen wir gemeinsam in die Lokalität.

Hier hatte ich nun meine Arbeiter um mich und ich konnte sie einzuteilen.

„Ihr Kellner beginnt im Speisesaal zu putzen. Sebastian, du gehst die Terrasse an und ihr beiden geht zu den Toiletten. Wo ist Gabi?“, rief ich. Gabi ist meine Frau und auch sie war mit dem Personal gekommen.

Gabi war eine der wichtigsten Personen in unserem Betrieb, sie hatte die Fähigkeit, unsere Gäste aus ihrer Zurückgezogenheit zu locken und diese in Stimmung zu bringen. Sie trug viel zu unserem guten Ruf und dass das Lokal meistens ausgebucht war bei.

„Gabi ist in der Küche!“, bekam ich zur Antwort.

„Gabi!“

„Ja, was ist denn?“, antwortete sie.

„Ich geh jetzt in den Keller, ich will noch den alten Schnaps brennen.“

„Ist okay, aber muss das unbedingt heute sein, wenn das ganze Personal hier ist. Du hast doch sonst genug Arbeit!“

Mit diesem Gegenargument hatte ich gerechnet, doch ich hatte mir diese Arbeit extra für diesen Tag aufbewahrt und so lautete meine Antwort: „Gabi! Ich bin doch schnell wieder da, ich heize nur schnell den Kessel ein, befüllt ist er bereits! Nimm dann den Hochdruckreiniger mit nach oben und reinige die Terrasse.“

Ich wandte mich von meiner Frau ab, die zu meinem Kommentar kein Wort mehr sagte, und schritt die Stufen zum Keller hinab.

Endlich, frische, kühle Luft kam mir entgegen.

„Hier möchte ich heute verweilen", dachte ich mir, „denn draußen hat es sicher bereits 30 Grad Celsius."

Ich hatte meine Frau belogen, denn ich hatte den Schnapsbrennkessel noch nicht befüllt und überlegte mir, als ich so vor den Kessel stand, ob meine Frau nicht recht hatte, ich hätte wirklich genug andere Arbeit gehabt und ich zweifelte: „Soll ich mir diese Arbeit wirklich heute antun?"

Ich überlegte nur kurze Zeit und dann entschied ich: „Ich brenn ihn doch heute."

Damit begann ich, den Kessel zu befüllen, einzuheizen und die Brennanlage zusammenzubauen.

Zum Schluss setzte ich noch die Brennblase auf, da kam Sebastian, der Mann für alles, zu mir in den Keller. „Chef, was soll ich machen? Im Hof bin ich fertig!"

„Hol den Hochdruckreiniger, ich bin hier gleich fertig, dann machen wir die Terrasse."

Sebastian hatte mich wieder verlassen, doch diese Unterbrechung sollte Folgen haben.

Schnell baute ich den Kessel fertig zusammen und legte noch ordentlich Holz nach, dann verließ auch ich den Keller, ging auf die Terrasse und begann mit Sebastian die Terrasse zu reinigen.

Etwa eineinhalb Stunden waren vergangen, da fiel mir ein, dass ich nach dem Brennkessel sehen müsste.

Mit schnellen Schritten begab ich mich Richtung Schnapsbrennraum.

Ich öffnete die Tür zu diesem Raum, ein mulmiges Gefühl überkam mich, das mir sagte: „Hier ist etwas anders."

Es herrschte Totenstille, kein Knistern vom Holz oder das Rauschen des Kessels, wenn die Flüssigkeit sich erhitzte, absolut nichts.

Es war, als würde ich mich in einem toten Raum befinden.

Zuerst dachte ich mir: „Bin ich nicht zum Heizen gekommen?"

Mein Herz begann wie wild zu pochen, ich fühlte, dass hier etwas anders war. „Was geht hier vor? Was wird jetzt passieren? Wo finde ich den Schalter, dass es hier wieder zu rauschen und zu knistern beginnt?"

Vorsichtig, auf Zehenspitzen bewegte ich mich vorwärts, Richtung Brennkessel, so als könnte der leiseste Lärm von mir eine Katastrophe auslösen.

Noch immer war ich vom Kessel etwa zwei Meter entfernt, der dastand, als hätte er schon lange nichts mehr zu tun gehabt.

Ich blieb stehen, betrachtete den Kessel, wobei meine Augen hektisch nach etwas suchten, sie suchten nach dem Auslöser dieser seltsamen Ruhe. Auf einmal wurde es kalt um mich, ich sah, wie kalter Atem aus meinem Mund entwich, was bei diesen Temperaturen eigentlich nicht möglich sein konnte. Ich starrte immer noch suchend auf den Kessel.

Ich traute meinen Augen nicht, was ich nun sah.

Die Schrauben des Ringes, der die Brennblase mit dem Kessel verband, drehten sich auf einmal und zwar in die Richtung, in der man sie öffnet.

Nach einigen Drehungen rutschten diese durch die Halteschlitze ab.

Ich wusste, was sich in dem Kessel befand, etwa 90 Liter fertiger Schnaps. Was würde nur passieren, wenn dieser austreten sollte, diese Erfahrung hatte ich noch nicht gemacht. Allerdings konnte ich mir nicht vorstellen, dass dieser Schnaps bereits so heiß sein sollte, dass er austreten könnte, meine Augen richteten sich hektisch zum Auffangbehälter, nichts kam aus dem Rohr.

Obwohl ich sonst immer wusste, was zu tun sei, stand ich nun da und wusste nicht, was ich auf die Schnelle unternehmen könnte.

Hektisch suchte ich nach Handschuhen, einen fand ich und zog ihn über, dann begab ich mich zum Brennkessel und versuchte, die Schrauben festzuhalten, die sich selbstständig machten und sich öffneten.

Wie von Geisterhand drehten die Schrauben sich, ich wollte sie festhalten, doch ich hatte keine Chance, diese Kraft, die an den Schrauben drehte, war stärker als ich.

Meine Augen suchten wieder nach der Kühlvorrichtung, wo der gekühlte, fertige Schnaps normalerweise ins Freie fand. Nichts, kein Tropfen flüssigen Schnapses fiel in das große Glasgefäß, das sehnsüchtig auf den ersten edlen Tropfen wartete.

Wieder richteten sich meine Augen auf den Kessel, wo sich die Schrauben, wie von Geisterhand, weiterbewegten und abrutschten.

„Was könnte ich noch schnell unternehmen?“, schoss es mir wieder durch den Kopf. „Wasser, Wasser, ich muss ihn kühlen“, rief ich mir leise zu.

Diese Hektik, die sich in mir aufgebaut hatte, war ich nicht gewohnt und es war mir nicht mehr möglich, diesen Vorgang, der sich bereits in Gang gesetzt hatte, noch zu stoppen.

Nun kamen Fluchtgedanken, ich musste den Raum so schnell wie möglich verlassen.

Doch ich konnte dies alles nicht dem Zufall überlassen. Was würde passieren, wenn ich nicht hier war? Vielleicht könnte ich noch größeren Schaden abwenden. Zugleich schoss es mir durch den Kopf: „Kann ich diesen Schnaps noch retten?"

Als ob dieser Schnaps noch so wichtig gewesen wäre, doch ich wollte ihn am kommenden Freitag mit meinen Kunden verkosten, all dies schwirrte mir im Kopf herum.

Immer noch versuchte ich die Schrauben festzuhalten, doch eine um die andere von den sechs, die sich am Kessel befanden, rutschte ab.

In dieser Sekunde, während ich noch hin- und hergerissen war, was ich tun könnte, und ich wie angewurzelt dastand, noch Schrauben hielt, passierte es:

Die Brennblase hielt dem Druck des Schnapsdampfes nicht mehr stand und hob um einige Zentimeter vom Brennkessel ab.

Eine riesige, heiße Dampfwolke schoss mir entgegen und schloss mich und den Raum in den Schnapsdampf ein.

Vor Schrecken wich ich einige Schritte zurück.

Ich stand in einer Schnapsdampfwolke und gespannte Ruhe ummantelte mich.

Ein, zwei Sekunden vergingen, in denen ich mich nur fragte, was ich nun machen könnte, jeder Schritt könnte der falsche sein, sich nur nicht bewegen schien mir das richtige zu sein, dann gab es einen lauten Pfiff.

Wieder mussten einige Sekunden vergangen sein, bis ich mich fing.

Alles sah anders aus, als hätte jemand den ganzen Raum mit Kalk bestreut, alles war hellgrau.

Noch immer war ich nicht ganz bei Sinnen, stand wie angewurzelt an derselben Stelle wie vor dem Pfiff, doch dann sah ich zu Boden.

Oh Schreck, mein Körper war blau, es dauerte noch weitere ein, zwei Sekunden, bis ich verstand, dass ich in Vollbrand stand.

Ich sah hoch, die Flammen, die an mir zerrten, schlugen bis zur Decke hoch.

„Nein, das darf nicht sein!“, schrie ich. Auf einmal schoss es mir durch den Kopf: In den letzten Wochen, hatte ich, in meinen freien Minuten, die Hexenverfolgung des Mittelalters ausgearbeitet für unseren Geschichtspfad, der sich hier in unserem Areal befand.

Vor fünf Jahren hatten wir einen Geschichtspfad hier am Olariziberg gegründet, in dem die geschichtlichen Vorkommnisse der Region geschildert wurden.

Da auch bei uns die Hexenverfolgungen große Spuren hinterließen, hatte ich diese ausgearbeitet und diese Lektüre stand kurz vor dem Druck.

Hierbei hatte ich mich mit Folter und Verbrennungen auseinandergesetzt und mein Gedanke war immer, dass Verbrennen das schrecklichste sein müsste, was einen Menschen wiederfahren könnte, und ich wusste, dass bei Verbrennungen der Tod sehr nah bei einem war.

Sogar in der vergangenen Nacht hatte ich mit meiner Frau über dieses Thema gesprochen.

Jetzt brannte ich, die Panik, die in mir hochkam, war enorm, ich schnappte nach Luft, dies war ein Fehler, denn so atmete ich das Feuer tief in meine Lunge ein.

Nun sah ich das Ausmaß klar vor mir, der Alkohol war explodiert und nach einer Explosion bildete sich ein luftfreier Raum, so wurde es uns gelehrt. „Es gibt hier keine Luft!“, dachte ich mir und deswegen schnappte ich noch schneller nach Luft, gleichzeitig schrie ich wie wild: „Hilfe, Hilfe, ich brenne!“ Doch niemand hörte mich.

Ich atmete immer schneller, denn in der Panik glaubte ich, dass hier keine Luft sei. Dabei fühlte ich, wie die Flammen, die an mir zerrten, tief in meine Lunge eindrangen.

Auf einmal fühlte ich den Tod, Leere umgab mich, ich roch und schmeckte nichts mehr.

Mein Körper fühlte sich an, als sei er ausgelöscht und leer.

Man würde es nie für möglich halten, wie leer das Leben ohne Geschmacksorgane sein kann.

Ich roch nichts mehr und um mir war eine große Leere entstanden, mein Gedanke war: „Nun muss ich sterben.“

In diesem Moment schoss in mich ein Funke Überlebenswille, ich riss mein Leibchen hoch, stülpte es über den Kopf, um ihn und meine Lunge zu schützen, zugleich begann ich zu laufen.

Über Trümmer hinweg, durch brennende Serviettenhaufen arbeitete ich mich in den ersten Stock Richtung Küche vor.

Ob ich es noch schaffen würde, mich zu löschen? Es ging um Sekunden, so viel wusste ich.

Alles war hier anders, hier gab es keine Wände und keine Decke mehr, ich stand im Freien und um mich waren nur Trümmer von Geschirr und Möbeln.

„Oh Gott was ist denn hier passiert, war ich das?"

Zugleich blieb ich einen kurzen Moment stehen und durch meinen Kopf ging ein Gedanke. „Wenn ich nun stehen bleibe und verbrenne, sind meine Geldsorgen vorbei."

Ich vernahm keinen Schmerz, obwohl ich sah, wie die hellblauen Flammen an mir zerrten, ich wollte sie mit der Hand löschen, doch die Flammen loderten immer wieder auf.

Es war niemand in meiner Nähe, ich hatte keine Schmerzen, wenn ich nun so stehen bleiben würde, vielleicht noch zehn Sekunden, dann wäre ich vielleicht tot!

Doch auf einmal sprach eine Stimme in mir, zu mir: „Lauf schnell, schnell, Herbert!"

Diese Stimme kam mir sehr bekannt vor, denn diese Stimme tauchte immer wieder auf, wenn ich mich in einer lebensbedrohlichen Situation befand.

1959. In diesem Jahr wurde ich geboren und nach etwa sieben Monaten bekam ich diese Stimme zum ersten Mal zu hören.

Man sagt zwar, man könnte sich an die Zeit als Baby nicht erinnern, doch an dieses Erlebnis kann ich mich sehr gut erinnern.

Ich lag in meinem Gitterbett, öffnete meine Augen und sah zur Decke. Da sah ich ein Spinnennetz.

Natürlich wusste ich zur damaligen Zeit nicht, was eine Spinne oder ein Spinnennetz war, doch nach diesem Erlebnis wusste ich es.

Im Netz saß eine Spinne, sie sah zu mir herab. Auch ich sah lange zu ihr hinauf, auf einmal kam die Spinne zu mir herunter, bis kurz über meine Nasenspitze, da verharrte sie und sah mich mit ihren Augen an.

Auf einmal saß ich auf einem Hügel, der nicht größer war als ein Ameisenhügel, ich konnte gerade darauf sitzen.

Rundum um diesen Hügel war Leere, doch von diesem Hügel aus ging ein Spinnennetz in alle Himmelsrichtungen und ein jeder Faden hatte, nach meiner heutigen Berechnung, etwa 40 Zentimeter Durchmesser.

Es war düster und man konnte nicht viel sehen, doch ich sah in einiger Entfernung einen Raum, ich sah nicht viel, hörte aber Leute sprechen, die ich natürlich nicht verstand.

Mir kam es vor, als sähe es hier genauso aus wie das Spinnennetz über meinem Gitterbett. Es war düster und meine Augen suchten nach etwas, wo ich Wärme und Zuneigung finden würde.

Die Seile waren dick, ich hätte meinen kleinen Körper auf das Seil legen können und dieser wäre gut darauf gelegen.

Es war unheimlich hier und wenn ich schreien hätte können, hätte ich geschrien, doch es kam kein Ton aus mir.

In einiger Entfernung sah ich eine Spinne, sie sah zu mir, sie war groß, sehr groß.

Da hörte ich wieder Stimmen, sie sprachen miteinander.

Unter diesen Stimmen gab es eine Frauenstimme, sie widersprach den anderen Stimmen immer wieder, ohne laut zu werden.

Kaum zu glauben, ich war ein Baby und konnte all diese Vorgänge irgendwie verstehen.

Ich glaube, dass für Babys das Tor zur Zwischenwelt noch offensteht und sie viel mehr sehen, als wir vermuten, doch auch für sie wird das Fenster zur Zwischenwelt verschlossen und sie werden sich an nichts mehr erinnern.

Auf einmal wandte sich diese weibliche Stimme mir zu und sagte: „Wir beide sollen nicht leben, die Götter sind sich über uns uneinig. Nun müssen wir kämpfen, wir müssen kämpfen, um zu leben, kämpfen gegen die Spinne, sie darf dich nicht erwischen, erwischt sie dich, dann sterben wir, aber könntest du der Spinne entkommen, dann leben wir!"

Die Spinne war riesig, nach heutiger Vorstellung war sie etwa so groß wie ein Pferd, sie kam auf mich zu und sagte: „Es tut mir leid, mein Kleiner, aber ich werde dich fangen und dann bist du in meinem Reich, im Reich des Todes, so wollen es die Götter."

Jenseits der geistigen Welt gab es die biologische Welt:

Mein Körper verkrampfte sich in meinem Gitterbett vor Angst, ich zitterte und ich schrie, ich war schweißgebadet.

Mutter und all die anderen standen um das Gitterbett und wussten nicht, was mit mir los war.

Sie schüttelten mich und legten mir kalte Tücher auf, aber ich erwachte nicht aus meiner Traumwelt.

Wieder in der geistigen Welt sprach diese weibliche Stimme zu mir: „Herbert, versuch über die Seile vor der Spinne zu fliehen! Mach schon, schnell!"

Ich konnte mich nicht äußern, konnte gerade mal aufrecht sitzen, vielleicht etwas krabbeln, doch wie sollte ich hier über diese Seile klettern mit diesem kleinen Körper?

Die Spinne kam näher, immer näher und diese Stimme ermahnte mich immer wieder: „Flieh, flieh!"

Ich hörte auf die Stimme und versuchte, meinen Körper von der Stelle, auf der dieser saß, zu bewegen.

Langsam schaffte ich es, mich Richtung Seile zu bewegen, und begann mich an einem Seil vorwärts zu bewegen.

Mit enormer Anstrengung schob ich meinen Körper vorwärts und unter mir war gähnende Leere.

Die Spinne kam immer näher und schon nach kurzer Zeit war sie über mir und bedeckte mit ihrem Körper meinen.

„Aus ist es!", dachte ich mir, mein Herz pochte so laut, dass man es in diesem Raum der Spinne laut schlagen hörte.

Da riss ich meine Augen auf, ich war wieder in meinem Gitterbett.

Mein erster Blick richtete sich zur Decke, die Spinne war wieder oben in ihrem Nest.

Mir kam es so vor, als lächelte sie, schweißgebadet und todmüde schlief ich ein.

Dieser Vorgang wiederholte sich täglich ein paar Mal und mir kam es so vor, dass die Zeit, die ich in der Grotte verbrachte, von Tag zu Tag länger wurde.

Über die Jahre hinaus merkte ich, dass diese Stimme zu mir gehörte, ich betrachtete sie als meinen Engel.

Wenn ich mich in der Grotte befand und ich vor Angst sterben wollte, ließ diese Stimme immer wieder beruhigende Worte in mich einfließen, dass dies eben so sein müsste und egal wie es ausgehen würde, sie sei immer bei mir usw.

Wieder wurde ich in die Grotte geholt und saß in diesem riesigen Spinnennetz, dessen Mitte eine kleine Insel war, und musste abwarten.

Mir gegenüber wartete die Spinne auf ihren Auftrag, sie sah mich unentwegt an, ich begann bereits zu weinen, wenn ich sie nur sah, ich zitterte und war total aufgelöst.

Wie sollte ich nur flüchten, es war nicht möglich, mich verließ jegliche Kraft, ich fühlte, dass ich dem sicheren Tod ausgeliefert war, und ich hatte mich bereits damit abgefunden.

Diese Stimme versuchte, mich immer wieder zu beruhigen, aber ohne Erfolg.

Nach einiger Zeit gewöhnte sich mein Körper an diese Situation und meine Verkrampfungen lockerten sich, ich konnte mich besser bewegen und konnte recht gut krabbeln.

Doch die Spinne blieb immer wieder die Siegerin.

Nach einiger Zeit wachte ich in meinem Bett auf, sah zur Decke und die Spinne war verschwunden, wir durften weiterleben.

Die Stimme hatte gekämpft und gewonnen, es war der Kampf meines Inneren.

Dieses Innere ist vermutlich unsere Energie, die in jedem Lebewesen steckt, diese Energie führt uns durchs Leben und der Körper ist der Ausführende. Einige Male bekam ich diese Stimme noch zu hören, so wie in diesem Moment bei dem Verbrennungsunfall.

Wie immer in meinem Leben hörte ich auf diese Stimme und ich setzte den Weg zum Abwaschbecken fort.

Noch immer zerrten die Flammen an meinem Körper, endlich erreichte ich die Tellerbrause, mit der ich die Flammen erfolgreich erstickte.

Nun kamen meine Frau und Silvia, die Köchin, angelaufen und sie riefen: „Was ist denn hier passiert?"

Das Feuer an mir hatte ich bereits gelöscht, somit konnten sie das Ausmaß meiner Verletzungen nicht schnell erkennen. Ich sagte zu meiner Frau: „Hol schnell Sebastian."

Kaum hatte ich meine Wörter ausgesprochen, kam er auch schon gelaufen.

„Sebastian, du musst mit dem Feuerlöscher in den Keller, das Feuer löschen, es brennt noch im Keller, hol den Nasslöscher, ich zeig dir, wie er funktioniert!“

Sebastian lief los und kam wenig später mit dem Feuerlöscher.

Ich entfernte den Sicherheitsstift und zeigte ihm die Funktion, danach machte er sich auf den Weg in den Keller.

Alle waren sprachlos und konnten es nicht fassen, was hier passiert war, doch niemand sprach mich auf das Geschehene an, aber ihre Gestik sprach Worte.

Ich brauste mich noch immer ab, da schrie meine Frau Gabi, als sie mich genauer ansah: „Herbert, wie siehst du nur aus! Was soll ich denn jetzt machen, alle Arbeiter sind hier und ich kann mit dir jetzt zum Arzt fahren, wie soll das gehen?“

„Gabi, das war ein Unfall, du brauchst mit mir nicht zum Arzt fahren, ihr müsst die Rettung holen, nein, es muss der Hubschrauber kommen, ich werde die Schmerzen, die bald kommen werden, nicht aushalten! Gabi, ich weiß nicht, was passiert ist, ich weiß auch nicht, ob ich meine Verletzungen überleben werde, aber wenn ich es schaffe, dann werden wir alles wieder herrichten. Jetzt aber müsst ihr die Rettung holen, besser gleich den Hubschrauber.“

„Das macht schon die Daria, ach Gott, wie schaust du nur aus, deine Ohren und Gesicht, deine Haare!“

„Ich weiß nicht, wie ich aussehe, Schatzerl.“

Die Minuten vergingen und mir kamen sie vor wie Stunden.

„Gabi, wo bleibt denn nur der Hubschrauber?“

„Er ist schon gelandet, sie werden gleich reinkommen.“

„Nein, ich geh schon raus."

Kaum hatte ich diese Worte ausgesprochen, kamen die Sanitäter zu mir.

„Ich geh schon raus, hier ist alles so eng."

„Nein, setzen Sie sich auf die Trage, wir tragen Sie raus."

Es war nicht so einfach, denn auf einmal konnte ich meinen Körper nur noch eingeschränkt bewegen, die Haut war angebraten und hart geworden.

Sitzend wurde ich durch das Gebäude getragen, und bevor die Rettungsmänner mich durch die Eingangstür trugen, setzten sie die Trage ab, auf der ich saß, und sie wurde zur Liege umgebaut.

Erst dann wurde ich durch die Eingangstüre ins Freie gebracht, wo noch mehr Sanitäter auf mich warteten.

Nun lag ich hier, mein Körper zitterte vor Kälte und Schmerzen verkrampften diesen.

Ich musste bereits eine Injektion bekommen haben, denn der Arzt fragte mich immer wieder, ob ich noch Schmerzen hätte, was ich immer wieder mit „Ja" beantworteten musste.

Ich bekam noch mit, wie sie mich in Stanniolpapier packten, und auf einmal war ein riesen Wirbel um mich herum, alle sprachen durcheinander.

„Was ist jetzt los?", fragte ich mich.

Da stand auf einmal mein Hund, die Leica, neben mir und sah mich mit ihren traurigen Augen an.

Nun wusste ich, um was es ging, alle Sanitäter riefen: „Weg mit dem Hund, aber schnell!"

Die Leica war normalerweise immer bei mir, sie fuhr auch mit mir auf dem Traktor mit.

Nur an diesem Morgen, als ich um fünf Uhr aus dem Haus gegangen war, hatte sie nicht mitgewollt.

Ich hatte mir nichts dabei gedacht, und als meine Frau um acht gekommen war, war die Leica wieder nicht dabei gewesen und ich hatte meine Frau nach ihr gefragt, sie hatte geantwortet: „Die wollte nicht."

Und nun stand sie vor mir. Das war das letzte, was ich von dieser Welt sah, danach verließ ich unsere Welt für lange Zeit.

In Graz kam der Funkspruch an und die Ärzte traten zur Besprechung zusammen.

Für einen neuen Arzt, der vor einigen Tagen aus Wien gekommen war, war ich der ideale Fall. In dem einzigen Bett, das zur damaligen Zeit in Graz zur Verfügung stand, lag zurzeit einer, der unter Quarantäne stand.

Dieses sollte für mich freigemacht werden. Graz gab positives Signal an den Hubschrauberpiloten und alles wurde für meine Ankunft vorbereitet.

Ich befand mich auf einmal in einer sehr trockenen Gegend, wüstenähnlich.

Mir war heiß und um mich herum war alles ausgetrocknet, keine Häuser oder etwas, das nach Leben aussah, nur hier und dort standen kleine Kakteen.

„Wie komm ich nur hierher?", dachte ich mir. „Und wo kann ich hier nur sein?"

Sand wurde durch die leise Brise, die mich umwehte, aufgewirbelt.

Ich stand auf einer Straße und folgte dieser in Richtung der hochstehenden Sonne, die mir völlig fremd vorkam. Die Sonne hier sah mächtiger und um einiges größer aus als die auf der Erde.

„Dies ist nicht die Sonne der Erde, wo bin ich hier nur und wie komm ich hier her?“, fragte ich mich immer wieder.

Mächtige Sonnenstürme spielten sich auf dieser Sonne ab, ich konnte sie sehen, die Sonne blendete nicht so wie die auf unserem Planeten.

Viel weißer Dampf begleitete diesen riesigen Feuerball.

Ich kam mir verlassen und alleine in dieser Welt vor und große Angst überkam mich, dass ich nicht nach Hause finden würde.

Die Sonne verunsicherte mich enorm und so bestätigte sich meine Gewissheit immer mehr, dass ich nicht mehr auf der Erde sei.

„Bin ich bereits gestorben? Wie kann ich nur hierher geraten sein, das ist mir ein Rätsel.“

Ich setzte meinen Weg fort, die Kakteen wurden immer größer, dichter und nach einiger Zeit sah ich in der Ferne Häuser, es dürfte eine kleine Stadt sein.

Dort musste ich hin, um zu erfahren, wo ich hier war.

Meine Tochter Katharine machte gerade Praktikum im LKH Graz, denn sie besuchte die Krankenschwesterschule, und so war sie zur selben Zeit wie ich im Krankenhaus.

Meine Frau rief Kathi an und informierte sie darüber, was geschehen war, und fragte, ob sie herausfinden könnte, ob ich nach Graz gekommen sei. Sie bekam einige Stunden frei und so machte sie sich auf den Weg zur Unfallambulanz.

Der Hubschrauber landete auf dem Dach des Krankenhauses und ich wurde mit dem Lift in den Pater gebracht in Richtung Schockraum.

Die Ärzte sammelten sich vor dem Schockraum und auch meine Tochter gesellte sich zu ihnen.

Da fragte eine Ärztin meine Tochter: „Was machen Sie hier? Verschwinden Sie, wir bekommen einen schweren Fall herein, machen Sie also Platz!"

„Ich bin die Tochter von dem Patienten und möchte sehen, wie es ihm geht!"

Die Ärzte willigten ein und meine Tochter durfte bleiben.

Da wurde ich bereits gebracht und in den Schockraum gefahren, die Ärzte und meine Tochter folgten mir.

Ich wurde freigemacht und die Ärzte versuchten, einen ersten Überblick über meinen Zustand zu bekommen. Nach einigen Minuten kam die Ärztin auf meine Tochter zu und sagte zu ihr: „Was ist mit diesem Mann nur passiert? Wir wissen nicht, ob wir deinem Vater noch helfen können, er ist zu sehr verletzt. Wir werden uns bemühen, aber ich glaube nicht, dass er es überlebt."

Ich näherte mich der Stadt und nun waren die Straßen genauso asphaltiert wie bei uns, nur viel breiter waren sie.

Die Stadt sah breitflächig aus, sie musste sehr groß sein und erste Autos kamen auf mich zu.

Mein Hobby war immer Mauern und alles, was mit dem Häuserbau zu tun hatte, gewesen, mir blieben die Augen offen und ich ließ diese Technik auf mich einwirken.

Immer dachte ich mir in dieser anderen Welt: „Sollte ich wieder auf die Erde zurückkommen, will ich viel mitnehmen."

Verkehr gab es hier nicht viel, wenn man bei uns in Richtung einer Stadt fuhr, waren die Straßen voll mit Autos, doch hier war ich vor der Stadt und sah erst jetzt die ersten beiden Autos.

Die Autos stachen hervor, sie waren breit, hoch, mit Reifen und Technik bestückt, die ich so noch nie gesehen hatte.

Auch bei uns gab es Autos, die hervorstachen, doch so etwas gab es bei uns nicht auf normalen Straßen und auch das Material, aus dem die Autos waren, sah anders aus.

Diese Autos machten keinen Lärm, die fuhren sicher mit Strom, man würde sie nicht hören, würden sie nicht Musik spielen.

Ich näherte mich der Stadt und ging an den ersten Häusern vorbei.

Die Stadt war sauber und gepflegt, farbenfroh und freundlich.

Doch die Häuser waren anders gebaut und irgendwie war alles überdacht.

Trommelmusik kam mir entgegen und die Menschen, die auf einmal hier auf der Straße auftauchten, gingen nicht, nein, sie bewegten sich zu der uns umgebenen Musik.

Überall wucherten riesige Kakteen und trotzdem sah alles sehr gepflegt aus.

Ich drang immer weiter in das Stadtinnere vor, es war eine riesige Stadt, die Autos fuhren jetzt auf einmal überall, selbst in den letzten Stockwerken der Hochhäuser.

Überall waren riesige Bildschirme, vor denen sich Menschentrauben befanden. Sie sahen zu den Bildschirmen und ihre Körper bewegten sich zur Musik.

Mich nahm keine Person wahr, es war, als sei ich nicht hier.

Auf einem der Bildschirme sprach ein junger, sehr hübscher Mann. Er sprach ruhig und vernünftig, ohne sich aus der Ruhe bringen zu lassen.

Er hatte vom Aussehen her eine starke Ähnlichkeit mit Hansi Hinterseer aus Kitzbühl, er dürfte einer der Kantaten gewesen sein.

Mir kam es so vor, als würde es sich hier um Wahlen handeln.

Ich konnte ihm im Gespräch nicht ganz folgen, doch er sprach viel über Menschen, denen man operativ helfen sollte, und über all die Bestandteile der Menschen, die sehr wertvoll seien.

Er verunsicherte mich etwas, obwohl ich wusste, dass ich nicht hierher gehörte.

Die ganze Zeit, die ich in dieser Stadt verbringen musste, und die, die ich auf der Straße war, liefen die Fernseher und Hansi sprach und im anderen Bildschirm sprach seine Konkurrenz.

Hansi war nie alleine auf dem Bildschirm, er hatte immer wunderschöne Frauen um sich, die nur leicht bekleidet waren.

Seine Konkurrenz war ganz anders, er hatte ein lautes Organ, sprach mit Händen und Füßen und schimpfte nur über Hansi.

Es war hier warm, die Menschen waren nur mit Bikinis, Badehosen und einem leichten Umhang bekleidet, wie eben im Sommer bei uns am Strand irgendwo im Süden.

Überall spielte dieselbe Trommelmusik, eine betäubende Musik.

Die Menschen, die sich hier auf den Straßen befanden, tänzelten wie in Trance und starrten in die Bildschirme.

Immer mehr Leute begaben sich auf die Straßen und alle bewegten sich zu dieser Trommelmusik, selbst in den überdimensionalen Autos bewegten sich die Menschen zur Musik.

In der Menge konnte ich meine Frau und Tochter ausmachen, auch sie bewegten sich mit dem Rhythmus der Musik.

„Meine Frau, so tanzen, nein, das kann nicht sein. Was machen wir nur hier und wie kommen wir hierher?"

Ich stand nun auf einer großen Straßeninsel, zu mir führte eine ebene Straße und hinter der Verkehrsinsel, auf der ich mich befand, ging die Straße nach unten.

Die Straße war gesäumt mit Palmen und rundumher waren Grünflächen, sie war schön, diese Stadt.

Meine Blicke wandten sich in Richtung meiner Angehörigen und ich wollte zu ihnen. Auf einmal konnte ich meine Füße nicht mehr bewegen.

Zuvor konnte ich noch gehen, zwar nicht so wie immer, aber es ging, aber nun stand ich da wie angewurzelt.

Es ging nicht, ich konnte mich nicht mehr bewegen, immer wieder versuchte ich aufs Neue, meine Füße zu bewegen, doch es bewegte sich an meinem Körper nichts mehr.

Ich versuchte, nach meinen Lieben zu rufen: „Gabi, Kathi!“

Doch mein Hals war abgeschnürt, irgendetwas steckte in meiner Luftröhre, ich bekam keinen Ton aus meinem Mund.

Reges Treiben war um mich, doch keiner bemerkte mich, auch nicht meine Lieben.

Die Musik wurde lauter und immer mehr Menschen sammelten sich auf der gegenüberliegenden Straßenseite, vor den Fernsehern, doch dort war wohl auch eine Live-Veranstaltung und durch die vielen Menschen verlor ich meine Lieben aus den Augen.

Aus Lautsprechern wurde gesprochen, die Trommelmusik begleitete die Stimmen und alle tanzten.

Alles drehte sich um Wahlveranstaltungen.

Ich stand hier auf einer Verkehrsinsel, rings um mich ein riesiger Wirbel, aber keiner bemerkte mich.

Ich wollte zu meiner Frau und Tochter, die mit diesen Massen mitschwammen und zur betäubenden Trommelmusik tanzten.

So wie es mir zu diesem Zeitpunkt vorkam, dürfte ich für die anwesenden Massen zuerst nicht sichtbar gewesen sein.

Auf einmal begann es an meinen Fußsohlen zu krabbeln und zu stechen, es fühlte sich an, als würden Ameisen meinen Körper hoch krabbeln.

Doch kurz darauf fühlte es sich so an, als wäre ich auf Kastanien oder auf Seeigel gestiegen.

Ich zuckte und wollte meinen Fuß aus der Gefahrenzone bringen, doch mein Wille blieb ungehört, es bewegte sich nichts an mir.

Nur meine Augen konnte ich noch bewegen und versuchte, mit ihnen zu Boden zu sehen.

Ich traute meinen Augen nicht, genau an dem Platz, an dem ich stand, wuchsen Kakteen, sie wuchsen schnell, immer schneller.

Ich sah, wie die Kakteen Stacheln bildeten, wobei jeder Stachel etwa zwei Zentimeter in der Länge hatte, und diese sich durch meine Haut in das Fleisch meiner Füße bohrten.

Ich wollte schreien, wollte fort von hier, doch nichts dergleichen konnte ich.

„Was mach ich nur hier, ob es meinen Lieben auch so ergeht?"

Es dauerte nur einige Minuten, da hatte mich ein Kaktus bis zu meinem Kopf einverleibt.

Nun stand ich in einem Meer aus Kakteen und nichts schien sie aufhalten zu können, mich zu fressen.

Ich fühlte, wie der Kaktus an mir saugte, und alle Bemühungen, mich bemerkbar zu machen, scheiterten, ich konnte nur noch auf mein Ende warten.

Mein Blick war immer noch dorthin gerichtet, wo ich Frau und Tochter aus den Augen verloren hatte, doch ich verspürte von Sekunde zu Sekunde, wie sie sich von mir entfernten.

Der Kaktus hatte bereits mein Gesicht erreicht und versuchte, auch dieses einzuverleiben.

Nur meine Augen, die sehnsüchtig nach meinen beiden Lieben Ausschau hielten, waren noch frei.

Da trafen sich die Blicke von meiner Tochter und von mir, sie winkte auf einmal zu mir, als wollte sie von mir Abschied nehmen.

Doch da, sie winkte kräftiger mit ihren Händen und zog meine Frau an ihren BH-Trägern in meine Richtung, endlich, auch sie hatte mich erkannt.

Sie verließen den Gehsteig, auf dem sie standen, überquerten die Straße und kamen auf mich zu.

„Papa, was ist mit dir passiert? Du bist ja in einem Kaktus?“

Auch Gabi, meine Frau, bekam sichtlich Panik.

Beide winkten mit ihren Händen und riefen um Hilfe.

Da kamen einige Leute auf uns zu, einer von ihnen dürfte wohlhabender sein als die anderen.

„Wir bitten um Hilfe, Papa ist in den Kaktus gewachsen“, rief meine Tochter.

„Natürlich helfen wir, ist das der Verbrannte?“, fragte jener, der den anderen etwas überlegen war.

Mir kam es so vor, dass es jener Mann war, der auf den Bildschirmen sprach und aussah wie Hansi Hinterseer, sie nannten ihn auch Hansi.

Die Männer holten Schwerter und begannen, mit den Schwertern den Kaktus zu zerhacken, wobei sie nicht zimperlich vorgingen und immer wieder mit ihren scharfen Klingen meine Haut erwischten.

Hansi sagte: „Der muss ins Krankenhaus, den nehmen wir gleich mit. Ich habe schon einige beisammen, es wird nicht lange dauern, dann bring ich ihn euch wieder.“

Im Krankenhaus hatten die ersten Operationen begonnen und sie waren gerade dabei, mir die verbrannte Haut zu entfernen.

Dabei trugen sie mit großen Filetiermessern die oberste Schicht meiner Haut ab.

Zugleich wurde mir die nicht zu sehr verbrannte Haut mit einer Maschine hauchdünn abgeschabt, dies blutete sehr und war mit großen Schmerzen verbunden.

Die abgeschabte Haut wurde durch eine Maschine gelassen, so wurde dieser Hautlappen sechs bis siebenmal so groß, sie nannten sie Spalthaut und dieser wurde auf das rohe Fleisch fixiert und fest verbunden.

Tochter und Frau freuten sich und waren sichtlich zufrieden.

Ich aber traute ihm nicht und wollte lieber mit meinen Lieben mit. Doch meine Frau versuchte mich zu beruhigen und meinte, ich sollte doch mit ihm fahren, denn ich bräuchte Hilfe.

Hansis erste Frage war doch, ob ich der Verbrannte sei, ich war komplett in den Kaktus gewachsen, woher sollte er wissen, wer ich sei, die hatten auf mich gewartet, schoss es mir durch den Kopf.

Ich versuchte, Wörter aus mir vorzubringen, doch es kam keines zum Vorschein.

Mir schossen die ersten Eindrücke von Hansi in den Kopf, als er auf dem Bildschirm zu den Menschen gesprochen hatte, dass alles an den Menschen zu gebrauchen sei. Dieser Satz machte mich unsicher und fuhr mir immer wieder durch den Kopf: „Was hat er mit mir vor?“

So wurde ich auf ein großes Fahrzeug verladen, auf dem sich bereits etwa 20 Leute befanden, Männer und Frauen gemischt, und wir alle sollten von Hansi ins Krankenhaus gebracht werden.

Die Fahrt ging los, wir fuhren aus der Stadt, plötzlich gab es einen Zeitsprung oder hätte sich die Welt hier so schnell verändern können?

Auf einmal sah die Welt vollkommen anders aus.

Es war nicht sonnig und warm, sondern der gesamte Himmel war rot verfärbt und es war klirrend kalt.

Die Landschaft, durch die wir fuhren, war öde und kahl. Es war durch den roten Himmel dämmrig, doch war alles gut sichtbar, als würde alles leuchten, was sich hier bewegte.

Mir kam es auf einmal so vor, als würden wir in einen Krater einfahren.

Der Krater wies einen Durchmesser von einigen Kilometer auf, er war sehr groß.

Voller Stolz sagte Hansi: „Ihr habt das Vergnügen, meine Spezialzucht kennenzulernen."

Wir fuhren noch einige Zeit im Krater.

Hansi musste hier sehr beliebt gewesen sein, denn die Menschen, die es hier gab, hüpften, freuten sich und riefen nach Hansi.

Diese „Spezialzucht" von Hansi hatte nicht viel Menschliches an sich.

Ihre Körper waren schwarz, ihre Köpfe kahl und klein, ihre Muskeln überragten die der Menschen.

Ihre Oberarmmuskeln und Schultermuskeln waren so groß, dass ihr kleiner Kopf von den Muskelmassen förmlich verschlungen wurde.

Sie waren einzige Muskelpakete.

Wir waren angekommen auf einem etwas höher liegenden Plateau.

Von hier aus konnte man den gesamten Krater überblicken, er war voll mit diesen seltsamen Menschen aus Hansis Sonderzucht.

Wir wurden abgeladen und standen mit Hansi auf diesem Plateau, das einige Meter über der Masse von Hansis Spezialzucht lag. Hinter uns war der Krater zu Ende und eine Steilwand erhob sich.

Hansis Augen funkelten vor Stolz und er sagte: „Sie vermehren sich selbstständig und immer wieder präsentieren sie mir neue Erfolge, sie wollen für mich kämpfen und sterben, ach, bin ich stolz auf sie. Sie bringen mir sehr viel Geld."

Die Masse jubelte und freute sich wie Hunde, wenn das Herrchen nach Hause kam.

Unter uns waren die Massen, es waren tausende und hinter ihnen war ein See im Krater.

Obwohl es dunkel war, konnte ich alles sehen, als wäre alles beleuchtet, doch das war es nicht.

Aus der Masse schrie einer und drängte sich vor. Diese Leute konnten sprechen.

„Hansi, schau her, ich hab ein Loch in meinem Bauch."

Hansi hörte dies und richtete seine Augen auf ihn.

Mit seinen Händen zog dieser seinen Bauch auseinander, wobei in der Mitte ein Loch entstand.

Diese Menschenmassen, die sich eng aneinander pressten, wichen etwas auseinander, sodass man gut auf das Loch im Bauch sehen konnte.

Hansi war begeistert und er strahlte sichtlich.

Auf einmal nahm der mit dem Loch im Bauch blitzschnell den Kopf seines Nachbarn, drückte diesen Richtung Boden und steckte dessen Kopf in das Loch in seinem Bauch und schrie dabei: „Schau, Hansi, ich ficke mich mit seinem Kopf."

Jener, dessen Kopf im Loch steckte, riss sich los und begann auf seinen Peiniger einzuschlagen.

Nun kam es zu Reibereien unter den Gezüchteten und auf einmal hörte ich wieder diese weibliche Stimme, die mir durchs Leben half und mich führte: „Herbert, du musst von hier verschwinden, du kannst gehen!"

Ich drehte mich zu meinem Nachbarn und bat diesen: „Hilf mir bitte über diese Anhöhe, wir müssen von hier verschwinden, wenn die losgelassen werden, zerreißen sie uns."

„Nein, das glaub ich nicht."

„Hilf mir bitte."

Nach vielem Betteln nahm er sich ein Herz und half mir über die erste Anhöhe, die etwa einen halben Meter hoch war.

Ich musste von hier verschwinden, noch konnte ich mich bewegen.

Mir kam es in dieser Welt sowieso so vor, als würde ich mich in einem Computerspiel befinden und nicht in einer reellen Welt.

Auf allen Vieren begann ich die Krateranhöhe zu erklimmen.

Ich fühlte meine Füße nicht und so stolperte ich immer wieder, doch ich kämpfte mich langsam bergauf.

Hansis Sonderzucht hinter mir wurde immer wütender und sie schrien zu Hansi: „Wir haben Hunger, gib uns was zu essen! Du hast es uns versprochen!"

„Ich hab euch doch Futter mitgebracht, seht diese Menschen, sie wurden auserwählt zu sterben, bedient euch, sie gehören euch!"

Nun hatten meine Mitleidenden es auch kapiert und wollten weg von hier und auch sie begannen ihre Flucht über die Anhöhe.

Die Masse von Hansis Sonderzucht war in Bewegung und stürmte hinter uns Flüchtenden her.

Hansi schrie uns noch nach: „Die Hungrigen haben nur Kraft bis zum Kraterrand!"

„Soll das heißen, wenn ich den Kraterrand erreiche, bin ich frei?"

Ich wandte mich um, um zu sehen, wie weit meine Verfolger noch entfernt waren.

Ein grausiger Anblick bot sich dar: Hansis Sonderzucht zerriss förmlich ihre Opfer.

Wie Rottweiler rissen sie Fleischstücke von den Leibern, an Innereien und Gedärmen zerrten sie und hatten ihren Spaß daran.

Einige meiner Mitflüchtlinge hatten mich bereits eingeholt, denn der Aufstieg war steil und schwer und meine Kräfte schwanden.

Meine Kollegen waren körperlich besser beieinander als ich, nur begannen sie ihre Flucht zu spät, für mich war es aber vom Vorteil.

Ich fühlte bereits den Atem meiner Verfolger und ihr grässlicher Gestank kam immer näher.

Neben mir, auf gleicher Höhe, war jener, der mir über die Stufen geholfen hatte, er hatte mich bereits eingeholt.

Dieses Gesicht war das einzige, das sich mir einprägte, an keines der anderen Gesichter konnte ich mich später erinnern.

Der Kraterrand war für mich bereits sichtbar, hinter uns waren noch zwei Verfolger, die anderen hatten bereits ihre Opfer gefunden, die sie zerrissen hatten und fraßen.

„Au, jetzt hat mich einer an der Ferse."

Ich gab mich auf und meine Hände, die meinem Körper nach oben halfen, ließen meinen Körper auf den felsigen Boden absinken.

Mein Blick richtete sich zu meinem Nachbarn, der noch immer gleichauf neben mir war, auch er sah mich mit großen Augen an.

Ein Ruck und mein Nachbar war verschwunden, unsere Verfolger hatten sich für ihn entschieden.

Ich war so geschafft, dass ich keinen Millimeter mehr weiterkommen hätte können.

Ich lag hier, kurz vor dem Kraterrand, auf dem Bauch und wartete, bis einer von Hansis Sonderzucht nach mir schnappte.

Einige Minuten lag ich bereits hier und keiner der Beißenden biss nach mir.

Ich drehte mich zur Seite und sah zurück, meine Verfolger zerlegten gerade meinen Nachbarn.

Sie sahen mich mitleidig an und bissen kräftig in das Fleisch meines Nachbarn und ließen es sich schmecken.

Ich lag etwa drei Meter von ihrer Futterstelle entfernt, nicht ein bisschen Kraft hätte ich noch gehabt, um mich zu bewegen.

Mein Nachbar hätte sicher noch mehr Kraft gehabt, doch sie hatten sich für ihn entschieden.

Sie saßen an meinem Fußende und bissen auf zähem Fleisch herum.

Immer wieder sahen sie mich mit ihren kleinen Augen an.

Ich hatte keine Angst mehr vor ihnen.

Jetzt sah ich das ganze Volumen ihrer Körper genauer, sie waren so kräftig gebaut wie Bären.

Sie wogen sicherlich 300 Kilogramm.

Den halben Nachbarn hatten sie bereits gefressen, dann standen sie auf, nahmen die restlichen Teile an Menschenfleisch und machten sich auf den Weg in den Krater.

Auf großen Steinen lag ich hier und wartete, aber auf was wartete ich?

Meine Gedanken waren: „Zuhause, wo mag mein Zuhause wohl sein? Hoffentlich kommen meine Lieben gut nach Hause!“

„Schau, da liegt einer“, sprach eine Stimme, ich hob meinen Kopf, um zu sehen, wer hier sprach, es war Hansi.

„Ausgerechnet der Verbrannte hat überlebt, packt ihn ein, jetzt kommt er ins Krankenhaus.“

Zwei Männer packten mich und zerrten mich ins Auto, wir fuhren los.

Nach einigen Fahrminuten sagte Hansi: „Ich hab keine Zeit, ich bring dich zu einer Freundin und hol dich später ab.“

„Werde ich gefressen?“

„Nein, die ist sehr nett. Du kennst sie, es ist Margit!“

„Welche Margit?“

„Ja, die Margit, du wirst schon sehen.“

„Was soll die Margit hier, ich weiß ja nicht mal, wo wir sind, ich kenne diese Gegend nicht und die Margit ist meine Fast-Nachbarin, dort wo ich Zuhause bin und nicht hier!“

„Glaubst du, dass dein Zuhause so fern von hier ist?“

Schon waren wir da. Ich wurde ausgeladen, Margit stand vor einer Tür und empfing mich sehr herzlich.

Ich wollte einige Fragen an Margit stellen, doch meine Stimme war leer und ich brachte keinen Ton hervor.

Margit klopfte leicht auf meine Schulter und hielt ihren Finger an ihren Mund, sie meinte, ich sollte leise sein.

Etwas gehen konnte ich mit Hilfe meiner beiden Helfer, es war verrückt.

Margit sagt: „Schsch … Ruhig, Herbert, jetzt kommst du mit mir in mein Reich.“

Wir durchschritten eine Glastür und befanden uns in einer Thermenlandschaft.

Ein schönes Schwimmbecken, herrliche Liegen und es war wunderbar warm hier.

Alles war weiß und ich konnte von einem Ende nicht zum anderen sehen, so groß war diese Anlage.

Zur linken Seite befand sich ein Glasturm, auf den sich mein Blick versteifte.

„Herbert, ich muss weg, bediene dich, als wäre es deines, nur bei diesem Glasturm, der dich so fasziniert, musst du vorsichtig sein. Da gibt es einen roten Knopf, den solltest du lieber nicht betätigen, das könnte unangenehm werden, ansonsten kannst du dich hier frei bewegen.“

Stotternd fragte ich: „Was ist das?“, und ich zeigte zu diesem Turm.

„In diesen Turm verbringe ich meine Freizeit, so etwas hat heutzutage ein jeder!“

Margit und meine Helfer brachten mich zu einer Liege, in die sie mich hineinsinken ließen, dann verließ sie mich.

Es war ruhig, ich war der einzige in diesem riesigen Areal und ich versank in meinen Gedanken.

Ich bekam fürchterliche Schmerzen, ich hätte schreien können, doch wer hätte mich gehört?

Mein ganzer Körper brannte und meine Gelenke schmerzten.

Ich sah mich wieder aus der Ferne in dieser Liege liegen, ich war einsam und verlassen und mein Gesicht schmerzverzerrt.

„Wie sehr mag ich wohl verletzt sein? Sie sagen immer: der Verbrannte.“

Ich wusste, dass ich einen Unfall gehabt hatte, aber wie schwer ich verletzt war, wusste ich nicht, und wenn ich mich ansah, kam es mir nicht so vor, als sei ich schwer verletzt.

„War ich vielleicht verkohlt? Sodass ein jeder von weitem sah, dass ich verbrannt war?“

Im Gegenteil, ich sah keine verletzte Stelle an meinem Körper.

Immer wieder zog es meine Augen in Richtung Glasturm, er war nur einige Meter von mir entfernt, Margit hätte sicher nichts dagegen, sollte ich es wagen?

Vielleicht würden meine Schmerzen geringer, wenn ich mich bewegen würde.

„Ja, ich probiere es."

Vorsichtig stellte ich mich auf meine Beine, Schritt für Schritt näherte ich mich dem Glasturm.

„Geschafft."

Ich öffnete die Glastür und betrat diesen eigenartigen Raum.

Dies alles war so neu für mich, dass sich meine Augen nicht satt genug sehen konnten und ich meine Schmerzen vergaß.

Dieser Glasturm hatte einen Durchmesser von sechs bis sieben Metern.

„Was machen die wohl hier drinnen? Das hab ich in meiner Welt noch nie gesehen", fragte ich mich und meine Blicke schweiften in alle Richtungen.

Dann richteten sich meine Augen nach oben zur hellen Glaskuppel, sie war sehr hoch und das Licht, das durch das Glas drang, blendete mich.

Auf einmal kam von oben ein Ball auf mich zu, traf meinen Kopf, prallte von diesem ab und traf genau den roten Knopf.

Im selben Moment kam aus einer Öffnung in der Glaswand ein stacheliger Ball auf mich zu.

Dieser Ball traf mich in meine Brust und drang tief in mich ein. Mir kam es so vor, als träfe dieser Ball Herz, Lunge, Leber zugleich und bliebe in der Wirbelsäule stecken.

Mein Körper sackte zusammen, wie von einer Kugel getroffen, und ein unvorstellbarer Schmerz schoss durch mich.

Auf einmal wurde es hell und immer heller.

„Woher kommt dieses Licht?“, fragte ich mich, doch dann sah ich, dass das Licht aus der Einschussstelle von meinem Körper kam.

Im selben Moment begann diese Maschine mit weiteren Kaktusbällen auf mich zu schießen.

Überall am Körper wurde ich getroffen, nicht nur einmal, nein, tausende Male und der Turm füllte sich mit Kaktusbällen.

Ich lag unter tonnenschweren Bällen und verlor kurz meine Besinnung.

Als ich wieder zu mir kam, konnte ich nicht atmen, denn das Gewicht der Bälle war so groß, dass ich meine Lunge nicht mehr mit Luft füllen konnte.

Ich kämpfte nach Luft, ohne Erfolg, in diesem Kampf machte sich eine Panik in mir breit, die sich niemand vorstellen kann.

Minutenlang keine Luft und noch immer bei Bewusstsein. Ich wartete sehnsüchtig darauf, dass ich das Bewusstsein verlieren würde, doch ohne Erfolg, ich litt und kämpfte weiter um Luft.

Endlich sah ich durch das Glas, dass Margit zurückkam.

Ich lag, eingepresst von den Kaktusbällen, direkt neben der Glastür, Margit öffnete sie und befreite mich aus meiner stacheligen Lage.

Margit brachte mich zu einer weiteren Liege.

Ich brauchte einige Zeit, bis ich wieder Luft bekam und mich fangen konnte.

Margit sprach: „Hab ich dir nicht gesagt, du sollst nicht auf den roten Knopf drücken!“

Ich wollte es Margit erklären, doch aus meinem Mund kam wieder einmal kein Ton.

Margit legte ihren Finger auf meine Lippen, ich sollte ruhig sein, stand auf und verließ mich.

Haufenweise Ärzte befanden sich im OP. Jeder machte seine Arbeit, Haut wurde transplantiert, Innereien wurden untersucht, eben alles, was an mir noch zu gebrauchen gewesen wäre.

Überlebenschance gab es für mich keine, so waren meine Innereien bereits für die Transplantation untersucht worden.

Denn falls es dazu kommen würde, mussten sie in den ersten drei Tagen entfernt werden, bevor die Vergiftung des Körpers bereits weit vorgeschritten war.

Da kam einem Arzt eine Idee: „Der Mann hat gesunde Innereien, Überlebenschance hat er keine, er wäre die ideale Person für einen Versuch."

Immer hatte er eine Idee verwirklichen wollen, doch was ist, wenn dieser Mensch überlebt? Was musste der Mensch ertragen bei so einem Versuch, doch wenn er nicht überleben kann!

Der Arzt brachte diesen Vorschlag ein, alle anderen Vorhaben wurden zur Seite gelegt und es wurden Konferenzen einberufen.

Nun lag ich hier auf der Liege, starrte zur Decke und dachte: „Warum passiert mir dies alles, immer trete ich ins Fettnäpfchen, ich halte all diese Qualen nicht mehr aus, am liebsten würde ich sterben. Mein Körper und ich werden diese Gewalteinwirkungen auf Dauer nicht standhalten können. Warum verstehen all diese Menschen nicht, dass ich nur nach Hause möchte!"

Ich verstand nichts mehr.

Ich wandte meinen Blick Richtung Turm und erschrak. Kein einziger stacheliger Ball war in dem Turm zu sehen, wer könnte diese Bälle in der kurzen Zeit, in der ich auf der Liege hier lag, weggeräumt haben?

Wieder starrte ich zur Decke und ließ meine Gedanken schweifen, da bemerkte ich, dass meine Liege auf einer Seite einzusinken begann.

Zugleich begann auch mein Körper zu rutschen, ich versuchte mich festzuhalten, doch dieser fremden Kraft hatte ich nicht viel entgegenzusetzen und so rutschte mein Körper in das am Ende der Liege befindende Schwimmbecken ab.

Meinen Körper konnte ich immer noch nicht bewegen und so sank ich im Wasser ab und immer tiefer ging es.

Ich konnte mir nicht vorstellen, dass ein Schwimmbecken so tief sein konnte!

Mein Körper sammelte Kraft und konnte sich etwas bewegen, nun wollte ich nach oben, um Luft zu schnappen, doch der Weg nach oben wurde mir versperrt.

Die ganze Wasseroberfläche war mit Körpern bedeckt.

Mit letzter Kraft kämpfte ich gegen sie an, ich wollte durch, ich brauchte Luft, doch ich war nicht fähig, mich durch die Menschenmassen zu arbeiten.

Da öffnete sich die Seitenwand dieses Schwimmbecken und helles Licht kam aus der Öffnung und wurde immer heller.

Meine Augen brannten, das Licht war so hell wie die Sonne.

Nun begann dieses Licht an uns zu saugen, einer nach dem anderen wurde vom Licht verschluckt, auch ich befand mich in dem Sog, hielt mich immer wieder an den Händen der Verbleibenden fest.

Doch der Sog holte alle.

Etwas war im Wasser, ich kann es nicht beschreiben, was es war, doch ich konnte mich daran festhalten, oder es hielt mich fest, der Sog schaffte es nicht, mich zu schlucken.

Die Wand verschloss sich wieder und der Weg nach oben war für mich frei.

Ich schaffte es aus dem Becken und blieb am Beckenrand auf dem Bauch liegen.

Einige Minuten lag ich hier und schnaufte nach Luft, da hörte ich Stimmen, Werkzeugklappern und Schritte.

Etwas nahm mich und …

Ich lag auf dem Rücken und starrte zur Decke, die weit über mir war und strahlend weiß war, auf einmal wurde über mir eine neue Decke zusammengesetzt.

Sechseckige weiße Waben wurden wie von Geisteshand herbeigeschafft und über mir in einer Höhe von etwa drei Meter zusammengesetzt.

Immer weißer wurde alles, dieses helle Weiß begann mich zu blenden, meine Augen brannten und ich hätte schreien können, hätte ich gekonnt.

Diese Waben bauten über mir eine Kuppel und alles war weiß, so weiß, wie ich es auf unserer Erde noch nie gesehen hatte.

Nun begann ich zu schweben in dieser grellweißen Kuppel, die nur weiß war, aber trotzdem konnte ich in dem ganzen Weiß die Wabenbegrenzungen gut erkennen.

Irgendetwas begann meinen Körper zu verdrehen, unvorstellbare Schmerzen durchfuhren meinen Körper, ich hörte meine Knochen krachen und bekam kaum Luft, so schwebte ich stundenlang in dieser Kuppel.

Auf einmal öffnete sich die Kuppel auf einer Seite und ich schwebte in einen weißen Tunnel, dieser war ebenso grellweiß wie die Kuppel zuvor.

Der Tunnel war auf jeder Seite verschlossen und wieder musste ich eine lange Zeit in diesem Tunnel ausharren.

Dann ging der Tunnel auf einer Seite auf, hinter der Tunneltür standen einige Menschen mit einer Bahre, ich schwebte zur Bahre, wurde auf dieser verladen und sie fuhren mit mir los.

Wir fuhren durch einen Raum, der endlos schien.

Dieser war niedrig, maximal zweieinhalb Meter und von der Decke hingen dunkelfarbige Noppen, wie von einem Wischfetzen, nur größer.

Ich wurde von zwei Menschen begleitet, die auch die Bahre schoben.

Nach einiger Zeit in der Noppenhalle fuhren wir auf eine helle Stelle zu.

Stimmen waren zu hören, sie sprachen mit leiser und beruhigender Stimme miteinander.

Auf einmal spürte ich auf meinem Körper einen seltsamen Druck.

Der Druck wurde langsam immer stärker, bis ich aus der Bahre gedrückt wurde und zu Boden fiel.

Am Boden liegend wurde ich von diesem Druck zu einer Mauer geschoben, an die ich nun gedrückt wurde.

Der Druck wurde noch stärker, sodass ich davon die Mauer hochgeschoben wurde.

Hoch über dem ganzen Anwesen, das ich nun kurz überblicken durfte, klebte ich an der Wand.

Der Druck wurde nun so stark, dass meine Muskeln breitgedrückt wurden, sodass, wenn die Haut nicht so gut gehalten hätte, meine Knochen vom Fleisch befreit worden wären.

Meine Gelenke sprangen aus der Halterung, Augen, Mundwinkel, alles wurde verdrückt.

Durch die enormen Schmerzen der Gewalteinwirkung verließ ich meinen Körper und konnte das Zerquetschen meines Körpers aus meinem dritten Auge mit ansehen.

Alles ging wie in Zeitlupe vonstatten und kein einziger Ton war zu hören.

Auf einmal befand ich mich in einer wunderschönen Kuppel, die Kuppeldecke sah aus wie eine karamellisierte Torte.

Helles und dunkles Karamell waren ineinander verschmolzen und das Ganze hatte feine Sprünge.

Ich war bis zum Kopf in etwas eingebettet, das aussah, als wäre es überbackenes Eiweiß, knusprig und dunkelbraun.

Hier konnte ich mich etwas bewegen, nur so weit, dass ich eben fühlte, dass ich noch einen Körper hatte.

Ich versuchte diesen noch besser zu mobilisieren, da merkte ich, dass ich von etwas eingeklemmt war.

Mit aller Kraft, die mir zu Verfügung stand, versuchte ich meine Hände aus dieser Zwangslage zu befreien.

Ich fühlte und hörte, wie meine Knochen dabei krachten.

„Es geht, ich kann mich bewegen!“, dachte ich mir.

Mit viel Anstrengung begannen meine Hände sich zu bewegen und ich bekam sie frei.

Als ich meine Hände sah und dass sie noch ganz waren, war ich sehr froh darüber.

Mich überkam sofort die Neugier und ich forschte nach, was mich eingeklemmt hatte und was sich noch unter dieser Kruste, die mich hier einklemmte, befand. Meine Hände versuchten zu ertasten, was ich suchte, und was ich da ertastete, schockierte mich sehr.

Es waren lauter tote oder bewusstlose Menschen, die sich in dieser Flüssigkeit unter der Kruste befanden. Auch ich stand bis zum Hals in dieser Flüssigkeit.

Diese Kruste sah aus wie überbackenes Eiweiß, doch sie war hart wie eine Schale und mit dieser waren wir alle überzogen.

„Bin auch ich konserviert?“

Da hörte ich eine Stimme, die nach mir rief, ich wollte zu dieser Stimme, wollte mich bemerkbar machen, es gelang mir nicht.

Aufgeregt und unwissend stand ich in dieser Flüssigkeit und wartete darauf, was jetzt wohl noch alles passieren würde.

Auf einmal bekam ich einen Schub und ich wurde aus dieser Flüssigkeit gezogen.

Wieder hörte ich diese Stimme, die ich schon öfter gehört hatte.

1964 – Ich war gerade mal fünf Jahre alt, ich war ein sehr ängstliches Kind, hing ständig an Mutters Rockzipfel, was meine Mutter sehr störte, sie sagte immer wieder: „Ich weiß nicht, was mit dem Buben los ist, der hat nur Angst!"

Auch meinen Vater störte dies sehr, denn ich wollte nicht alleine schlafen und schrie immer wieder, wenn ich in meinen Bettchen lag, vor Angst, bis ich einschlief.

Dies war für meine Eltern sicher sehr anstrengend, doch mein Leben hatte eben schwer begonnen, sodass ich vor allem Angst hatte und mir immer wünschte, dass ich lieber tot wäre, als Angst zu haben.

Es war ein schöner Sommertag und das Militär hatte wieder einmal Übung auf unserem Kogel.

Der Olariziberg war strategisch sehr wichtig, denn im Kalten Krieg hieß es immer wieder, die Russen würden in Jugoslawien einmarschieren und ihre Marschrute würde über das Raabtal und den Olariziberg führen, somit war an diesem Tag der Kogel wieder mal voll mit Soldaten.

Ich hatte große Angst vor all den Soldaten, ihren Maschinen, die sie mit sich zogen oder trugen, und so klammerte ich mich wieder mal an Mutters Rockzipfel.

Dies ging Mutter fürchterlich auf die Nerven und sie sagte zu mir: „Herbert, du gehst jetzt zum Lammer und holst mir die Paprika, die sie mir versprochen hat."

Ich wollte nicht, doch Mutter warf mich einfach aus dem Haus.

Im Freien, in unserem Hof, waren auf einmal eine Menge Soldaten, sie führten gerade zu Übungszwecken einen Angriff durch.

In meinem Kopf war nur der Gedanke, dass ich von hier verschwinden sollte. „Ich geh doch eh zum Lammer, dort wird es sicherer sein als hier!"

Ich lief, so schnell ich konnte, durch den Hof, von allen Seiten wurde geschossen, ich glaubte, das machten sie mit Absicht, um mich zu erschrecken.

Und als ich Richtung Olariziberg lief, stürmten große Mengen an Soldaten über den Berg auf mich zu in Richtung unseres Hofs.

Mich verließ die Kraft, meine Knie waren schwach und sie zitterten, ich sackte zu Boden, weinte und spürte dabei, wie es zwischen meinen Füßen warm wurde.

Einige Minuten lag ich, zitternd und schluchzend, da, meine Hände drückten meinen Kopf mit voller Kraft in die Erde, so als wollte ich zum Schutz vor der Gefahr meinen Körper in die Erde drücken.

Als ich mich nach einiger Zeit aus meiner eigenen Gefangenschaft befreite, waren die Soldaten verschwunden und es war ruhig um mich geworden.

Ich raffte meinen Körper auf, schluchzte dabei noch immer, stellte mich auf die Beine und setzte meinen Weg fort zum Lammer-Haus.

Nach einigen Metern tauchten wieder Soldaten auf, sie waren im Wassergraben, lagen in den Wiesen, überall waren sie und wieder wurde geschossen.

Die Angst überkam mich und ich wusste nicht, wohin ich gehen sollte, um sicher zu sein, dann entschloss ich mich für die Straße.

Die Straßen waren schmal, wie es damals bei uns am Land eben war, und die Fahrzeuge des Militärs dagegen recht groß.

Diese Fahrzeuge hatten kein Problem mit den schmalen Straßen, denn die fuhren überall hin.

Aber ein Fußgänger könnte mit ihnen ein Problem bekommen und so erging es auch mir.

Ich war schon kurz vor Lammers Haus, hier war die Straße am engsten, denn der Zaun des Hausgartens, dessen Haus vor Lammers Haus war, stand direkt neben der Straße und gegenüber befand sich das Wohnhaus.

Kurz davor machte die Straße eine scharfe S-Kurve und genau in dieser Kurve stand noch ein Haus, so konnte man beim Bergabfahren die Kurve nicht einsehen.

Genau in diesen Moment kam ein großer Transportwagen des Militärs um die Kurve gefahren, ich sah zum Fahrzeug und sah, dass es ein Fahrschulschild aufgesteckt hatte.

Die Fahrer im Fahrzeug unterhielten sich, keiner der beiden sah auf die Straße, die beiden sahen mich nicht.

Als wir uns trafen, war die Straße am schmälsten und das Fahrzeug machte nicht den Anschein, dass es langsamer werden würde, die Insassen hatten mich nicht gesehen.

Ich presste mich zum Zaun, doch der Sog des Fahrzeuges, das für diese Straßenverhältnisse zu schnell unterwegs war, war so groß, dass er mich anzog.

Da hörte ich diese Stimme, sie sagte zu mir: „Ganz locker, Herbert, ich halte dich, ganz locker.“

Und ich ließ mich einfach gehen, nach einiger Zeit wachte ich in der Wiese hinter dem Garten auf.

Ich zitterte am ganzen Körper, was tagelang anhielt, und außerdem war mein Körper nach einigen Tagen von oben bis unten blau.

Margit und ihr Spielzeug:

Ich fand mich in einer der vielen Liegen von Margit wieder.

Margit stand neben mir und sah mich mit einem Lächeln an.

„Bin ich schon wieder bei dir?"

„Ja, und du wirst jetzt länger bei mir bleiben, ich habe den Auftrag bekommen, dein Gastgeber zu sein, genieß es bei mir und du kannst in der Zwischenzeit selbst gehen. Kannst dich hier frei bewegen in meinem Areal, ich freue mich auf unsere Zusammenarbeit!"

Ich hatte kein gutes Gefühl, aber welche Möglichkeiten blieben mir, ich wusste ja nicht einmal, wo ich war.

Margit nahm mich an der Hand, ging mit mir los und zeigte mir ihr Anwesen.

Hier war alles anders als in der Welt, aus der ich kam.

Auch Margit war nicht die Frau, für die sie sich ausgab.

Ich hatte in ihrer Nähe aber ein sicheres Gefühl und so folgte ich ihr und unterwarf mich ihren Wünschen.

Begonnen hatte unsere Besichtigung in ihrer Thermenanlage, wir gingen herum und dann meinte sie: „Den Rest kennst du eh schon."

Doch ich kannte bereits mehr von dieser Anlage, als das sie mir gezeigt hatte, und wollte mehr von ihr wissen, wo es zum Beispiel von dieser riesigen Halle aus hinging, wo ich hier war usw.

Doch Margit winkte ab und meinte nur: „Diese Räume wirst du noch des Öfteren sehen.“

Mein sicheres Gefühl bei Margit hatte mich in diesem Moment wieder verlassen.

Schauer fuhren mir über meinen Rücken und durch einen gläsernen Gang gingen wir zu ihren Wohnanlagen.

Ich sah durch den gläsernen Gang noch weitere Glastürme, die es hier gab, einer von ihnen war vollgepackt mit bunten Eisenrohren, wovon ein jedes Rohr einen Durchmesser von etwa zehn Zentimeter aufweisen konnte.

Die Länge war so, als ständen in diesem Glasturm Strohhalme wie in einem Trinkglas.

Ich erschrak. Blitze fuhren durch diese Rohre und dampfartige Gase traten aus ihren Enden.

Zur anderen Seite dieses Ganges war eine große, runde Scheibe, die leicht trichterförmig zur Mitte zusammenging.

In der Mitte befanden sich Walzen, ich musste zwei-, dreimal hinsehen, waren da in den Walzen Messer oder Schwerter?

Margit ging weiter, so als würde sie diese Anlagen gar nicht sehen.

Ich ging mit ihr, fragte nicht nach dem Sinn dieser Anlagen, nur hatte ich ein Gefühl, das mir sagte, hier würde ich noch viel Leid ertragen müssen.

Dann kamen wir zu diesem Glasturm, in dem ich mich bereits einmal befunden hatte.

Margit zeigte zu diesem und sagte: „Den kennst du schon!“

Ich nickte und weiter ging es zu einem weiteren Glasturm. Dieser Turm war vom anderen Turm aus nicht zu sehen und so war er neu für mich, hier war alles gepolstert, jedes Polster hatte den Durchmesser von einem Meter.

Jedes von ihnen hatte eine andere Farbe und mitten in der Polsterwiese befand sich dieser Turm, dessen Boden genauso gepolstert war.

Margit sah sich noch mal um, setzte ein Lächeln auf ihre Lippen und sagte: „Haben wir nicht herrliches Spielzeug? Komm, gehen wir weiter, ich zeige dir noch einiges.“

Wieder gingen wir durch einen gläsernen Raum, der zur Gänze aus Glas bestand und dessen Abschluss wieder ein Glasturm war.

Dieser Turm war nicht geschlossen, Wir schritten zu dem Glasturm, und kurz vor den Turm stellten wir uns zur Glaswand und blickten von hier ins Freie.

Von hier sah man weit und breit kein Haus, es musste die Rückseite dieses Hauses sein, denn als ich in das Haus gebracht wurde, hatten wir uns in einer Stadt befunden.

Neben dem Glasturm standen zwei Bäume im Freien, diese sahen künstlich aus, als beständen sie aus Plastik, sie waren gut 20 Meter hoch, unten breit und gingen nach oben spitz zusammen.

Auch auf der Erde gab es ähnliche Bäume, aber welche, die so künstlich aussahen, hatte ich noch nicht gesehen.

Dann dachte ich mir: „In dieser Welt ist sowieso nichts real, nur die Schmerzen, die ich hier ertragen muss, sind real.“

Es waren nur die zwei Bäume, die es hier gab, und außer ihnen lag, uns zu Füßen, eine grüne Wiese.

Auf dieser Wiese wuchsen zwischen den Gräsern Kakteen, dies irritierte mich etwas, denn die Wiese sah gepflegt aus, so schnell konnten Kakteen doch nicht wachsen, dass diese das Gras überholen und diese Größe annehmen konnten.

Ich fragte Margit nicht nach den Kakteen in der Wiese, es war etwas anderes, das mir mehr am Herzen lag.

„Was ist mit der Sonne passiert, so hab ich sie noch nie gesehen, seit ich hier in dieser Welt bin, quält mich bereits diese Frage, sie ist so groß und gibt so wenig Wärme und warum ist um sie herum so viel Dampf?"

„Dies hier ist nicht deine Welt, es ist meine Welt, du darfst nicht so viel fragen, du bist hier, um einen Auftrag zu erfüllen, und nicht, um zu fragen."

„Welchen Auftrag?"

Margit gab mir keine Antwort und sagte nur: „Nun genieße deinen Aufenthalt und setz dich!"

An der Glasfront lag eines dieser Polster, darauf ließ ich mich nieder und verfiel in Gedanken und immer wieder versuchte ich mir eine Strategie zurecht zu formen, um hier wegzukommen.

„Wie werde ich von hier wegkommen? Wo ist meine Welt? Werde ich all meine Lieben noch mal sehen? Ich glaube, mein Körper und all das, was dazugehört, werden die Erde nie mehr sehen."

Zusammengekauert saß ich auf den Kissen, Tränen drückte es mir aus den Augen und so starrte ich aus diesem großen Glashaus hinaus zu dem traurigen Wetter und seiner traurigen Sonne.

Obwohl diese eigenartige Sonne schien, war es immer düster, so wie an Regentagen bei uns.

Da kamen die beiden Helfer, die mich hierher gebracht hatten, und meinten, ich sollte mitkommen.

„Ich dachte mir, ich bin hier zu Erholung!“, sagte ich etwas schroff, doch ich erhob mich und ging mit ihnen.

Wir gingen nicht weit, kurz vor dem gläsernen Durchgang blieben wir stehen und die beiden meinten, ich sollte hier warten.

Ich stellte mir zur Glasfront und lehnte mich an sie, denn meine Füße waren schwer und wollten mich nicht mehr tragen.

Auf einmal gab das Glas nach, ich rutschte durch das Glas und stürzte in diesen trichterartigen Teller, den ich zuvor schon gesehen hatte. Als ich auf diesen traf, begann sich der Teller zu drehen.

Der Teller wurde immer schneller, zum Festhalten gab es hier nichts und so flog mein Körper hin und her.

Ich näherte mich immer mehr den Walzen und den Messern, die ich zuvor gesehen hatte, nun sah ich von all dem nichts, denn sie bewegten sich mit rasender Geschwindigkeit und warteten nur noch auf mein Fleisch, das sie verschlucken wollten.

Dies war ein Gefühl, pure Angst fuhr in mich und ich wollte nur noch schreien, doch mein Körper reagierte auf meine Zeichen nicht mehr.

Wiedermal lag ich im OP und die Ärzte bereiteten sich vor, an mir weitere Hauttransplantationen vorzunehmen.

Erneut tauchte die Frage nach dem Sinn meiner Behandlungen auf. Der interne Arzt wollte meine Innereien, solange sie noch brauchbar waren, und er beharrte darauf.

Doch mein behandelnder Arzt hatte mit mir anderes vor und vertröstete den internen, noch zwei Tage zu warten.

Es dauerte nicht lange, bis ich das erste Mal von den Walzen erwischt wurde, ein Brennen fuhr mir über den Rücken, so als hätte diese Maschine mir die Haut am Rücken abgezogen, und so ging es stundenlang weiter.

Immer wieder drückte mich diese Maschine Richtung Messer, die mich auch immer wieder erwischten.

Schon nach kurzer Zeit hatte ich keine Haut mehr an meinem Körper.

Als mein Körper ohne Haut war, wurde mir Fleisch abgeschabt, als es kein Fleisch mehr gab, wurden die Knochen zerstückelt und all meine Körperteile wurden in die Mitte des Trichters abgesaugt, bis mein Körper ganz verschwunden war.

Endlich ließen all meine Schmerzen nach und es wurde schwarz um mich.

Dann grelles Weiß, über mir begann sich wieder die Kuppel mit den sechseckigen Waben zu bilden, unvorstellbare Schmerzen quälten meinen Körper.

Als die Kuppel fertig gestellt war, schwebte ich in den grellweißen Tunnel, danach zur großen Halle und hier wurde ich vom äußeren Druck zerdrückt.

Dann wurde ich mit etwas Weißgrauem überzogen, dies fühlte sich hart an.

Ich war eingeklemmt und Luft bekam ich auch keine, so musste ich mich aus meiner Umklammerung befreien, was mir mit großem Kraftaufwand auch gelang.

Als ich eine Hand frei hatte, versuchte ich mit dieser die weißgraue Schicht, die mich überdeckte, zu durchbrechen.

Sie war hart, doch ich musste durch sie hindurch, denn ich brauchte Luft. Nach wildem Schlagen mit meiner Hand, die nach andauerndem Luftmangel und durch Panik immer heftiger schlug, durchbrach ich diese Haut und befand mich in der Karamellkuppel.

Ich und weitere Körper waren unter der harten Schicht eingebettet.

Ich durfte diese wunderschöne Kuppel als einziger sehen, denn all die anderen waren bewusstlos oder tot.

Ich starrte in die wunderschöne Decke und konnte meinen Blick von ihr nicht mehr abwenden, so beeindruckte sie mich.

Nach einiger Zeit begann sich die Kuppel zu vergrößern, so als würde sie sich aufblasen, dabei wurde mein Körper leicht und ich begann zu schweben.

Um mich herum lösten sich die konservierten Personen aus der Kruste und schwebten wie ich.

Jeder von uns sah nun zur Kuppeldecke, auch jene, die zuvor noch tot ausgesehen hatten, und diese Decke begann sich langsam zu öffnen.

Die Kuppel wurde so groß, dass wir von oben gesehen auf die Erde sahen, die sich immer weiter von uns entfernte.

In der Kuppeldecke befanden sich eine Menge Sprünge, die zuerst hauchdünn waren und sich nun zu öffnen begannen.

Immer weiter öffnete sie sich, Sterne blinzelten durch die Ritzen, dies war durch das Öffnen der Kuppel nun möglich.

Nach einiger Zeit schwebten nur noch große Trümmer von dieser Kuppel im Weltall herum.

In meinem Blickwinkel tauchte ein Pfeil auf, der zu einem Stern zeigte, auf den sich mein Blick versteifte, es kam mir so vor, dass ich auf diesen zusteuerte.

Langsam verließen meine Begleiter mich, einer nach den anderem verschwand aus meinem Umfeld.

Da traf mich etwas, Blitz und Donner fuhren durch meinen Kopf, vor Schreck riss ich meine Augen auf. Margit lächelte mich an, ich lag auf einer ihrer Liegen.

„Margit, warum lässt du mich nicht sterben, war ich so ein schlechter Mensch, was muss ich noch an Leid ertragen? Bitte, lass mich sterben!"

„Nein, du hast noch einige Aufgaben zu erfüllen, dann darfst du nicht, sondern musst du sterben, so steht es geschrieben!"

„War ich in meinem Leben ein so schlechter Mensch?"

„Du warst selbstsüchtig, herrschsüchtig, dirigiertest Menschen und sahst bei vielen Vorfällen weg, du hättest vieles ändern können, du hast nur an dich gedacht!"

„Wo hab ich weggesehen?"

„Erinnerst du dich in Hamburg, bei der S-Bahn, der alte Mann?"

„Hat er sterben müssen?"

„Das musst du selbst herausfinden."

„Was hätte ich denn tun sollen, es waren doch so viele Kinder, die den alten Mann die Rolltreppe hinunterwarfen!"

„Du lügst schon wieder, sie hatten nur seine Hand festgehalten, das weißt du genau! Du warst mit ihnen gleichauf, hättest du eingegriffen, wüsstest du, wie es dem alten Mann ergangen ist."

„Ja, ich bin schuldig, ich verdiene meine Strafen!"

„Wir haben noch einiges mit dir vor, komm, Herbert, mit zur nächsten Aufgabe." Margit drehte sich zu mir, sah mich streng an und sagte: „Bei all diesen Aufgaben musst du vorsichtig sein, bei Unachtsamkeit könnte es verheerende Auswirkungen auf viele Menschen haben."

Wir gingen den Gang zurück, wieder zu ihren Türmen und kamen in den Raum, der mit Polstern ausgelegt war. Hier stand noch ein Glasturm und in diesen musste ich steigen. Warum ich das alles mitmachen musste, wusste ich nicht genau Vielleicht kam es meiner Heilung zugute oder es waren Strafen. Ich machte aber alles, was Marit mir sagte.

Ich war nun in diesem Turm, konnte mich nicht mehr bewegen und so dachte ich über meine Versäumnisse in meinem Leben nach.

Ich hatte so vieles vernachlässigt und war ein wirklich schlechter Mensch.

Ich wusste nicht, was für einen Sinn dieser Turm haben sollte, aber was sollte es, in dieser Welt hatte nichts einen Sinn und keinen Zusammenhang.

Nun wurde es in diesem Turm immer heißer, Durst überkam mich und ich glaubte, man hatte mich vergessen.

Mein Körper begann durch die Hitze langsam auszutrocknen.

Mein Mund war bereits so trocken, dass es beim Atmen aus meinem Mund staubte.

Menschen gingen vor dem Turm hin und her, ich wollte mich bemerkbar machen, aber keiner von ihnen bemerkte mich.

Ich sackte zu Boden und lag hier im Turm auf Polstern, die in der Höhe aber verschieden waren.

Ich lag verdreht nach oben und unten auf ihnen, mir schmerzte alles und ich war am Verdursten.

Hier in dieser Welt sah ich mich immer wieder von wo anders, so sah ich mich nun von oben, wie ich verdreht auf diesem Polster lag.

Sah, wie meine Haut langsam austrocknete und zu springen begann.

Immer mehr Sprünge wurden es, so ging es weiter, so lange, bis ich nur noch kleine Sprünge auf meiner Haut hatte, dann bröselte die Haut ab, es schmerzte fürchterlich.

Als ich keine Haut mehr hatte, begann mein Fleisch zu springen und auch das Fleisch fiel mir von den Knochen.

Nun bekamen meine Knochen Sprünge und auch sie zerbröselten, da lag nun ein kleiner Haufen Staub.

Da kam Margit, machte die Glastür auf und sagte: „Ach, dich hätte ich jetzt bald vergessen."

Nun war ich wieder ganz, sie nahm mich an der Hand und half mir aus dem Turm.

„Komm, Herbert, du hast doch schon mal Squash gespielt, wir spielen ein Spiel."

Wir gingen zum ersten Turm, den ich schon mal unangenehm kennengelernt hatte, und sie gab mir einen Schläger.

„Margit, ich hätte einen Wunsch, bitte erfüll ihn mir!"

„Was hast du für einen Wunsch!"

„Ich fühle mich so schmutzig, ich möchte mich duschen."

„Bei uns gibt es keine Duschen."

„Doch, ich möchte, ich bin gerade vorhin zu Staub geworden, ich muss mich duschen! Überall an mir ist Sand!"

„Herbert, wo du hier bist, gibt es keinen Körper, nur Geist und Seele und somit kannst du keinen Sand an dir haben!"

„Doch, Margit, ich fühle mich so schmutzig!"

„Na gut, komm mit." Margit ging mit mir um zwei Ecken und zeigte zu einer steilen Stiege. „Wenn du es schaffst, die Stiege hochzuklettern, da oben ist eine Dusche, dann kannst du dich duschen. Aber Vorsicht, wenn du oben bist, musst du die Tür ganz vorsichtig öffnen, nicht dass du das Wasser ausschüttest, das sich bereits in der Wanne befindet."

Bewegen war möglich, nur mit der Kraft sah es anders aus und so begann ich mich die ersten Stufen nach oben zu arbeiten.

Es war sehr mühselig, doch ich freute mich so sehr auf Wasser und mit der Zeit schaffte ich es bis nach oben und gelangte zu einer Tür, die sich nur nach oben hin öffnen ließ.

Es war schwer und immer wieder verließ mich die Kraft, hatte ich es gerade geschafft, den Deckel ein paar Zentimeter zu öffnen, war ich schon wieder zu schwach und die Tür fiel zu.

Es dauerte Stunden, doch meine Sucht nach Wasser war so groß, dass ich nicht aufgab und es endlich schaffte.

Ich drückte den Deckel hoch, wobei aus mir ein Schrei kam und kurz danach schoss kaltes Wasser über mich.

Ich hatte die Wanne ausgeleert, vor der mich Margit gewarnt hatte.

Doch setzte ich meinen Weg weiter fort und gelangte in einen kleinen Raum. Als ich in dem Raum war, fiel die Tür wieder zu und die Wanne, die ich kurz zuvor ausgeleert hatte, verschloss die Tür von innen.

Nun war ich eingeschlossen, hatte nicht mehr die Kraft, mich aus dieser Situation zu befreien, so stand ich da und dachte mir: „Nun muss ich wieder vertrocknen."

Ich suchte nach einem Ausweg und drückte an den Mauern, die mich umgaben, und da geschah es, es öffnete sich eine Tür und ich stand mitten im Hochgebirge, mindestens zweitausend Meter hoch.

Hier gingen die Berge steil nach oben und unter mir gab es nichts, nur eine Nebeldecke.

Doch über mir, in die Berghänge gebaut, waren herrliche Häuseranlagen, direkt an die Felsen gebaut.

Ich musste einige Meter nach oben marschieren, wobei ich in die oberen Räume sah.

Dort waren viele Männer, schön gekleidet, und unterhielten sich, dabei rauchten sie Pfeifen und Zigarren.

Ich ging weiter und betrat kurz danach eine dieser Anlagen.

Als ich in dem Haus war, kam ein Mann auf mich zu und sagte zu mir: „Ach, der Verbrannte, wir warten schon auf dich, deine Frau ist auch hier."

„Was? Meine Frau ist hier? Wie konnte sie wissen, dass ich hierherkomme?“

„Ja, wir warten doch schon einige Zeit auf dich!“

„Wo bin ich hier, wo kann das hier nur sein und wie konnten in diesen Höhen solche Anlagen gebaut werden?“

„Weißt du, das muss so sein, denn unten kann man nicht mehr leben, da gibt es keine Luft mehr, doch Margit hat für dich ein gutes Wort eingelegt und meinte, du sollst dich bei uns erholen, danach bringen wir dich wieder zu ihr.“

„Nein, bitte nicht!“

Dies hörte der gute Mann nicht mehr und er verschwand.

Ich stand nun da und wusste nicht wohin.

Diese Anlagen und Bauten waren ein Traum, alles aus massivem Holz, wuchtige Träger säumten die Decken, elegante, hochpolierte Holzböden.

„Das muss eine Menge gekostet haben“, waren meine Gedanken.

Der ganze Berg war der Länge nach verbaut.

Da kam meine Frau auf mich zu und sagte: „Komm, Herbert, wir haben dort oben ein Zimmer und dort sollten wir einige Tage verbringen, bevor ich dich wieder ins Krankenhaus bringen muss.“

„Ins Krankenhaus? Das ist eine Hinrichtungsstätte und kein Krankenhaus!“

„Sei nicht so, alle bemühen sich so um dich und du kannst nicht mal dankbar sein!“

„Aber, Gabi, die bringen mich andauernd um! Und wie bist du hierhergekommen?“

„Ach was, frag nicht so viel, komm, wir gehen auf unser Zimmer!“

Wir betraten einen Raum, er war wunderschön, alles aus Holz, massives Holz, solche Holz-Trame, wie sie hier in den Zimmern verarbeitet waren, sah man nur in riesigen Hallen, doch der Raum war klein, aber wuchtig verbaut.

Es gab auch eine Terrasse, auf die ich hinausging, es hatte zu schneien begonnen und es herrschte selige Ruhe.

Ich sah von der Terrasse aus den Berghang hinauf, dieser war vollkommen verbaut und eine jede Wohneinheit hatte eine Terrasse und bei jeder Terrasse gab es einen kleinen Pool, das Wasser in diesem Pool dampfte und darin hatten sich die Menschen breitgemacht und genossen das warme Wasser bei Schneefall.

Auf unserer Terrasse gab es aber keinen Pool, dies war die einzige Terrasse, wo kein Pool war.

Ich fragte meine Frau: „Gabi, warum haben wir keinen Pool?“

„Wir dürfen keinen haben, du darfst nicht ins Wasser!“

„Gemein!“

Ich konnte gehen, dies war eine große Freude für mich und so besichtigte ich andere Wohneinheiten.

Sie waren so modern, alles war aus Holz und Glas und die Pools waren weiß.

Die Menschen saßen nicht in diesen, sondern sie lagen wie in einer Liege, der Rücken war leicht erhoben, viele Leute hatten darin Platz.

Schlaue Gespräche wurden geführt und ein jeder rauchte.

Ich ging zwischen ihnen durch, doch keiner von ihnen sah mich, fühlte oder hörte mich, es war, als sei ich nicht anwesend.

Ich ging zurück und da sah ich, dass an unserem Zimmer ein Erker angebaut war, ein sehr großer, und auf den steuerte ich zu.

„Es ist schön hier!“ sagte ich zu meiner Frau.

Meine Frau sah, wo ich hinging, und sie rief mir nach: „Dort darfst du nicht hin!“

Zu spät, der Boden des Erkers war morsch und gab nach, ich fiel ins Bodenlose.

Ich landete in einer von Margits Liegen.

„Ach, da bist du ja wieder! Komm, wir gehen in den Turm!“

„Nicht schon wieder in einen Turm.“

Mein Einwand zählte nicht und wir gingen zum Turm und betraten diesen, jeder von uns hatte seinen Schläger, Margit begann, ein Ball schoss aus der Wand, Margit traf ihn und schoss den Ball in ein trichterartiges Loch.

Nun war ich an der Reihe und ein Ball schoss auf mich zu, ich war zu langsam und so traf mich der Ball, nur war dies kein Ball, sondern etwas Faustgroßes-Stacheliges, das mich mit voller Wucht im Gesicht traf.

Ich schrie auf, der Ball hatte sich durch meine Wange gebohrt und saß im Kiefer fest.

Ich war unkonzentriert und benommen, riss meinen Kopf nach oben, sah zur Decke, ein grelles Licht blendete mich, wieder dieses Weiß und wieder kam ein Ball vom Himmel, traf meinen Kopf, prallte von diesem ab und traf den roten Knopf.

Hunderte Kaktusbälle wurden auf mich abgeschossen, ich war vom ersten noch benommen und taumelte nur herum, hinter mir war die Tür, sie war nicht ganz verschlossen und sie öffnete sich, als ich an sie stieß.

Ich taumelte weiter und stieß an die Glaswand, die den Raum von der Außenwelt abschottete.

Diese gab auch nach und so fiel ich ins Freie, etwa zwei Meter in die Tiefe, und landete in dieser grünen Wiese, die ich zuvor gesehen hatte.

Beim Aufprall verspürte ich Stiche und versuchte so schnell wie möglich auf die Beine zu kommen, kaum stand ich, lief ich einige Meter vom Haus weg, blieb stehen, drehte mich wieder zum Haus und staunte nicht schlecht.

All die Bälle, die wegen mir ins Freie fielen, begannen zu wachsen und sie wuchsen schnell, so schnell, dass ich es fast nicht schaffte, vor ihnen davonzulaufen.

In einiger Entfernung blieb ich stehen und sah noch mal zurück, es war fürchterlich, was ich hier sah.

Die Kakteen wuchsen so schnell, unterwanderten die Häuser, hoben sie und diese fielen in sich zusammen, beim Nachbar stand gerade ein Tankwagen, dieser wuchs in die Höhe und kippte um.

Ich musste von hier weg, so schnell wie nur möglich, denn dies war meine Schuld, ich hätte die Tür nicht öffnen dürfen, somit hatte ich diese Katastrophe ausgelöst.

Ich konnte gehen und wollte nur weg von hier, so schnell es ging.

Weg von Margits Anwesen, Richtung Stadt zu den Häusern. Ich dachte mir dabei: „Könnte ich nur untertauchen, weg von hier, niemand soll mich noch finden!"

Noch mal drehte ich mich um, alles war anders. Sogar die Erde wurde untergraben und riesige Berge begannen zu wachsen.

Ich ging so schnell ich nur konnte und kam zu einem Fußweg, diesen ging ich entlang, er verlief flach dahin und beidseitig befanden sich Thujenstauden.

Als der Fußweg zu Ende war, kam eine Querstraße, hier blieb ich kurz stehen, um zu überlegen, wo ich nun langgehen sollte.

Meine Frau durfte mich das erste Mal nach drei Tagen im Krankenhaus besuchen und meine Tochter begleitete sie.

Jedes Mal, wenn mich meine Angehörigen besuchten, waren sie in meine Träume involviert, nur sehr oft waren sie für mich nicht erreichbar.

Doch ihre Anwesenheit gab mir den Glauben, dass ich doch nicht so weit von Zuhause entfernt sein konnte, wie es mir vorkam.

Fahrt zu Hannes' Krankenhaus.

Da hörte ich eine Stimme sprechen:

„Der Verbrannte, er ist noch immer hier!"

Es war Hansi.

„So, du Verbrannter, jetzt bring ich dich ins Krankenhaus!"

„Nein, nicht schon wieder!"

„Komm, wir gehen!"

Ich sah Hansi an, dieser gab mir ein Zeichen mit seiner Hand, ich sollte doch ins Auto steigen, da stand ein normales Auto aus der Welt, in der wir jetzt lebten, dies passte nicht in diese Zeit, denn hier gab es nur sehr große Autos.

Ich überlegte kurz, schüttelte kurz meinen Kopf, dachte mir dann: „Ist ja egal, nur weg von hier!“

Ich ging zum Auto, beugte mich zur Tür hinunter und sah, dass im Auto noch weitere Menschen saßen, meine Augen suchten und erkannten Menschen, die ich kannte.

Erleichterung überkam mich, im Auto saßen meine Frau und Tochter und am Steuer saß Hannes, ein großer Schweinebauer aus unserer Gegend.

Ich hatte mit Hannes viel zu tun, ich habe nämlich ein Hirschgehege und Hannes schoss bei mir immer die Hirsche, er war auch sehr nett, nur wenn er mit seinen Jagdkollegen beisammen war, war er ein anderer Mensch und über meinen Hund sagte er immer, er gehöre ins Gulasch.

Es war für mich einfach nicht zu begreifen, was hier gespielt wurde.

Es war alles anders, auch meine Nächsten verhielten sich völlig anders, doch duldete und akzeptierte ich natürlich alles.

Ich wusste zu gut, dass ich zuerst aus dieser Welt verschwinden musste, um mich wieder äußern zu dürfen, hier war ich ein Sklave, ein falsches Wort und meine Bewegungsfreiheit wurde auf Null heruntergeschraubt und jeder konnte mit mir machen, was er wollte.

„Komm, Herbert, ich bring dich in mein Krankenhaus, es ist in den Bergen, du musst behandelt werden."

„Papa, komm, wir fahren."

Ich setzte mich ins Auto und Hannes fuhr los.

„Gabi, was macht Hannes hier?"

„Er bringt dich ins Krankenhaus."

„Aber warum Hannes?"

„Er besitzt ein Krankenhaus, er bringt seine Patienten immer selbst hin, außerdem, das weißt du eh, sein Sohn ist Katharinas Freund."

Ich lächelte zynisch und sagte: „Hannes hat einen Schweinestall, wahrscheinlich werde ich dorthin gebracht zum Schlachten und Katharinas Freund ist doch der Glatzköpfige und das ist nicht der Sohn von Hannes! Bitte, Gabi, bring mich nach Hause."

„Nein, das geht nicht, Hannes sagt, du musst in eine Druckkammer."

Hannes sprach zu uns, vom Fahrersitz aus: „Kathi, wir haben heute eine große Feier bei mir im Schloss, es spielt Musik und so weiter. Deinen Papa liefern wir im Krankenhaus ab und dann fahren wir in mein Schloss, es ist nicht weit vom Krankenhaus."

„Gabi, bleib doch bei mir, fahr nicht mit Hannes."

„Du musst in die Druckkammer, was soll ich da?"

Ihre Gestik zeigte mir, dass sie nicht interessiert war, bei mir zu bleiben, so verhielt ich mich ruhig und akzeptierte ihren Wunsch.

Hannes fuhr und die Straße, auf der wir fuhren, ging ziemlich steil bergauf, unten im Tal war es noch warm, doch umso höher wir kamen, umso kälter wurde es und es begann zu schneien.

Es schneite immer stärker und mir wurde es immer kälter.

Es war kaum zu glauben aber es schneite so stark, dass der Schnee mit den Scheibenwischern nicht zu entfernen war, und alles versank im Schnee. Ich zitterte am ganzen Körper und Gabi sagte: „Ist dir so kalt?"

Da schrie Hannes: „Wir stecken im Schnee fest, da geht nichts mehr. Ich ruf meine Jungs, die holen uns."

Es dauerte nicht lange und ein junger Mann kam mit einem Traktor.

Er stieg vom Traktor und begrüßte uns alle, er schien sehr nett zu sein, auch mich begrüßte er, nur ich konnte ihn nicht erkennen, ich wollte auch grüßen, doch meine Stimme versagte abermals. Hannes sagte zu mir: „Dich müssen wir hier lassen, deine Frau und Tochter nehme ich mit, für dich muss ein eigener Traktor kommen. Es wird nicht lange dauern, ich sorge dafür."

Meine Frau und Tochter waren bereits beim Aussteigen, ich wollte meine Frau noch anflehen, sie sollte doch bei mir bleiben, doch ehe ich mich versah, waren die Türen wieder verschlossen.

Nun lag ich da mit meinen wüsten Gedanken und dachte an alles Mögliche.

Ich wusste, dass ich mich verbrannt hatte, aber wie schwer ich verletzt war, wusste ich nicht.

Ich versuchte, mich zu ordnen, während ich am ganzen Körper zitterte.

„Wow, ist mir kalt!"

Wieder kam ein Traktor, ein Mann kam zu mir ins Auto und sagte: „Ich bin der Sohn von Hannes, ich soll dich holen."

Es war alles anders, Hannes, sein Sohn, meine Tochter, ich kannte diesen Jungen nicht! Wie er zuvor aussah? Das wusste ich, er war jetzt anders, ich musste Jahre verschlafen haben. „Noch etwas, Herbert, ich hab deinen Hund hier gesehen!"

„Was, die Leica? Das gibt's nicht."

„Doch, in dieser Welt, wo du dich jetzt befindest, da gibt es keine Hunde, und sollten wir ihn noch mal sehen, wird er erschossen."

„Meine Leica, was macht sie denn hier. Diese Jäger, ich hab sie nie besonders gemocht, denn alles, was einem lieb ist, wollen sie nehmen. Die beiden Jungs sind also Hannes' Söhne, ich kenne sie nur flüchtig, sie waren aber immer sehr nett, wen sie als Gäste bei uns waren. Dass sie traktorfahren können, das weiß ich auch, aber dass sie sich so verändert haben?" Dabei schüttelte ich meinen Kopf fragend.

„Du kannst im Auto bleiben, ich hebe vorne an und zieh das Auto gleich mit."

Er fuhr mit dem Traktor rückwärts zum Auto, verankerte die beiden und fuhr mit mir los.

Noch immer stürmte und schneite es, doch nach einiger Zeit kamen wir zu einem Hochplateau, hier schien auf einmal die Sonne.

Noch vor Kurzem hatte es geschneit, schon war die Straße geräumt und wir fuhren durch zwei Meter hohe Schneewände, die sich links und rechts von der Straße erhoben.

Kaum dass man über die Schneewände sah, doch musste hier der Wind gehen und dieser wirbelte den frisch gefallenen Schnee auf, die Sonne setzte ihre Strahlen zwischen die Freiräume, die nicht mit Schneestaub erfüllt waren, und goldfarbiger Glanz bedeckte die Hochebene.

Kalte, feuchte Luft drückte es zu mir ins Auto und diese kalte Luft streichelte meine kälteempfindliche Haut, mit Gänsehaut reagierte meine Haut auf diese Streicheleinheiten.

„Endstation“, rief eine Stimme zu mir, ich hob meinen Kopf und begann die Umgebung zu ordnen.

Links von uns erhob sich eine große Anlage, das dürfte das Krankenhaus sein, von dem immer gesprochen wurde.

Rechts von uns gab es keine Schneewände mehr, von hier ging es steil bergab.

Ein junger Mann öffnete die Autotür, beugte sich zu mir herein, fasste mich an den Oberarmen, sie schmerzten mir sehr, er zog mich aus dem Wagen und legte mich auf eine Bahre, die bereits bereitstand.

Als ich auf der Bahre lag, schien mir die Sonne ins Gesicht, endlich wurde es mir etwas wärmer.

Meine Augen zuckten im Sonnenlicht, sie suchten nach etwas und zugleich machte ich einen Rundumblick.

Dieses Krankenhaus war mit Balkonen versehen, auf ihnen waren Liegestühle und darauf lagen ältere Menschen.

Sie erhoben sich auf einmal und winkten, meine Augen suchten nach dem Grund, da verstand ich, dass sie Hannes sahen und nach ihm riefen.

„Hallo, Hannes, danke für alles, es ist wunderschön bei dir!“

Sie verehrten ihn wie einen Filmschauspieler.

Unter vielen Menschen erblickte ich meine Frau und Tochter. Sie standen zwischen einem Rudel Jäger, das mitten im Schnee stand.

Von mir aus gesehen standen sie genau zur Richtung Sonne, sodass ich nicht genau erkannte, was und wer unter ihnen war.

Ich versuchte noch ihnen zu winken, doch mein Körper machte wiedermal nicht das, was ich wollte.

Sie hätten mich auch trotz Winken nicht entdeckt, dafür waren sie zu sehr in ihre Gespräche vertieft.

Da kam ein Gehilfe dieser Anlage auf mich zu und schob mich Richtung Eingang, dann sagte dieser zu mir: „Schau, da oben ist die Burg vom Chef, dorthin wird er deine Frauen mitnehmen und mit ihnen feiern."

Ich sah kurz zur Burg hoch und zeigte ihm danach die kalte Schulter, so, als hätte ich ihn nicht verstanden.

Es war wunderschön hier, die Luft angenehm, aber kalt und auch die Sonne schien, einfach schön.

Der Wärter, oder was auch immer er war, hatte mich vor den Eingang abgestellt, aber im Schatten, was mich sehr ärgerte, hier müsste ich warten, sagte er. Und kein Sonnenstrahl traf mich.

Hier im Schatten konnte ich meine Augen wieder ganz öffnen und den grellen weißen Schnee betrachten.

Die Sonne warf ihre wärmenden Strahlen auf den Schnee und streichelte diesen, doch der Schnee nahm diese Liebkosungen der Sonne nicht auf, stolz wies der glänzende Schnee diese Annäherungsversuche wieder zurück und keine der abgewiesenen Strahlen trafen mich.

Nun blendete mich das Weiß des Schnees so sehr, dass ich meine Augen auch im Schatten schließen musste, ich wollte sehen, suchen und erkunden, doch das strahlende Weiß des Schnees bohrte sich in meine Augen und so musste ich sie verschlossen halten.

Als ich meine Augen wieder öffnen konnte, war ich in einem Raum, in dem sich viele Menschen aufhielten, und sie alle stellten sich an, wie vor einen Schalter.

Ich stand mit meinem Bett in einer der Reihen und neben mir stand meine Frau mit Tochter.

„Ach, seid ihr doch bei mir geblieben, mir ist fürchterlich kalt, gibt es hier keinen warmen Raum?"

Katharina suchte nach einer Krankenschwester und kam nach einigen Minuten wirklich mit einer Schwester zurück, Kathi sagte: „Papa ist es so kalt."

Da sagte die Krankenschwester: „Kommt mit, ich weiß einen anderen Weg."

Meine Lieben schoben mein Bett und folgten der Krankenschwester.

Wieder kamen wir zu einem Glasturm, mir wurde es anders. Nur weg von diesen Türmen, versuchte ich zu sagen, doch meine Stimme hatte mich wieder einmal verlassen und schon wurde ich in den Turm geschoben.

Alles war hier aus Glas, hier gab es aber einen Lift, der mich in eine andere Etage brachte, die Türe öffnete sich und ich wurde auf eine Terrasse geschoben, die auch aus Glas war, ich stand mit meinem Bett förmlich in der Luft.

Hier oben schien die Sonne noch und ihre Strahlen wärmten mich. Niemand war mehr bei mir, soweit ich sah, war ich alleine und auch die Sonne begann sich, nach einiger Zeit, von mir zu verabschieden.

Es wurde immer kälter und ich fror, mein ganzer Körper zitterte und meine warme Luft, die ich ausatmete, begann mich mit Nebel einzudecken.

Niemand holte mich, ich glaubte, sie hatten mich vergessen.

„Wenn ich hier übernachten muss, werde ich bis Morgen erfroren sein."

Es wurde schon dunkel, da entdeckte mich jemand und zog endlich mein Bett in das Innere der Anlage.

Ich wurde wieder in den Vorraum gebracht, wo ich zuvor schon gewesen war, noch immer gab es hier Menschenmengen, die in Reihen anstanden, und auch ich wurde wieder in eine dieser Reihen gestellt.

Immer wieder ging die Eingangstür auf und kalte Luft erfüllte den Raum.

„Boah, ist es mir kalt."

Mir schlotterten die Zähne, auf einmal verspürte ich etwas Weiches und Warmes an meinen Fingern, die über die Trage hinaushingen.

Ich drehte meinen Kopf in die Richtung und suchte nach der Wärmequelle, es war Leica, mein Hund, der mich gefunden hatte.

„Leica, was machst du hier, du musst gehen, die werden dich erschießen, bitte geh doch. Aber wo sollst du nur hin, dein Frauerl, die Kathi und ich, wir alle sind hier, wissen nicht, wie wir nach Hause kommen könnten, und du weißt es wahrscheinlich auch nicht."

Ich sah meinen Hund traurig an und er mich. Leica war ein Golden Retriever, er hatte immer einen traurigen Blick, meine Finger wuselten in seinem Fell, von dem wohltuende Wärme ausging und meine Finger wärmten.

Sie war ein so guter Hund, bei uns im Betrieb kam ein Großteil unserer Gäste wegen Leica, denn sie begrüßte jeden einzelnen Gast und speiste fast mit jedem mit.

Leica fuhr immer mit mir im Traktor mit und war schon vor mir auf diesem, bevor ich aufsaß.

Sie war mein Ein und Alles, mit meiner Frau natürlich.

„Aber warum hat sie Leica hierher mitgenommen, in eine Welt voller Gewalt?"

Dann sagte ich mit leiser Stimme zur Leica: „Leica, wir beide werden von hier nicht mehr wegkommen."

Da rief Hannes, der sich noch immer hier im Gebäude aufhielt, zu einem seiner Gehilfen: „Du musst Herbert in die Druckkammer bringen."

Kurz nachdem Hannes seine Anweisung gegeben hatte, verließ er die Anlage und bestieg mit Kathi und Gabi einen Hubschrauber und sie hoben ab.

Der Gehilfe kam auf mich zu und sagte: „Hab ich hier einen Hund gesehen?"

„Einen Hund, nein, weiß nichts davon."

„Sie wissen eh, Hunde sind hier ausdrücklich verboten."

Er nahm den Wagen und fuhr mit mir einen Seitengang entlang.

Wir entfernten uns von den Menschenmassen und einen Augenblick später war ich mit dem Pfleger alleine.

Wir kamen in einen Raum, in dem viele liegende Röhren oder Tanks lagen, und zu einem von diesem wurde ich gebracht, dieser hatte eine Öffnung wie der Einstieg eines Weintanks.

Schnee und Eis wuchsen aus dieser Öffnung und mich überkamen Angstgefühle:

„Wollen die mich wirklich in diesen Tiefkühlschrank schieben?“

Tatsächlich, er fuhr mit mir zur Öffnung, schob mich einfach hinein und verschloss diese.

Mir wurde kalt und kälter.

„Jetzt werde ich erfrieren!“, dachte ich mir.

Auf einmal drückte etwas auf mich ein, der Druck wurde immer größer. So groß, dass es mich vom Boden abhob und zur Decke drückte.

Wenn meine Haut mich nicht zusammengehalten hätte, wären meine Knochen durch den Druck förmlich vom Fleisch befreit worden.

Der Druck war so groß, indes kam es mir so vor, dass es mich mit der Decke, an der ich klebte, in die Höhe schob.

Immer höher wurde ich in die Höhe geschoben, zehn, 20, nein, 100 Meter befand ich mich nun über dem Boden und über mir immer noch die Decke, wobei der Boden unter mir immer kleiner wurde.

„Wenn der Druck nun nachlassen würde, würde ich in den Tod stürzen“, fuhr es mir durch den Kopf.

Mein Körper wurde flach und in die Breite gedrückt.

Augen, Augenlider wurden auseinandergerückt, meinen Mund hatte es mir aufgerissen und in diesem fühlte sich der Druck so an, als steckte darin ein Ball, der mir reingepresst würde und der millimeterweise in Richtung Luftröhre vorgeschoben würde, Luft war keine mehr zu bekommen.

Durch den Druck auf mich konnte ich mich natürlich nicht bewegen, aber innerlich kämpfte ich nach Luft.

„Ich will nicht sterben, ich will nicht sterben, ich kann noch nicht sterben, ich muss noch einiges erledigen, nein!“, schrie ich in mich hinein und kämpfte voller Zorn gegen den Tod an.

Da, auf einmal, ließ der Druck wieder nach und eine Stimme in mir sagte: „Atme, Herbert, atme!“

Ich machte, was die Stimme sagte, und holte mit einem langen Atemzug tief Luft.

„Ich atme wieder.“

Kaum hatte ich mich mit ein paar Schnaufern etwas erholt, waren meine Gedanken wieder bei meinen Lieben und schon überlegte ich, wie ich sie nur überzeugen könnte, dass wir aus dieser Welt verschwinden sollten, denn irgendwie kam es mir so vor, als würden die beiden sich hier wohlfühlen.

Die Leica, was sollte ich mit der Leica machen? Was machte sie hier? Wie war sie nur hierhergekommen? Hatte Gabi sie vielleicht mitgebracht?

Ich hatte das Gefühl, ich würde ansehen müssen, wie ich alles verlieren würde, und danach würde ich an die Reihe kommen.

In meinem Kopf arbeitete es, ich musste jemanden Mächtigen beleidigt haben, denn dies hier konnte nur die Rache eines sehr mächtigen Menschen sein, wer könnte das nur sein?

Ich wusste, dass ich kein guter Mensch war, ich hatte immer nur an mich gedacht und vieles übersehen, was wichtig gewesen wäre.

Ich verdiente diese Strafen, aber das mit meiner Familie fand ich nicht korrekt, ich hatte doch keinen Menschen getötet, auch körperlich hatte ich mich an niemandem vergriffen, oder war ich vielleicht doch, nicht direkt, sondern indirekt beteiligt an dem Tod eines Menschen?

„Ach, Gott im Himmel, ich weiß, dass ich ein großer Sünder bin, nimm mich, aber lass meine Lieben doch in Ruhe!"

Nach einiger Zeit des Gedankenspiels konnte ich meine Augen öffnen, ich befand mich wieder in dieser Röhre, in die ich geschoben worden war.

Die Tanktür öffnete sich und der Mann, der mich zuvor in den Tank geschoben hatte, holte mich wieder raus.

„Wie war der Ausflug im Tank?", fragte mich der Wärter, ich gab keine Antwort auf so eine dumme Frage.

Endlich war dieses schreckliche Erlebnis vorbei und ich befand mich mit meinem Pfleger wieder in diesem leeren, weißen Gang.

Ich wusste nicht, ob noch alles an mir ganz war, dies war auch Nebensache für mich, meine Gedanken konzentrierten sich nur auf meine Familie und Leica.

„Ich muss rauf auf den Berg, ich muss sie retten und wenn es das letzte ist, das ich machte, doch wovor soll ich sie retten, die amüsieren sich, soll ich sie vor dem Amüsieren retten?"

Der Wärter hatte mich in einem Seitengang abgestellt und niemand war mehr zu sehen.

Ich war halb erfroren von den letzten Strapazen und mir kam es so vor, als würde es immer kälter werden, keiner kümmerte sich um mich.

„Schau, wer kommt denn da!“, dachte ich mir. „Die Leica, meine Leica, wie hast du mich nur gefunden?“

Leica kam zu mir und legte ihren Kopf auf meinem Schoß. „Bin ich glücklich, dass ich dich habe.“ Ich umarmte sie mit beiden Händen, drückte sie, so fest ich nur konnte.

Wir sahen uns fest gegenseitig in die Augen und unsere Augen strahlten vor Freude, doch auch große Trauer war dabei, denn wir fühlten uns beide nicht wohl in dieser Welt.

Von weitem hörte ich Stimmen, auch der Name Leica war zu hören.

„Leica, die suchen dich, du musst dich verstecken!“

Leica verschwand und aus den Stimmen wurden Menschen, diese Menschen kamen auf mich zu mit ernsten Blicken und fragten mich: „Wo ist dein Hund, die Leica, wir müssen sie erschießen, denn Hunde haben hier in dieser Welt nichts verloren!“

„Ich weiß nicht, was ihr meint!“

Sie sahen sich um und gingen wieder.

Ich musste von hier verschwinden, nur weg von hier, hier war es wie in einem Irrenhaus.

„Bitte, Gott, gib mir doch ein wenig Kraft!“

Auf einmal bemerkte ich, dass mich jemand beobachtete, sein Kopf kam immer wieder kurz hinter einer Ecke hervor.

Ich versuchte nach ihm zu winken, es ging schwer, aber er bemerkte es. Zuerst sah er mich nur starr an, dann kam er auf mich zu.

„Wer bist du?“

„Ich muss dich beobachten.“

„Du musst mir helfen! Ich muss auf den Berg hinauf, jetzt schnell!“

„Da kommst du nicht rauf, es ist zu spät, die Gondel fährt nicht mehr und was willst du da oben, du kannst dich nicht einmal bewegen?“

Mir kamen die Tränen und ich begann zu schluchzen: „Ich muss rauf, es geht nicht anders, bitte, bitte, bitte.“

„Schauen wir mal.“

Vorsichtig sah er sich um, dann schob er mich mit meiner Trage einige Räume weiter und auf einmal befanden wir uns in einem Lift, mit diesem ging es bergab.

Die Tür öffnete sich, kalte Luft drang in den Lift, wir waren im Freien, eiskalt war es hier, der Mann schob mich weiter in die Gondel, schob die Tür zu und verschwand.

Bis zur Gondel hatte ich es bereits geschafft und im nächsten Moment setzte sich die Gondel in Bewegung und fuhr einige Minuten mit mir, es war eisig kalt in dieser Gondel.

Auf einmal hielt die Gondel und die Tür öffnete sich.

Einige Leute standen vor der Gondeltür und unterhielten sich.

Diese Leute erschraken und sahen zu mir, unter ihnen war auch Hannes.

Sein Gesicht wurde ernst, er flüsterte etwas zu den Männern, die um ihn standen und die langsam verschwanden.

Hannes winkte nach jemandem, ein Mann kam auf mich zu und holte mich mit der Trage aus der Gondel.

Dieser Mann schob mich mit der Trage einen Gang entlang, wo sich auf einer Seite eine Glasfront befand.

Das Glas dieser Front reichte bis zum Fußboden.

Von hier aus hatte man einen fantastischen Überblick über die umliegende Bergwelt.

Es war gerade Sonnenuntergang und der Mann, der mich mit der Trage schob, stellte mich für einige Minuten an der Glasfront ab und so konnte ich das Abendrot genießen.

Dieser Anblick erfüllte und wärmte mich für kurze Zeit.

Dann ging es weiter und dieser Gang vereinigte sich mit einem großen Raum, wo sich zur einen Seite weiter die Glasfront befand und auf der anderen Seite am Berghang wunderschöne kleine Badewannen im Boden versetzt waren.

In den Wannen saßen Menschen, die mit ihren Händen an Rädern drehten.

Etwas fiel mir besonders auf, dies musste ein Markenzeichen von hier sein, verkehrt hängende Kreuze mit Doppelbalken, die waren hier überall.

„Gehört das alles Hannes?“, fragte ich.

„Ja.“

„Was hat er mit mir vor?“

„Du musst sterben.“

„Ach Gott, was hab ich denn verbrochen, jeder will mich sterben sehen? Warum will er, dass ich sterbe?“

„Es ist ausgeschrieben und ich mache nur das, was mir aufgetragen wird.“

„Wenn einer hingerichtet wird, hat er Anspruch auf ein gutes Essen und einen letzten Wunsch!“

„Essen gibt es bei uns nicht, was hast du für einen Wunsch?“

„Ich möchte Gabi und Kathi noch einmal sehen! Ach was, die amüsieren sich, während ich hier sterben muss.“

Nun wurde ich in einen Raum gebracht, der sehr schön war, die Wandfarbe war hellrot, der Boden war mit braunen Fliesen verlegt.

Die Arbeitsfläche war etwa zehn Meter lang und einen Meter hoch und über der Arbeitsfläche begann wieder eine Glasfront, die bis zur Decke reichte, die sich aber gute acht Meter weiter oben befand.

Auf der Arbeitsfläche befanden sich Sägen und weiteres Werkzeug, das ich noch nie gesehen hatte, auf einmal ertönte ein Lärm und heftiger kalter Wind erreichte meinen frierenden Körper.

Ich sah mich um, da ging eine der Glasfronten auf und ein Hubschrauber, der gerade zuvor gelandet war, wurde hereingeschoben.

Hannes befand sich neben dem Hubschrauber und kam auf uns zu, er sagte: „Ich brauche lauter dünne Scheiben von ihm, ich hab neue Sportler mitgebracht, heute feiern wir noch und schon morgen werden wir sie operieren, denn für die kommenden Wettkämpfe sollten sie wieder fit sein!“

Er drehte sich um und ging zu jenen, die aus dem Hubschrauber stiegen, Hannes begrüßte sie und sie verschwanden miteinander.

Mein Peiniger drehte sich zu mir und sagte: „Ich muss schnell machen, Hannes will, dass sich das Problem Herbert so schnell wie möglich erledigt.“

Neben den Arbeitsflächen standen der Länge nach wiederum Wannen und mein Peiniger sagte: „Schau, Herbert, ich lege dich jetzt in diese Wanne, du wirst ganz langsam einschlafen. Später, wenn ich Zeit habe, werde ich dich in kleine Scheiben schneiden."

„Warum in Scheiben?"

„Ich brauche sie für Sportler wie diese hier, die gerade gekommen sind. In der heutigen Zeit ist die Leistung der Sportler bereits so hoch, dass es zwischen den Sportlern keine Unterschiede mehr gibt. Dann komme ich ins Spiel und helfe ihnen. Wenn sie etwas schneller sein wollen, setze ich ihnen eine Scheibe von dir ein und sie werden größer und etwas schneller, nach zwei Wochen fahren sie schon wieder mit dem Rad, das geht gut."

Mein Henker wirkte irgendwie nett und war sichtlich begeistert von seiner Arbeit, er könnte mein Freund werden, wenn er nicht mein Henker wäre.

„Mach dir nichts daraus, deiner Familie wird nichts mehr passieren, wenn du tot bist."

„Gut, dann will ich jetzt sterben."

Mein Henker setzte mich in eine Wanne, die mit Flüssigkeit gefüllt war, und sagte: „Hab keine Angst, du kannst ohne weiteres unter Wasser atmen. Denn wenn ich sage, du kannst es, dann kannst du es auch. Atme diese Flüssigkeit ganz tief ein und du wirst sehen, es geht."

So geschah es auch, ich wurde von der Trage in die Flüssigkeit gelegt.

Kaum lag ich in dieser Flüssigkeit, wurde ein Gitter auf mich gelegt, welches mich an den Wannenboden drückte.

Panik kam über mich, ich konnte mich nicht mehr bewegen, Luft, ich brauchte Luft und begann nach Luft zu schnappen, dann verschluckte ich mich.

Panik überfiel meinen Körper, der sich förmlich auflöste.

Wieder überkam es mich: „Ich will doch nicht sterben!“

Da stand ich auf einmal vor einem hohen Turm.

Ich stand etwa 20 Meter vor einem Turm und meine Augen suchten und mein Kopf wollte ordnen, wo, wie, was war das? Wo war ich nur?

Da war ein großes Tor, das in den Turm führte.

Ich hob meinen Kopf und sah den Turm entlang in die Höhe, der Turm hatte kein Ende, weit oben verschwand er in den Wolken, oder war das doch Nebel?

Da kamen zwei Männer auf mich zu und sagten: „Hallo, Herbert, wir beide sind Pfleger und sind dir zugeteilt, wir werden dich begleiten.“

Sie sahen sehr nett aus und ich baute sofort Vertrauen zu ihnen auf.

„Komm, wir fahren mit dem Lift den Turm hoch, oben wirst du bereits erwartet.“

„Von wem werde ich erwartet?“

Es gab keine Antwort auf diese Frage, wir betraten den Lift und der Lift fuhr mit uns los.

Nach einigen Augenblicken hielt er, ich fühlte keinen Boden mehr unter mir, die Tür ging auf und ich stand in einem Raum mit Wänden, aber es gab keine Decke über uns, über uns war nur noch der Sternenhimmel.

An einem Schreibtisch saß eine Frau, Wände und Tische waren weiß, der Boden, auf dem ich schwebte, war dunkel, Farbe konnte ich nicht erkennen.

Meine Begleiter sagten: „Du musst zu dieser Frau nach vorne gehen.“

Ich verließ den Lift, doch die beiden Begleiter blieben im Lift, die Tür schloss sich hinter mir und meine Begleiter verschwanden.

Ich fühlte keinen Boden unter mir, vorsichtig schritt ich vor zu jener Dame, die mir zugeteilt worden war.

Ich war noch nicht bei ihr, da hob sie ihren Kopf und sagte: „Ach, der Verbrannte.“

Ich wollte etwas sagen, hatte keine Gelegenheit dazu, denn diese Frau ließ mich nicht zu Wort kommen, sie sprach weiter: „Leg dich hier auf diese Lichtstrahlen.“

Ich ging näher an diese Lichtstrahlen und sah, dass unter den Strahlen nichts war, nur ein Loch, das in die Tiefe führte, ohne Ende.

Die Öffnung hatte einem Durchmesser von etwa drei Metern.

„Nein, hier leg ich mich nicht rauf, ich habe Höhenangst.“

In diesen Welten, in denen ich mich zurzeit befand, hatte ich noch niemanden lächeln sehen, doch mir kam es so vor, als hätte diese Dame nun gelächelt.

„Du brauchst keine Angst haben, hier kann dir nichts mehr passieren.“

Hier in dieser Welt machte jeder das, was ihm gesagt wurde.

Ich kniete auf den Boden und vorsichtig tastete ich mich zu einem dieser Strahlen vor, um mich dann auf diesen Strahl zu legen.

Als ich mit der Handfläche den ersten Strahl berührte, bekam ich ein vertrautes Gefühl: „Diese Strahlen kommen mir bekannt vor, die habe ich in meinem Leben schon mal berührt!"

In meinem Kopf arbeitete es und schon nach kurzer Zeit hatte ich die Erinnerung wieder.

Dieser Lichtstrahl hier fühlte sich an wie das Netz des Spinnengewebes.

Vorsichtig legte ich mich auf die Strahlen, sie trugen mich, und unter mir gab es nichts mehr.

Der Schlächter begann inzwischen mit seiner Arbeit, er hob mich aus der Flüssigkeit, legte mich auf eine Arbeitsfläche und begann, mit seiner Säge meine Füße in zwei Zentimeter dicke Scheiben zu zerschneiden.

Einzeln legte er sie vorsichtig auf einer Platte ab und nummerierte sie.

Die Lichtstrahlen wurden heller, alles drehte sich und ich fuhr mit dem Kopf voraus in das schwarze Loch hinein.

Ich war bereits ein Stück eingefahren, da sah ich, wie Leute an der Öffnung oben Platz nahmen und zu mir nach unten sahen.

Aus einigen wenigen Strahlen wurden mehr, die Strahlen funkelten so hell, als würde man mit einer Flex harten Stahl durchschneiden, aber nicht mit einer, sondern mit 20 oder mehr zugleich, und ich befand mich genau im Zentrum dieses Funkenfluges.

Nicht nur gelbes Licht, nein, alle Farben von Lichtern funkelten um mich herum und diese begannen in mich einzudringen, fürchterliche Schmerzen brachten sie mit.

Danach formte sich dieser Funkenhaufen zu Strahlen und diese durchbohrten meinen Körper und spießten ihn förmlich auf, das Licht zerrte an mir und saugte meinen Körper aus.

Diese Energie hatte mich fest im Griff und mir kam es so vor, als würden Stücke meines Körpers abgeschnitten und diese trieben mit mir hier in dieser Röhre, nichts fiel in die Tiefe, es gab hier wahrscheinlich keine Anziehungskraft.

Ich wollte und musste weg von hier, hatte Angst und wollte nur noch um Hilfe schreien, doch mit Schreien hatte ich keinen Erfolg.

„Weg von hier, ich muss raus!“, dachte ich mir und wandte meinen Körper, Richtung Wand, ich musste raus von hier, auf einmal befand ich mich außerhalb des Turmes. Dunkel war es um mich, ein herrlicher Sternenhimmel ummantelte mich und vermutlich stand ich auf einer Treppe.

Über mir war nur der Sternenhimmel, hinter mir eine Wand, an die ich mich anlehnte, vor mir nichts.

Wie angewurzelt stand ich da auf dieser Treppe und überlegte, wo ich nun sei, in welcher Höhe ich mich befinden würde, außerdem fühlte ich keinen Druck auf meinen Füßen, ich schwebte förmlich und musste mich sehr konzentrieren, nicht von der Treppe abzuheben.

Mein Körper war deaktiviert, so waren meine Füße steif und ich stand da wie eine Statue.

Langsam brachte ich meinen Körper in Bewegung, es dauerte sehr lange, aber es gelang mir durch eisernen Willen und mit diesem Willen begann ich meinen Weg nach unten.

Nun begann der lange Weg nach unten, den Großteil musste ich auf Treppen zurücklegen, Füße und Hände funktionierten nur eingeschränkt.

Einige Stockwerke musste ich von außen nach unten gehen, dann war auf einmal die Treppe verschwunden und ich stand auf der letzten Stufe, unter mir gab es nichts mehr, auch keine Tür war zu sehen.

Ich hatte ein paarmal Glück, dass es keine Anziehungskraft gab, denn oft war die Treppe nicht da und ich ging trotzdem weiter.

Außerdem musste ich dagegen ankämpfen, nicht nach oben gedrückt zu werden anstatt nach unten zu gehen.

Ich war immer auf der Suche nach einer Tür oder Stufen und nach Möglichkeiten, um meinen Weg fortzusetzen.

Endlich stand ich im Inneren, im Liftschacht und von hier ging es hunderte, wenn nicht tausende Meter nach unten.

Kein Lift war in Sicht, so musste ich über Leitern nach unten klettern, bis ich wieder zu einer Tür kam und endlich den Liftschacht verlassen konnte.

Es war wie in einem Spiel, es gab keine richtigen Türen wie in unserer Welt, nein, ich musste immer nach Möglichkeiten suchen, um nach innen oder außen zu gelangen und so suchte ich meinen Weg nach unten und die Tage vergingen.

Endlich wurde es etwas heller, denn bis jetzt war es nur dunkel gewesen, doch nun sah es aus, als würde in einer Stunde die Sonne aufgehen.

Kein Mensch war zu sehen, so kam ich in eine Tiefe des Turmes, wo es etwas heller wurde, und auch der Turm wurde hier breiter, denn bis jetzt hatte es nur das Mauerwerk und innen den Liftschacht gegeben.

Hier waren nun im Inneren Maschinen aufgebaut, diese Maschinen waren wuchtig, eine von ihnen reichte etwa hundert Meter in die Tiefe, dies konnte ich von oben sehen, im Zwischenbereich dieser langen Maschine war es sehr hell.

„Dort muss ich hin!“, dachte ich mir und setzte meinen Weg fort.

Als ich in dem Zwischenbereich ankam, wo es endlich sehr hell war, blieb ich stehen und sah mir diese Maschinen an, sie waren hellblau wie die Räumlichkeit.

Hier befand sich eine Etage, wo es auch Tische gab, und es sah so aus, als dass es hier auch Leben geben könnte.

Ich fühlte mich endlich etwas besser, denn der Abstieg von oben war sehr schwer.

In meiner Welt hätte ich diese Leistungen mit gesunden Füßen nicht zustande gebracht, was ich hier mit kaputten Füßen leisten musste.

Wer hätte in unserer Welt auch Zeit, tagelang einen Turm nach unten zu gehen.

Ich verharrte einige Zeit in diesem Raum, der keinen Laut von sich gab.

Hier waren die Außenwände aus Glas und draußen gab es nur Nebel.

Da kam eine Gestalt auf mich zu, sie machte keine Laute, es war der erste Mensch seit Langem, den ich sah, und dieser schwebte, so kam es mir vor.

Diese Person kam auf mich zu und wollte zuerst an mir vorbei, wobei diese Person, männlich oder weiblich, dies konnte ich nicht feststellen, neben mir stehenblieb und sagte: „Herbert, dies hier ist unsere Hauptzentrale", und schon war diese Person im Nichts verschwunden.

Diese Welt, in der ich mich nun befand, strahlte unvorstellbare Energie aus, sie war so heftig, dass sie direkt sichtbar wurde und sich kurz danach wieder auflöste.

Ich ging Stockwerk um Stockwerk nach unten weiter und jedes sah gleich aus, nicht den kleinsten Unterschied gab es hier, ich zweifelte bereits daran, dass ich mich überhaupt vom Fleck bewegte, gab nicht auf und setzte meinen Weg fort.

Endlich, das Weiß von den Fenstern verschwand und ich konnte durch die Glasscheiben in die Weite blicken.

Nun sah ich erst, in welcher Höhe ich mich noch befand, ich konnte die Erdkrümmung sehen, so als würde ich aus dem Weltall auf die Erde sehen, mir wurde es anders.

„Wie soll ich es nur schaffen, so viele Stockwerke noch nach unten zu gehen?"

Keine Zeit, sich auszuruhen, so setzte ich meinen Weg fort und kämpfte mich Stockwerk um Stockwerk nach unten.

Umso weiter ich nach unten kam, umso schmutziger wurde es in dem Turm.

Stufe um Stufe kämpfte ich mich nach unten und öffnete Tür um Tür, die mir meinen Weg versperrte.

Dann kam ich zu einer Tür, die ich wieder öffnete, und setzte meinen mit der Hand aufgehobenen, nach vorne gedrückten Fuß über die Schwelle und wollte ihn belasten, doch traf auf keinen Widerstand und so fiel ich im freien Fall von diesem merkwürdigen Turm in die Tiefe, die Anziehungskraft war wieder da.

Ich schrie. Ob ein Laut meine Lippen verließ, kann ich nicht mit Gewissheit sagen.

Vor Schrecken riss ich meine Augen auf und blickte in die Augen meines Henkers, der mit seiner Säge gerade Scheiben von meinem Fuß schnitt.

Panik machte sich in meinem Körper breit.

„Ich muss weg von hier!"

Ich begann mit meinem Körper, zumindest was noch von ihm vorhanden war, zu strampeln und zu arbeiten.

Ich schrie: „Nein! Ich will nicht sterben!"

Dabei kam ich mit meiner Hand von der Arbeitsplatte ab und diese rutschte in ein Becken, das neben der Arbeitsfläche stand.

Dabei traf meine Hand auf etwas Weiches, ich tastete herum und bemerkte, dass hier in diesem Becken eine weitere Person lag.

In meiner Panik erwischte ich die Haare dieses Körpers und zog den Körper hoch.

Es war meine Frau, die hier im Wasser lag.

„Du hast mir versprochen, dass meiner Familie nichts passiert, und nun!"

„Deine Frau kam hier vorbei und hat gesehen, wie ich gerade an dir arbeitete, sie wurde hysterisch. Ich erklärte ihr, dass du sterben musst, darauf sagte sie, dass auch sie nicht mehr leben möchte. Dann hab ich gemacht, was ich kann, und legte sie ins Wasser!"

„Ach, Gabi, das hättest du nicht tun dürfen."

„Sie schläft nur", sagte der Schlächter.

„Du hast gewonnen, nimm mein Leben, aber bitte lass meine Frau aus dem Spiel." Ich flehte und bettelte ihn an: „Du musst sie retten!"

Er nahm sich ein Herz, holte meine Frau aus dem Wasser, legte sie auf seine Arbeitsfläche und begann, die bereits abgetrennten Teile wieder an sie anzustückeln.

Ich staunte nicht schlecht, er hatte bei meiner Frau, ab dem Schienbein, die Füße abgetrennt. „Ja, bist du verrückt!", schrie ich ihn an, „du hast es mir versprochen und du wusstest, dass ich das nicht so hinnehmen kann!"

„Normal gibt es dich nicht mehr, und ich kann es mir nicht vorstellen, wie du das machst?"

„Was mach ich denn?"

„Wie du immer wieder überlebst, doch nun ist es vorbei, du bist ausgeschrieben und musst sterben."

Ich blieb ruhig und ließ ihn arbeiten.

„Ich muss schnell machen, denn wenn Hannes sieht, dass ich hier Ausnahmen mache, bekomme ich es mit ihm zu tun. Deine Frau bekomme ich auf die Schnelle nicht so hin, wie sie war, sie muss später noch mal zu mir in die Klink kommen und ich werde sie wieder perfekt machen."

Ich sah ihm genau bei seiner Arbeit zu, wie er die einzelnen Teile mit einer Flüssigkeit bestrich und durch die Arterien Schläuche zog, danach schob er einen Teil nach dem anderen zusammen.

Als die Teile aufeinandertrafen, begann die Schnittfläche zu kochen und ich konnte zusehen, wie die Wundstelle zusammenwuchs.

Nach einigen Minuten hatte er meine Frau zusammengebaut und erweckte sie aus ihrem Schlaf.

Sie war noch benommen und bekam von all dem, was hier noch geschah, nichts mit.

Dann wandte er sich mir zu und sagte: „Du gehörst aber mir!"

Ich versuchte den Knödel zu schlucken, der sich in meinem Hals gebildet hatte, um zu antworten, doch er wollte nicht nach unten rutschen und so entkam meinem Mund nur ein leises unvollständiges „Ja".

„Außerdem könnte ich dich sowieso nicht mehr herstellen, zu viel habe ich von dir schon verbraucht."

Vieles ging mir in dieser Situation durch den Kopf.

Ich suchte nach Teilen an meinem Körper, die vielleicht noch beweglich sein könnten, und dachte mir dabei: „In meiner Welt würde ich aufspringen und um mein Leben kämpfen, aber ohne Füße? Doch hier, glaube ich, steuern sie meinen Körper wie bei einer Maschine, ein Knopfdruck und ich bin bewegungsunfähig. Soll ich mich wirklich so einfach geschlagen geben, meine Frau würde für mich sterben und ich werde für uns kämpfen."

Ich sah meinem Henker zu und sagte mit leiser und ruhiger Stimme: „Kann ich mit Ihnen handeln?"

„Wie! Handeln? Um dein Leben?"

„Ja, um mein Leben, haben Sie doch ein Herz, sehen Sie nicht? Meine Frau und ich, geben Sie uns noch eine Chance."

Er wandte sich meiner Frau zu, reagierte zuerst auf meine Anfrage nicht.

„Schau, du hast meinen Fuß zerschnitten, in meiner Welt kann ich mit einem Fuß auch leben!"

Er reagierte auf meine Fragen nicht.

„Ich muss mir etwas anderes einfallen lassen, nur was?"

Da wandte er sich zu mir und sagte: „Okay, ich gebe dich ab, von mir aus kannst du leben, aber glaube nicht, dass es nun für dich einfacher wird, im Gegenteil, es gibt noch viele andere, die nach dir Ausschau halten, nur die haben kein Mitleid mit dir!"

Als er meine Frau fertig hatte, kamen zwei Helfer und sie wurde ins Freie auf eine Terrasse gebracht, wo sie sie in eine Liege legten.

Nun nahm er sich meiner Wenigkeit an und versuchte die einzelnen Tranchen, die er von mir geschnitten hatte, wieder zusammenzufügen und sagte zu mir: „Es tut mir leid, meine Arbeit ist genau und perfekt, nur dich bekomme ich nicht mehr richtig hin, solltest du überleben, dann kommst du wieder zu mir und ich repariere den Rest."

„Was fehlt denn?"

„Ein paar Scheiben von deinen Füßen, die hat der da drüben eingebaut bekommen."

„Warum das?"

„Ja, er wollte größer werden, er ist nämlich Sportler, jetzt wird er um eine Spur schneller sein. Du hast mir da gerade gut gepasst und ich hab einige Scheiben deiner Beine bei ihm eingebaut."

„Und wie willst du mir später helfen?“

„Jetzt bist du etwas kleiner und später, wenn du überleben solltest, was ich mir nicht vorstellen kann, werden wir sicher ein neues Opfer für dich finden.“

Als er mit mir fertig war, wurde auch ich ins Freie gebracht, Gabi und ich lagen nebeneinander auf zwei Liegen.

Die Sonne schien uns ins Gesicht und von hier hatte man einen herrlichen Überblick über das gesamte Areal.

Hier auf dieser Sonnenterrasse gab es viele Liegen und viele von ihnen waren besetzt.

Gabi öffnete ihre Augen und starrte in die Luft, nach einiger Zeit drehte sie sich zu mir und wir sahen uns an, keiner von uns sagte ein Wort.

Ich hatte ein schlechtes Gewissen, denn wahrscheinlich hatte ich uns in diese Situation gebracht.

Dann legte Gabi ihre Hand zu mir und ich ergriff sie.

„Du wolltest wegen mir sterben, Gabi?“

„Ja, glaubst du denn, dass ich bei diesem Durcheinander, das du hinterlässt, weiterleben will!“

Da kam Katharina auf uns zu und sagte: „Papa, was hier alles passiert, die handeln hier mit Menschen! Am liebsten würde ich die Polizei anrufen. Den Andreas hab ich schon angerufen, er holt uns.“

„Ja, weißt du überhaupt, wo wir sind?“

„Ja sicher, du nicht? Wir sind auf der Stolzalpe.“

„Das kann nicht sein.“

„Schau, Andreas ist schon in der Talstation, wir müssen mit der Gondel nach unten.“

Ich sagte zu meiner Frau: „Gabi, wir sind hier nicht auf der Stolzalpe, da war ich nämlich schon mal, das sieht ganz anders aus, mir kommt es so vor als wird hier nur gelogen."

„Ist doch egal, hauen wir ab!"

„Ob unsere Füße uns tragen werden?"

„Warum nicht, was war denn?"

„Nichts, nur einmal kann ich gehen, dann wieder nicht."

„Ach, das geht schon, du musst dich nur anstrengen."

Da ging eine Tür auf und Hannes trat ins Freie und kam auf uns zu.

Mir zog es das Herz zusammen.

„Da seid ihr, ich suche euch bereits, ihr sollt wieder in die Talstation fahren."

„Herbert, komm, komm mit."

Höflich und nett brachte Hannes uns zur Gondel und sagte: „Erhole dich gut, du kommst dann eh wieder in meine Klinik, dann päppeln wir dich wieder auf."

Wir verabschiedeten uns von ihm vor der Gondel, bestiegen sie und die Gondel fuhr mit uns bergab.

„Gabi, wie geht es dir?"

„Ich spüre nichts, was soll denn sein?"

„Ich glaube, meine Füße tragen mich bald nicht mehr, sie werden immer schwächer."

Da blieb die Gondel stehen, wir stiegen aus der Gondel, Andreas, unser Sohn, empfing uns mit unserem Hund, Leica.

„Leica, du lebst noch!"

Ich streichelte sie.

Wir wollten gerade in Andreas' Auto steigen, da hoben von Hannes' Burg Hubschrauber ab und als die Hubschrauber näherkamen, begannen die Insassen dieser Hubschrauber auf uns zu schießen.

„Steigt ein und fahren wir!"

Aus Angst vor den Schüssen machte Leica einen Satz und sprang in den meterhohen Schnee. Ich rief: „Leica, bleib hier, bitte nicht!"

Doch Leica sprang im Schnee herum, wobei sie nicht viel weiterkam.

Die Hubschrauber kamen immer näher und sie sparten nicht mit ihrer Munition.

Ohne zu überlegen, sprang ich hinter Leica her und erwischte sie auch, doch dann auf einmal wurde mein Körper starr, nichts an mir konnte ich bewegen.

Andreas und Gabi packten uns beide und schafften es mit viel Mühe uns zum Auto zu schleifen und uns darinnen zu verstauen, da hörte auf einmal das Schießen auf.

„Herbert, du musst hier im Krankenhaus bleiben", sagte meine Frau.

Stotternd widersprach ich ihr: „Nein … hier bleib … ich nicht … die wollen … hier, dass … ich sterbe!"

„Von mir aus kannst du eh mit nachhause fahren."

„Ja, lass uns nachhause fahren."

Ich nahm Leica in den Arm und schloss meine Augen dabei.

Einige Augenblicke später kam es mir so vor, als wären wir schon Zuhause.

Meine Frau nahm mich unter den Arm und half mir ins Haus.

Kaum im Haus, begrüßte mich Gerti, Gabis Schwester. Sie umarmte mich und fragte: „Wie geht es dir? Du machst Sachen!“, meinte sie.

Unser Wohnzimmer war auf einmal aus Holz und Jäger saßen drinnen.

Ich fragte: „Was machen die Jäger hier?“

„Sie wollen dich begrüßen, sie haben Mitleid mit dir.“

„Gabi, nein, die haben kein Mitleid mit mir, die wollen mich weghaben. Ich will keine Menschen sehen und das hier ist nicht unser Zuhause!“

„Wir sind hier bei Gerti!“

Ich nahm meine Frau bei der Hand und ging mit ihr etwas zur Seite. „Gabi, wir sind gerade in unser Haus gegangen und zwei Schritte weiter sagst du, wir sind bei Gerti in Tirol! Dann heißt es, wir sind auf der Stolzalpe, eine Minute später sind wir Zuhause, bitte sag mir, was hier gespielt wird.“

„Du bist müde, leg dich etwas hin.“

„Wo ist jetzt das Schlafzimmer? Ich kenn mich in diesem Haus nicht aus.“ Dabei schüttelte ich den Kopf.

„Herbert, das Schlafzimmer ist hier oben, du musst über die Leiter rauf.“

„Wir sind noch nie über die Leiter ins Schlafzimmer, wie soll ich da rauf kommen?“

„Na dann, hier um die Ecke, da gibt es auch eine Couch, leg dich auf sie.“

Ich war fertig, ging zur Couch und ließ mich hineinfallen.

Einige Minuten hörte ich dem Treiben im Wohnzimmer noch zu, dann schlief ich ein.

Gabi weckte mich und sagte: „Wir müssen jetzt zum Meisel-Peter.“

„Wieso sollen wir jetzt zum Meisel, wo sind die Jäger?“

„Die sind schon weg.“

Gerti kam auch, die beiden Frauen nahmen mich unter den Armen und halfen mir auf.

„Gabi, vom Peter sind wir 600 Kilometer entfernt, muss das jetzt sein?“

„Nein, Herbert, der Peter ist hier nur ein paar hundert Meter entfernt.“

Die beiden Frauen gingen ein Stück nach vorne und Gabi sagte zu Gerti: „Herbert hat es auch am Kopf erwischt.“

„Wir haben alles beisammen, Leica bleibt Zuhause!“

Die Frauen nahmen mich unter den Armen und wir verließen das Haus.

Kein Wort sagte ich, denn langsam glaubte ich selber, dass ich nicht ganz bei Sinnen war.

Kaum eingestiegen und losgefahren, waren wir auch schon da.

Wir betraten das Haus von Peter, im Haus waren wieder die Jäger, hier wurde gesoffen und es gab eine Gaudi.

„Die Gerti, unsere Schulkollegin“, riefen die Jäger und Gerti war schon im Geschehen, auch Gabi gesellte sich zu ihnen.

Sie verschwanden durch eine Glastür in einem Raum, der aussah wie eine Gastro-Küche, ich saß in einem kleinen Wohnzimmer an einem Ecktisch und sah genau zu den beiden und ihren Unterhaltern.

Über ihnen befand sich eine Schüssel auf einer Stellage und ich wusste, was in der Schüssel war, nämlich der Pizzateig, den ich vor meinem Unfall aus dem Gefrierschrank genommen hatte.

Es war dieser junge Jäger dabei, er war auch vorhin im Wohnzimmer anwesend gewesen, seine Blicke richteten sich nur auf mich und er hörte nicht auf mich anzusehen.

Noch immer saß ich alleine, aber Peters Mutter, meine Cousine, würde sicher bald kommen, dann könnte ich mich mit ihr unterhalten, denn zu den Jägern wollte ich mich nicht gesellen und ich glaubte, dass sie auch nicht neugierig auf mich waren.

Da stand dieser junge Jäger auf und kam auf mich zu, er sagte zu mir: „Du lebst noch?"

„Wieso soll ich nicht mehr leben? Ich bin doch nicht so schwer verletzt, oder doch?"

„Wir könnten einen Deal machen, weiß aber noch nicht, ob ich es auch machen werde. Für vier Monate könnte ich dein Leben verlängern, aber lassen wir mal, ich bin mir noch unschlüssig, du kommst sowieso zu mir, dann werden wir weitersehen."

Er wandte sich von mir ab und ging, ich rief ihm nach: „Ich bin einverstanden."

Im Krankenhaus waren sich die Ärzte einig, dass sie mit mir diesen Versuch starten wollten.

Nun ging es darum sich abzusichern, meine Frau konnten sie nicht fragen, denn sie war sich sicher, dass ich überleben würde.

Diese Hoffnung wollten sie ihr nicht nehmen, so blieb nur eines, sie mussten mich wieder herholen und mich vor anwesenden Zeugen fragen.

Denn nach ihrer Meinung konnte ich so und so nicht überleben.

Die Medikamente wurden heruntergefahren und nun saß dieser Arzt neben mir, den ich als Jäger sah, und dieser begann mit mir zu sprechen. Er fragte mich genau das, was ich verstand, nur konnte ich mich nicht äußern und so hatte er mich wieder verlassen und meinte, dass ich an ihm nicht vorbeikommen würde und dass er wiederkommen würde, um mich zu fragen.

Die Medikamente mussten noch weiter heruntergefahren werden.

Ich war wieder alleine in der Sitzecke, sah zur Küche, wo alle saßen und sich unterhielten, da begann der Teig, der bereits zu einem riesigen Teigbusen angewachsen war, über den Rand der Schüssel zu rinnen.

Tropf, tropf, riesige Tropfen Teig fielen zu Boden, nach kurzer Zeit war die Stellage voll mit Teig und auch auf dem Boden wuchs der Teig in die Höhe, aber niemand schien den Vorgang zu bemerken.

Ich wollte ihnen eine Nachricht übermitteln, doch meine Reaktionsmöglichkeiten waren sehr eingeschränkt.

Auf einmal hörte ich Stimmen draußen vorm Wohnzimmerfenster.

Trommelmusik begann, es war dieselbe Trommelmusik wie in der Kaktuswelt und Menschen sangen dazu: „Der Herbert, der muss sterben, er muss zwei Meter unter die Erde.“

Das Trommeln und Singen wurde immer lauter und der Text wurde länger: „Der Herbert, der muss sterben, er muss zwei Meter unter die Erde, jetzt holen wir dich, denn das Loch, zwei mal zwei in Kubik, ist bereits gegraben."

Auf einmal wurde mein Körper schwer, wie aus Eisen war ich und ich saß nicht mehr, sondern die Erdanziehungskraft warf meinen Oberkörper um und liegend zog mich die Erdanziehungskraft an die Bank, sodass ich merkte, wie das Holz sich verformte.

Fürchterliche Angst überkam mich, denn die Sänger rissen an der Tür, wollten zu mir rein, mich holen und begraben, da kam Peter zu mir und als ich ihn sah, ließ der Druck nach und Peter sagte: „Hier in dieses Haus können sie nicht rein, denn sie haben hier keinen Zugang."

Lange verstand ich nicht, warum sie nicht mit Gewalt in dieses Haus eindringen konnten, heute weiß ich es: In der Zwischenwelt hatte man nur Zugang zu einer Räumlichkeit, wenn man auch eine Bewilligung hatte, ansonsten ist an der Türschwelle Schluss, man haftet am Boden fest und kann sich nicht mehr bewegen.

Nach einiger Zeit ließ meine Angst nach und ich konnte meinen Oberkörper wieder hoch richten.

Mein erster Blick war zur Küche, ich staunte nicht schlecht, die Küche war bereits halb voll mit Teig, es sahen nur noch die Köpfe aus dem Teig, und all diese Menschen in der Küche bemerkten den Vorgang nicht.

Ich hatte Angst um meine Frau, um die Jäger weniger, wenn ich ehrlich bin, ich wünschte ihnen nichts Gutes.

Noch immer rissen diese Sänger an Fenster und Türen und kamen mir sehr nahe, doch erreichen konnten sie mich nicht, draußen im Freien wurde weitergesungen.

Ich starb tausend Tode, suchte mit meinen Augen nach meiner Frau, ich konnte niemanden sehen, die Küche war nun vollkommen mit Teig aufgefüllt.

Mir ging nun vieles durch meinen Kopf: Wer würde schneller sein, der Teig, der bereits an die Glastür drückte und diese kurz vor dem Zerplatzen war, musste ich nun im Teig ersticken?

Oder würden jene schneller sein, die an Tür und Fenster rissen?

Würden sie mich zuvor erschießen, bevor sie mich begraben würden, oder würde ich lebendig begraben?

All dies schwirrte in meinem Kopf und mischte sich mit den fürchterlichen Szenen vom Golfkrieg, wo die irakischen Stellungen von den Amerikanern mit den Bergepanzern zugeschoben wurden, wobei die Menschen darinnen zerdrückt, lebendig begraben wurden und erstickten.

„So wird es mir jetzt auch ergehen, ersticken werde ich zumindest."

Magenkrämpfe ließen meinen Körper einsacken, mein Hals wurde trocken, als wäre er voll mit Sand, und ich bekam keine Luft mehr.

Ich fühlte das Sterben und fühlte das Leid der armen Krieger und sah ihre letzten Bilder, die sie vor Augen hatten, aus ihrem Leben, sie waren mit wartenden Kindern und Frauen übersäht.

Nicht ein einziger von ihnen dachte an Hass dem Gegner gegenüber oder an ihren Führer, der sie in diese

Lage gebracht hatte, ihre Augen sehnten sich nur nach Liebe und schlossen sich für immer mit Sorge um diese.

Endlich bekam ich wieder Luft und ich suchte mit meinen Augen nach jemanden, der in diesen Räumlichkeiten noch leben könnte.

„Was wird der Peter zu diesen Sauhaufen, an dem ich wahrscheinlich schuld bin, wohl sagen?“ Dies waren meine Gedanken.

Nun passierte es, der Teig durchbrach die Küchentür, breitete sich schnell aus, sodass ich auch bereits in dem Teig steckte, und er begann mich zu ersticken.

Ich fühlte, wie der Teig in meine Ohren, Nasenlöcher und schließlich in meinen Mut quoll.

„Jetzt brauchen sie mich nicht mehr begraben, ich ersticke an meinem eigenen Teig.“

Ersticken ist ein qualvoller Tod, der Körper kämpft mit aller Kraft nach Luft. Sekunden dauern wie Minuten, der Kampf nach Luft wird immer heftiger, man bittet und fleht zu Gott, er sollte endlich den Körper in Ohnmacht schicken.

Mein Bitten wurde nicht erhört und ich musste weiterleben, leiden und kämpfen.

Noch immer war mein Mund voll mit Teig und ich kämpfte mich zu retten.

Auf einmal zog mich jemand an meinen Haaren, dies war meine Rettung, ich wurde aus dem Teig gezogen und Luft strömte in meinen Körper, auf die er bereits lange wartete.

Ich verspürte das Ziehen an meinen Haaren nicht, ich schnaufte nur nach Luft und zog diese tief in meine Lungen ein.

Einer von den Wilden, die im Freien auf mich warteten, schaffte es durch ein Fenster, das wahrscheinlich nicht richtig verschlossen war, mit seiner Hand meine Haare zu erreichen.

„Der nächste Tod wartet auf mich“, schoss es mir durch den Kopf und diese Hand zog so fest, wie sie nur konnte, an meinem Haaren, er wollte mich durch das Fenster ins Freie ziehen, da kam ein Nachbar von mir aus der Küche. Leopold setzte sich zu mir und er sagte: „Ja, so kann's dir gehen.“

Die gewalttätige Hand ließ von mir ab, erst musste ich mich fangen, bevor ich meinen Nachbarn erkannte.

„Wo ist der Teig hin?“, fragte ich Leopold, er gab mir keine Antwort.

Der gesamte Teig war verschwunden, wie war das nur möglich?

Leopold kam aus der Küche, die zuvor mit Teig vollgefüllt gewesen war.

Auch Sepp, ein Pensionist aus unserem Ort, kam aus der Küche und kam auf mich zu, schlug mir ins Gesicht und schimpfte: „Was du angestellt hast, das schreit nach Strafe!“

Endlich wurden die Fenster verschlossen und der Lärm von draußen wurde leiser.

Viele meiner Nachbarn kamen, setzten sich zu mir an den Tisch, auch meine Cousine setzte sich zu uns, sie nickten nur und immer wieder sangen sie zu der Trommelmusik, die von draußen in den Raum, in dem wir saßen, im abfallenden Ton schallte: „Ja, ja, ja, ja.“

Ich fühlte mich schlecht und schuldig, hatte Angst, dass meine Frau mich sicher bereits vergessen hatte.

Ich wollte weg von hier, wollte raus, überall um mich saßen Nachbarn, ich kam nicht vom Fleck, ich war eingesperrt, wollte auf die Toilette und gab ihnen auch zu verstehen, dass ich raus müsste, doch keiner von ihnen verstand mich.

Ich konnte es mir nicht länger verhalten und ließ rinnen.

Alle sahen auf mich und wieder sangen sie: „Ja, ja, ja, ja."

Jäger, die sich auch in der Küche aufhielten, kamen stolz und aufgefüllt auf mich zu und sagten: „Heute ist unsere Nacht, die Nacht des Leermondes, es ist die finsterste Nacht im Monat, man sieht keinen einzigen Meter, aber alle Jäger befinden sich im Wald."

Als die Jäger mit mir sprachen, konnte auch ich wieder sprechen und fragte: „Was macht ihr da im Wald, wenn ihr nichts seht?"

„Wir schießen auf jeden kleinen Lärm."

„Ja, aber was ist, wenn du deinen eigenen Sohn erwischst?"

„Ein jeder Jäger würde sich freuen, wenn er in dieser Nacht sterben könnte! Ich habe schon zwei Kinder von mir erschossen, sie sind tapfer gefallen, und warum willst du, Herbert, nicht sterben? Du bist ausgeschrieben, du musst sterben, es geht nicht anders!"

Auf einmal waren alle verschwunden, auch meine Frau und ihre Schwester, Kati sollte auch bei ihnen sein, sie alle gingen in den Wald, um zu hören, was sich da abspielen sollte, sagte mir meine Cousine, die als einzige bei mir geblieben war.

Ich konnte einfach nicht verstehen, dass sich all diese Menschen so leichtsinnig in Gefahr begaben, vor allem meine Frau, die sich doch nur auf der sicheren Seite wohlfühlte.

Einige Zeit verging, angespannt und ängstlich saßen wir beide da, ohne ein Wort zu sagen, und ein jeder von uns wartete anscheinend auf den ersten Schuss.

Wiederum dachte ich mir, wenn sich nur die Jäger erschießen würden, es wären weniger, die dann um mein Leben trachteten.

Es war im Freien sehr ruhig, auch kein Wort war zu hören, alle schienen sich in den Wäldern verkrochen zu haben.

Wir mussten nicht lange warten, da fiel der erste Schuss, diesem folgten drei, vier weitere und so ging es durch die Nacht.

Stunden um Stunden bangte ich darum, dass meinen Lieben nichts passiert war, dann kam die Dämmerung. Mit der Dämmerung begann auch die Trommelmusik vor der Tür wieder.

Erste Jäger kamen zurück und zu uns in den Raum, sie machten traurige Gesichter, denn ein jeder von ihnen hatte Angehörige verloren.

Stotternd musste ich meinen Kommentar über diesen verrückten Brauch abgeben: „Wie kann man nur einen so verrückten Brauch pflegen, wo man genau weiß, dass viele seiner eigenen Mitmenschen ihr Leben lassen müssen. Wenn es so Brauch ist und ihr mit Begeisterung dabei seid, warum trauert ihr, es ist doch eure Freude. In meiner Welt gibt es so verrückte Bräuche nicht!"

„Das stimmt nicht, nur ihr wollt die Wahrheit nicht sehen!", bekam ich sofort zu hören.

Geschichten machten ihren Lauf, jener hatte diesen tot liegen gesehen, der andere meinte, er hätte ihn noch vor

Kurzem gesehen, ein anderer sagte, meine Frau, ihre Schwester und Kati seien in die Grube gestürzt, die für mich ausgehoben worden sei, und diese sei kurz darauf eingestürzt.

All diese Gerüchte und Lügen, die hier verbreitet wurden, trieben mich an den Rand des Wahnsinns, ich wollte nicht mehr leben, denn solange ich lebte, kam es mir so vor, als benähmen sich diese Menschen wie Verrückte.

Heimlich flehte ich zu Gott, er sollte doch mein Leben nehmen, damit wieder Normalität auf dieser Welt einkehren konnte.

Immer voller wurde der Raum und die Geschichten machten ihren Lauf, da kamen auf einmal Gabi, ihre Schwester und Kati zur Tür herein und auch sie erzählten voller Begeisterung von dieser interessanten Nacht, aber viele Menschen mussten in dieser Nacht ihr Leben lassen.

Auf einmal Signaltöne, sie kamen immer näher, ich flehte zu Gott, die sollten doch für mich sein, ich wollte weg von diesen Verrückten

Und wirklich, sie endeten vor Peters Tür.

Einige Minuten vergingen und es klopfte an der Tür.

Peter öffnete, da standen zwei Sanitäter vor der Tür, von denen ich schon des Öfteren begleitet wurde.

„Wir suchen den Herbert."

Währenddessen verstummte auch die Trommelmusik.

„Ja, hier bin ich."

„Was machst du hier, du musst ins Krankenhaus und stationär bleiben, du bist schwer verletzt."

„Ach, bin ich froh, dass ich hier wegkann."

Die beiden Pfleger kamen auf mich zu und endlich machten meine Nachbarn Platz, dass ich aus dieser Ecke konnte, in die ich gezwungen worden war.

Sie halfen mir von meinem Platz, nahmen mich unter ihre Achseln und halfen mir die Stufen hinunter.

Sie wollten mit mir zum Rettungswagen gehen, da blieb ich einen Moment stehen und sah mich um, neben dem Rettungswagen befand sich ein großes Loch.

„Die wollten mich wirklich begraben."

Da rief meine Frau nach mir: „Herbert, wo willst du hin?"

„Ich muss ins Krankenhaus, die haben mich schon gesucht!"

„Könnt ihr uns ein Stück mitnehmen?"

„Ja, natürlich!", sagten die Pfleger.

„Gabi, wo warst du denn die ganze Zeit?"

„Wir haben uns unterhalten."

Ich und meine Angehörigen bestiegen das Auto und fuhren los.

Als wir vor unserer Haustür standen, nahm mich meine Frau in die Arme, auch Gerti umarmte mich und sie sagte: „Morgen kommen wir dich besuchen."

„Super."

Dann stiegen die beiden aus dem Auto und wir fuhren weiter.

„Endlich Ruhe."

All meine Angst ließ mich los, dutzende Steine fielen von mir und ich schlief ein.

Als ich wieder erwachte, fuhren wir noch immer.

Um uns war alles Grau in Weiß, nur Nebel, wie der Fahrer wohl die Straße fand? Das fragte ich mich, als ich aus dem Fenster sah.

In einiger Entfernung ragte etwas aus dem Nebel, eine Spitze von einem Turm oder so etwas Ähnliches.

Diese Landschaft hier sah aus wie gemalt, märchenhaft schön war sie und der Turm, der in Erscheinung trat, sah aus wie ein Märchenschloss.

Als wir näher kamen, sah das Ganze aus wie eine Hotelanlage.

Diese Hotelanlage war abgeschirmt und wir mussten vor einem großen Einfahrtstor einige Minuten warten.

Draußen wehte ein kalter Wind, eisig kalt musste es hier sein, überall hingen Eiszapfen.

Es war, als würden wir vor dem Himmelstor warten.

Das Tor öffnete sich und wir fuhren in die Anlage.

Es sah aus, wie man sich eben einen Himmel vorstellt, hellblau mit Schäfchenwolken.

Diese Anlage musste mitten in einem See liegen, dieser war zugefroren, um uns war nur Eis.

Wir näherten uns dem Eingang und das Fahrzeug blieb stehen.

Ich wurde mit der Trage ausgeladen, der Wind blies mir um die Ohren und mir war kalt, aber es war wunderschön hier.

Wo mag ich wohl sein? War ich vielleicht in Ungarn oder bei uns in Österreich?

Von meinen Pflegern wurde ich durch das Eingangstor zur Rezeption gebracht.

„Wir müssen hier warten, der Arzt wird dich gleich ansehen."

Hier hielten sich viele Menschen auf, die sich vergnügten, es war hier wie in einer Therme, es gab einen großen Tresen, an dem Männer standen und ihre Getränke schlürften.

Andere wiederum vergnügten sich in kleinen Becken und wieder andere vergnügten sich mit verschiedenen Frauen, hier ging es um Entspannung.

In vielen Becken saßen junge Leute und fuhren mit Handrädern.

Dies hier dürfte eine Klinik sein wie bei Hannes, nur hier war mehr Betrieb.

Ich glaubte, in dieser Welt hatte ein jeder eine Klinik oder zumindest einen OP-Saal.

Diese Anlage sah auch nobler aus als bei Hannes, hier hingen viele große Kreuze, aber nur verkehrt und mit Doppelbalken, sie sahen aus wie ein Kummet (Pferdegeschirr), das man brauchte, wenn man mit Kühen oder Pferden arbeitete, dann fiel mir ein, dass ich die bereits bei Hannes' Klinik gesehen hatte, oder war es bei Margit?

Ich betrachtete die Kreuze intensiv, da kam es mir auf einmal so vor, als würden in diesen Kreuzen Frauen, die sich nicht bewegten, sitzen.

Bei längerer Betrachtung bestätigte sich meine Vermutung, ihre Körper waren richtig in das Kummet reingequetscht, doch ihre Gesichter waren deutlich und schön zu erkennen.

Einer von den Herren in den Pools winkte nach etwas, ich traute meinen Augen nicht, eine von den Frauen, die in den Kreuzen saßen, begann sich zu bewegen, stieg vom Kreuz und ging zu dem Mann ins Bad.

Dann wurde ich unterbrochen, denn der Arzt kam und begutachtete mich, er schob meine Bahre, auf der ich lag, zu einem Stiegenhaus.

Ein komischer Arzt war das, lange blonde Haare hatte er, die zu einem Zopf gebunden waren, eine dicke Brille mit runden Gläsern hatte er auf seine Nase gesetzt und er sprach nicht viel.

Er beugte sich über mich, sah mit seiner dicken Brille in meine Augen und sagte: „Augen weit auf."

Auf einmal schlug er Nägel in eines meiner Augen.

„Für was war das gut?"

„Sie haben hier gar nichts zu fragen", sagte er schroff. „Augen auf, weit auf."

Damit schlug er mir einen weiteren Nagel ins zweite Auge, dann stand er auf und ging.

Die beiden Pfleger kamen wieder und brachten mich mit der Bahre Richtung Eingang.

Vorsichtig bewegte ich meine beiden Hände, um zu einem der Pfleger zu gelangen. Mit einer Hand erreichte ich einen der beiden und machte ihn auf mich aufmerksam. Der, den ich erwischt hatte, drehte sich zu mir und sie blieben stehen und sie wandten sich zu mir.

Mit stotternder Stimme fragte ich: „Warum hat er mir Nägel in die Augen geschlagen?"

„Das bedeutet nichts, es kann nun ein jeder an deinen Pupillen erkennen, zu welcher Gruppe du gehörst."

„Ach, gehöre ich zu jemandem?"

„Ja, nun gehörst du zu uns."

„Wer ist uns?"

„Du gehörst zum Hannes, er wird für dich sorgen."

„Oder töten?"

„Auch das kann er."

„Wir müssen fahren, du musst ins Krankenhaus."

„Aber nicht zu Hannes!" Dies hörte niemand.

Sie brachten mich zurück in den Rettungswagen, die Tür ging zu und wir fuhren los.

Kaum waren wir durch das Einfahrtstor gefahren, gab es einen Riesenknall.

Im Auto wurde es hell und mein Gesicht wurde heiß.

Der Fahrer blieb stehen, er kam zurück zu mir und fragte: „Was ist denn hier passiert? Das muss eine Explosion gewesen sein, der ganze hintere Teil fehlt. Ist dir, Herbert, was passiert?"

„Mein Gesicht ist ganz heiß."

„Ja, das ist etwas verbrannt."

Der Kleinere von beiden sagte zum Größeren: „Du musst anrufen, mit diesem Auto können wir nicht mehr fahren, wir brauchen ein neues!"

Das Auto war offen, die Kälte hatte direkten Zugang zu unseren Körpern, ich fror, mir schlotterten die Zähne und ich sagte zu dem Kleinen: „Mir ist so kalt, ich glaube, ich erfriere."

„Nein, du erfrierst nicht, das neue Auto wird gleich hier sein und in dieser Welt kann niemand erfrieren."

Es dauerte gut eine Stunde, bis der neue Wagen hier war, und mein Körper kam mir vor wie ein Eiswürfel.

Ich wurde umgeladen und endlich ging die Fahrt weiter.

Der Große fuhr und der Kleinere saß neben mir und er sagte: „Ich weiß nicht, was hier los war. Den Kompressor hat es zerrissen, aber der kann nur brechen, wenn man ihn ansticht oder anschießt!" Dabei zuckte er fragend mit seinen Schultern und meinte weiter: „Der ist sicher angeschossen worden, bei so vielen Jägern kein Wunder, die schießen auf alles."

Nun waren wir in Graz im Krankenhaus angekommen, ich kam in ein Zimmer, wo vier oder fünf weitere Patienten lagen und deren Betten zur Mauer standen.

Auch mein Bett wurde zur Mauer gestellt, gegenüber war eine Glasfront und man sah von hier in den Himmel.

Das Zimmer musste in einem der oberen Stockwerke gewesen sein.

Meine Pfleger brachten mich zu einem der Betten und ich wurde eingebettet. Ab diesem Moment war ich wieder bewegungsunfähig.

Die Pfleger trafen hier eine Bekannte und blödelten herum, diese nahm die beiden mit auf die Terrasse, die von meinem Bett aus einsehbar war.

Durch die Glasfront konnte ich alles gut beobachten.

Auf einer Seite der Glasfront stieg Dampf auf, nach dem Dampf zu urteilen, musste es im Freien sehr kalt sein.

Die drei begannen sich nackt auszuziehen und setzten sich dorthin, wo der Dampf aufstieg, es musste dort ein Schwimmbecken geben.

Die drei tobten sich aus, Wasser spritzte über das Becken und gelangte über einen Falz zwischen den Fenstern in unseren Raum.

Sie arbeiteten mit schäumenden Mitteln, wie Haarshampoo oder Ähnlichem.

Im Becken gab es immer mehr Schaum, die drei verschwanden unter einer Schaumkuppel und durch diesen Fensterfalz drang dieser Schaum in unser Zimmer.

Ich ahnte Schlimmes, war aber nicht fähig, mich zu bewegen und auch nicht zu melden.

Der Schaum verteilte sich im Raum und er stieg und stieg.

Er hatte bereits die Bettkante erreicht und stieg weiter.

Ich versuchte mit allen Mitteln mich bemerkbar zu machen, doch ohne Erfolg.

Nun war ich bereits eingebettet vom Schaum, alles war nass und mir wurde wieder kalt, Panik überkam mich, ich schnappte nach Luft, doch es gab nur noch Schaum.

Einen Augenblick später befand ich mich unter Wasser, ich musste hoch, raus aus dem Wasser, denn ich brauchte Luft!

Hier im Wasser konnte ich mich wieder bewegen und schlug wie wild um mich, ich musste raus aus dem Wasser.

Endlich gelang es mir hoch zu schwimmen, doch über mir befanden sich wieder diese halbtoten Menschen, ich musste durch, um zur Luft zu gelangen.

Ich arbeitete, zog an Händen und Füßen, hielt mich an Köpfen fest und schaffte es wirklich durch sie durchzudringen.

Ich sah schon Licht, doch da war noch etwas, es war, als sei das Wasser zugefroren.

„Oh Gott, wie soll ich durch dieses Eis kommen?“

Ich hatte keine Kraft mehr, doch ich musste weiter, denn mein Körper wollte leben.

Ich klemmte mich zwischen die Halbtoten und stemmte mich mit letzter Kraft gegen das Eis und es brach.

Endlich konnte ich mit meinem Kopf durch die Einengung dringen.

Ich schnappte einige Sekunden wie wild nach Luft. Als ich mich beruhigt hatte, sah ich mich um.

Das, was ich durchbrochen hatte, war kein Eis, es war dicker Eierschaum.

Das Eiweiß sah aus wie lauter Spitzen von Salzburger Nockerln, knusprig überbacken.

Über uns war wieder diese Kuppel, sie war wunderschön, sie sah aus wie eine gesprungene Karamellglasur, die von der Rückseite zart beleuchtet wurde.

Auf einmal begann sich die Kuppel zu vergrößern, immer größer wurde sie und ich fühlte, wie wir uns mit der Kuppel zu heben begannen.

Ein wunderschönes Gefühl überkam mich, Sehnsucht mischte sich unter dieses Gefühl, ich verspürte auch Heimweh, aber wohin, zurück in die alte Welt, diese Welt vergaß ich immer wieder, wenn ich mich in dieser Kuppel befand.

In dieser Zwischenwelt kämpfte ich immer darum, um noch einmal nach Hause zu kommen, doch kaum befand ich mich in dieser wunderschönen Kuppel, verschwand all mein vergangenes Leben.

Dieses Gefühl, alles zu vergessen, hatte ich früher auch schon öfter erlebt.

Ich war zehn Jahre im Ausland tätig gewesen und öfters bis zu zwei Jahre von Zuhause abwesend.

Wenn es dann hieß, es geht nach Hause, und ich stand am Hamburger Hauptbahnhof, wartete auf den Belgradexpress, der mich nach Graz, nach Hause bringen sollte, waren alle Entbehrungen verschwunden.

Es gab nur noch Sehnsucht nach ein Paar Frankfurter Würstchen mit Estragonsenf und frisch geriebenem Krenn am Grazer Hauptplatz und danach nach Hause, ansonsten hatte in diesen Momenten nichts mehr Platz in meinem Kopf.

Alles war vergessen durch diesen farbenfrohen und einzigartigen Anblick, so etwas hatte ich in meinem ganzen Leben noch nie gesehen, die Farben verronnen ineinander und in jedem weiteren Augenblick sah das Umfeld vor mir völlig anders aus.

Ich hätte nicht die Zeit gefunden, an etwas anderes zu denken, denn zu pompös waren diese Anblicke, sodass mir Augen und Ohren offen blieben und das Hirn stehen, sofern all diese Dinge überhaupt bei mir waren in diesen Momenten.

Immer höher wurden wir mit der Kuppel befördert, mein Körper hatte kein Gewicht mehr, ich schwebte.

Ich durfte diesen Vorgang hier mit eigenen Augen miterleben, all die anderen befanden sich noch in einer Art Trance und dürften von diesem einzigartigen Vorgang nicht viel mitbekommen haben.

Immer höher wurden wir befördert und diese gesprungene Karamellkuppel öffnete sich, immer größere Zwischenräume entstanden.

Nun waren nur noch einzelne Teile dieser Karamellkuppel zu sehen, wir schwebten mit den Kuppelteilen im Weltall.

Immer mehr von meinen Mitreisenden verschwanden und nach einiger Zeit schwebte ich alleine und um mich gab es nur noch den Sternenhimmel.

Auf einmal tauchte ein Cursor auf und die Spitze des Pfeils zeigte mir den Weg, den ich nun gehen musste.

Ich wusste auf einmal, dass dieser Stern, auf den der Cursor zeigte, mein Zuhause war.

Mit rasender Geschwindigkeit raste ich auf diesen Stern zu, sodass ich sah, wie der Stern immer größer wurde, so als würde man einen Luftballon aufblasen.

Ich befand mich hunderte Male in dieser Karamellkuppel und mir fiel auf, dass ich aus dem Weltall nie unsere Erde sah.

Auf einmal Stimmen, ich riss meine Augen auf und ich lag wieder in meinem Krankenbett.

Versetzen der großen Nägel:

„Nein!“, fuhr es mir durch den Kopf, „nicht wieder in diese Welt!“

Neben mir standen zwei Schwestern und ein Arzt, er kam mir bekannt vor, genau, es war jener Jäger, der auf mich zukam, als wir beim Meisel-Peter gewesen waren und der mir damals einen Deal vorgeschlagen hatte.

„Oh Gott, ich lebe schon wieder, muss ich denn noch mehr leiden?“

Der Arzt tuschelte mit den beiden Schwestern, dann verließ er den Raum mit einer der Schwestern.

Die zweite Schwester kam auf mich zu, nahm mich bei der Hand und sagte: „Hast du ausgeschlafen? Wie geht es dir, wir waren in Sorge, du warst nämlich einige Tage verschwunden, doch jetzt bist du wieder da, das freut uns.“

Sie war sehr hübsch, lockige, leicht rotblonde Haare und eine sehr nette Ausstrahlung hatte sie.

Ich fragte sie: „Wer war der Arzt?“

„Das ist mein Mann.“

Seine Frau war wenigstens nett, aber er, was der wohl mit mir vorhatte? Recht hatte er zumindest, es führte kein Weg an ihm vorbei!

Der Arzt kam zurück, stellte sich vor meinem Bett hin, schaute mich lange an.

Immer wieder ließ er den Kopf leicht sinken, hob ihn wieder, dann redete er mit einer der Schwestern, dabei wandte er sich von mir ab.

Dann drehte er sich schroff wieder zu mir, hob seinen Kopf und stellte sich auf einmal stramm vor mich hin und sagte schroff: „Herr Hierzer, wir haben lang hin- und herüberlegt, Sie müssen doch sterben, wir können Ihnen nicht helfen."

Ich wollte etwas sagen, aber konnte nicht, mein Körper war wieder starr und regungslos.

„Ich hatte es schon geschafft, doch die Menschen hier fanden Gefallen daran, mich immer wieder sterben zu sehen!"

Dieser Vorgang dürfte sich tatsächlich so abgespielt haben.

Menschen und die Räumlichkeiten dürften nicht so ausgesehen haben, wie ich es schilderte, doch die Aussprache dürfte echt gewesen sein.

Denn hier ging es um den Versuch, den die Ärzte an mir vornehmen und vorgenommen hatten.

Der Arzt wandte sich zu seinem Arbeitstisch und rührte mit seinen Fingern in seinem Werkzeug.

„Wie ich wohl jetzt sterbe, lieber Gott, lass es nun das letzte Mal sein."

Der Arzt kam wieder auf mich zu, hob die Decke, die meinen Körper abdeckte, warf sie zur Seite, dann lag ich nackt da.

„Meine Liebe, schau dir mal den Körper an, da gibt's nicht viel, was zu gebrauchen ist", sagte der Arzt zur Schwester, die neben ihm stand.

„Doch, du kannst es."

„Weißt du, was das heißt, hier in der Zwischenwelt? Meines Erachtens nach muss er sterben, normalerweise wer er bereits längst tot, warum hast du ihn immer wieder zurückgeholt?"

„Du kannst es, schau sein Gesicht an, er hat ein wunderschönes Gesicht."

Noch immer sah er sich meinen Körper an und sagte dann: „Ja, diese Stelle hier, zwischen seinen Beinen, wäre nicht so schlecht."

Mit Kopfschütteln und abwinkend zu seiner Frau holte er sich einen Stuhl und setzte sich zu mir.

„So, mein Freund, jetzt kommen wir vielleicht doch noch zu einem Deal. Das hast du aber meiner Frau verdanken!"

Ich nickte.

„Ich kann dir anbieten, dein Leben noch etwa vier bis fünf Monate zu verlängern. Du musst dafür für einen Versuch von mir zur Verfügung stehen. Spätestens nach fünf Monaten musst du aber trotzdem sterben. Ich kann aber auch nicht für die nächsten fünf Monate eine Garantie abgeben, dass dir nichts passieren könnte. Denn der Auftrag ist rausgegangen, und wenn dich eine der anderen Gruppen erwischt, wirst du sterben müssen."

Er stand auf und ging aus dem Zimmer, seine Frau kam zu mir und nahm mich bei der Hand.

„Bin ich so schwer verletzt, dass ich sterben muss?"

„Ja, aber mein Mann wird es schon richten."

Ihr Mann, der Arzt, kam zurück mit zwei weiteren Schwestern, sie kamen auf mich zu, jede der Schwestern nahm eines meiner Beine und sie zogen meine Beine auseinander.

„Du musst jetzt tapfer sein", sagte seine Frau, die meine Hand noch immer hielt.

Der Arzt hatte vier Nägel mit großen Köpfen in einer Hand, in der anderen Hand hielt er einen Hammer.

Die Nägel hatten eine Länge von 30 Zentimeter, mir fuhren Schauer über meinen Rücken, wüste Gedanken schossen durch meinen Kopf, ich schickte sie fort und wollte nicht mehr denken.

„Jetzt musst du deine Zähne zusammenbeißen."

Ich machte, was mir gesagt wurde, er setzte den ersten Nagel an und schlug ihn mit vier, fünf Schlägen zwischen meinen Beinen in meinen Körper.

Ein heftiger, plumper, auf fein übergehender Schmerz durchschoss meinen Körper, der mir die Kopfhaut zusammenzog und ein lautes Grollen aus meinem Mund schickte.

Mein einziger Gedanken, den ich nun hatte, war: „Wäre ich nur schon gestorben."

Nun kam der zweite Nagel, die Schmerzen wurden von Nagel zu Nagel heftiger, sie wurden breit wirkender und von der Zehenspitze bis zum letzten Haar am Kopf war es ein einziger Schmerzpegel, dessen Mittelpunkt sich zwischen meinen Beinen befand.

Endlich war er fertig, aus meinem Körper waren alle Energie und Lebenswillen verschwunden, nun wollte ich nur noch sterben.

Der Arzt beugte sich noch über meinen Kopf und schlug mir zum Abschluss in jedes meiner Augen einen Nagel.

„Das musste auch noch sein."

Seine Frau hielt mir immer noch die Hand, schwach und ohne Kraft fragte ich sie: „Warum hat er mir noch diese Nägel eingeschlagen?"

„Du trägst mein Kind aus, du gehörst mir!"

„Warum vier?"

„Das ist der erste Versuch, es ist möglich, dass einige absterben."

„Warum soll ich die Embryos austragen? Ihr seid doch jung, ein so hübsches Paar, wie ihr beide seid, ihr könnt doch die Kinder selbst bekommen!"

„In dieser Welt, in der wir sind, gibt es keine Zuneigung und Liebe, es ist eine Welt, in der nur Geist und Seele Platz haben, fleischliche Zuneigung gibt es nur in deiner Welt."

„Werde ich meine Welt noch mal sehen?"

„Ich glaube nicht, aber glaube mir, es war auch mal meine Welt, ich hatte keine Kinder und hier in dieser Welt muss ich leiden."

Ich war sehr traurig, wiederum doch froh, dass ich noch am Leben war, denn in fünf Monaten konnte viel passieren, vielleicht würde ich ein Schlupfloch finden und könnte aus dieser Welt entkommen.

Dies war auch die Gelegenheit, dachte ich mir, dass ich eine kleine Bitte einbringen könnte, und ich sagte: „Ich mach alles, was ihr wollt! Aber bitte lass meinen Hund, die Leica, in Ruhe."

„Sollte entschlossen werden, dich doch am Leben zu lassen, werden von dir noch viele Opfer verlangt, so wie das Leben deines Hundes. Wir sind dafür da, um Menschen von dieser Seite in die andere zu helfen."

Ich war todmüde und konnte ihrer Litanei nicht mehr folgen. Ich schloss für kurze Zeit meine Augen und hörte nichts mehr.

Als ich meine Augen wieder öffnete, befand ich mich vor meinem Haus und bewegte die Türschnalle, ich wollte hinein, doch die Tür war versperrt, es war niemand Zuhause.

Von weitem hörte ich wieder diese Trommelmusik, mir war kalt und ich wollte nur ins Haus, ich musste warten und setzte mich auf die Stiege vor der Tür nieder.

Die Trommelmusik kam immer näher und Lärm begleitete sie.

Ich hörte das Singen von den Menschen, die die Trommeln schlugen: „Der Herbert, der muss sterben, er muss zwei Meter unter die Erde."

Ich bekam Angst, wusste im ersten Moment nicht, was ich unternehmen sollte, doch dann kam mir die Idee, zum Nachbarhaus zu gehen und mich dort zu verstecken.

Mit aller Kraft, die ich aufbringen konnte, und auf allen Vieren robbte ich in Richtung Nachbarn.

Es ging steil bergauf, es war sehr anstrengend für mich, endlich befand ich mich vor ihrer Einfahrt und sah mich kurz um.

Der Lärm kam immer näher, schneller, als ich mich vorwärtsbewegen konnte, und ich sah auf einmal, dass hier alles fremd war.

Es war ein Hotel mit kleineren Häusern herum, alles war beleuchtet und viele Menschen dürften sich in diesem Hotel aufgehalten haben, ich fühlte mich etwas sicherer und bewegte mich auf eine Tür zu, in dessen Räumlichkeiten kein Licht brannte.

Es war nämlich bereits abends und die Dunkelheit hatte uns fest im Griff.

Ich öffnete die Tür, schlich mich in den dunklen Raum und schloss die Tür hinter mir, verschließen ließ sie sich aber nicht.

Nach einigen Sekunden ging das Licht an und ich staunte nicht schlecht, denn ich befand mich in einer Jagdstube.

Neben mir befand sich eine Liege, meine Füße wurden schwer und ich ließ mich auf die Liege sinken, nicht nur die Füße verließen mich, auch jegliche andere Tätigkeit wurde mir untersagt.

Es war eine wunderschöne Jagdstube, ich dachte, dass die Einrichtung aus Zirbenholz war und in der Mitte des Raumes stand der Jogltisch mit vielen Sesseln.

Viele Trophäen waren an den Wänden angebracht.

Die Trommelmusik hatte nun ihren Ausgang direkt vor dem Gebäude, in dem ich mich gerade befand.

Immer heftiger wurde auf den Trommeln geschlagen und erste Stimmen sangen zur Trommelmusik, wieder war es der gleiche Text: „Der Herbert, der muss sterben und muss zwei Meter unter die Erde.

Leise begann das Singen und immer lauter wurde der Gesang, es wurde so laut, dass es mir das Trommelfell fast zerriss.

Es gab hier ein kleines Fenster, ich wollte zum Fenster, ich wollte sehen, was vor sich ging!

Bewegen konnte ich mich nicht, doch mit starkem Willen und innerlichem Kampf konnte ich mich einige Zentimeter auf der Liege Richtung Fenster rücken.

So konnte ich aus dem Fenster sehen und mein Blick reichte von hier bis zum Teich, der sich in einiger Entfernung vom Gebäude befand.

Ich sah aus dem Fenster und sah etwa 20 Leute vor dem Haus, sie hüpften und rackerten sich ab wie Affen.

Diese, wie Affen sich benehmenden, auf allen Vieren hüpfenden Menschen, trommelten auf ihren Trommeln und hüpften Richtung See.

Als sie am See ankamen, rissen sie sich ihre Kleider vom Leib und sprangen in das eiskalte Wasser.

Für sie muss das nicht kalt gewesen sein, denn sie hüpften und warfen sich gegenseitig in die Luft und ins Wasser, sie waren voller Gewalt und nicht zu bremsen.

„Wenn die wüssten, dass ich hier bin, die würden mich zerreißen wie Hansis Sonderzucht."

Auf einmal wurde es ruhig, kein Laut, ich sah auch niemanden mehr, auf einmal ein Huschen, etwas war vor der Tür.

Hier musste es eine Treppe geben, Schritte hörte ich, rauf und runter, zur Decke, über die Jagdstube.

Sie versuchten, keinen Lärm zu machen, so schritten sie auf Zehenspitzen.

Mein Herz begann zu pochen und der Druck in meinem Kopf wurde immer größer, mein Blutdruck, glaubte ich, war auf 300.

Ich hockte auf der Liege, zusammengekauert, voller Angst und überlegte, wie ich nur verschwinden könnte.

Wieder wurde es ruhig, kein Laut war zu hören, meine Angst wurde noch größer, ich wagte es kaum Luft zu holen.

Mein Mund und Hals waren ausgetrocknet und sie schmerzten.

Ich hob meinen Kopf ganz langsam und drehte dabei meine Augenäpfel nach oben, ich war neugierig und hatte gleichzeitig fürchterliche Angst, etwas Unangenehmes zu sehen.

Nun sah ich durch den Raum, die verkleidete Wand mit Lerchenholz imponierte mir, trotz meiner Angst, immer noch, so etwas Schönes hatte ich noch nie gesehen.

In diesem Raum musste ich fürchterliche Ängste ausstehen, doch er war in meinen Augen wunderschön und ich konnte es mir nicht vorstellen, dass mein Nachbar so einen schönen Raum hatte.

Meine Augen erfassten jeden Winkel und prägten ihn in meine Gedanken. Denn immer wieder, obwohl ich nicht mehr recht daran glaubte, dass ich aus dieser Welt noch einmal in meine Welt zurückkehren könnte, hoffte ich doch, dass es mir vielleicht gelingen könnte.

Doch dieser Gedanke wurde im nächsten Augenblick zerstört.

Etwas hatte sich verändert, was war es, ich suchte danach und fand es.

Hier gab es auf einmal eine Öffnung nach draußen neben einer der Trophäen, da stand etwas zu mir in den Raum herein, in dem ich mich befand, etwas, was zuvor nicht zu sehen war, es war ein Gewehrlauf.

Ich erschrak, zugleich wurde mir schlecht und mein Körper sackte zusammen, es war ein Gewehrlauf, jemand zielte mit einem Gewehr auf mich.

„Jetzt ist es wirklich aus, er braucht nur abzudrücken und mein Kopf wird zerrissen. Ob er dies machen wird?

Hier in diesem schönen Raum? Diese Drecksarbeit? Ich würde mir einen anderen Platz für diese Schweinerei suchen", dachte ich mir und in meinem Kopf arbeitete es, ausgerechnet erschossen sollte ich werden, ich war bei sehr vielen Schießereien dabei gewesen.

In meinem Hirschgehege mussten wir immer wieder Hirsche erschießen, von daher kannte ich die Wirkung von Gewehrkugeln, ich wusste, dass sie einen schnellen Tod bedeuteten.

Vielleicht hatte ich deswegen so große Angst vor dieser Kugel, die in den nächsten Augenblicken auf mich zukommen würde und mir meinen Kopf zerreißen würde.

Der Lauf blieb auf mich gerichtet, ich sah in den Gewehrlauf und wartete auf die befreiende Kugel, die auf mich zukommen sollte, doch sie kam nicht.

„Bitte, drücke ab, bitte, ich halte es nicht mehr aus, ich werde verrückt, wenn du noch länger wartest."

Wenn ich nur schreien hätte können oder mich etwas bewegen, ich hätte geschrien, was das Zeug gehalten hätte, oder wäre davongelaufen, sicher hätte mir jemand geholfen.

Auf der Flucht erschossen zu werden, wäre für mich viel leichter gewesen. Durch die Flucht hätte ich einen winzigen Ausweg gesehen, doch so saß ich hier und wartete auf die erlösende Kugel.

Unzählige Menschen wurden in der Vergangenheit und werden noch in der Zukunft hingerichtet, auch sie mussten und werden auf die Kugel warten müssen.

Ich fühlte, wie schwer und lange diese Wartefrist sein konnte.

Auf einmal war der Lauf verschwunden, Freude und Erleichterung kamen in mir hoch, doch da sah ich, dass ein weiterer Gewehrlauf von einer anderen Stelle in den Raum gesteckt wurde.

Wieder musste ich mit unvorstellbarer Angst auf die Kugel warten.

Dann hörte ich Schritte über der Jagdstube, jede kleine Änderung war für mich eine Erleichterung, denn ich wurde für einige Sekunden von den Gedanken der auf mich zukommenden Kugel abgelenkt.

Auf einmal war auch dieser Gewehrlauf wieder verschwunden.

Ich sah zum Fenster, ein Huschen, jemand hatte zu mir reingesehen, ich war total fertig, meine Nerven lagen blank und mein Körper und Kopf waren kurz vorm Zerspringen.

Immer wieder verschwanden die Gewehrläufe, die auf mich gerichtet waren, und kamen an einer anderen Stelle in den Raum, es war zum Verrücktwerden.

Ich nahm mir vor meinen Körper abzuschalten, an etwas anderes zu denken und so meine Angst besser überwinden zu können.

In meinem Kopf arbeitete es wie wild, denn ich wollte nicht sterben, ich konnte es mir einfach nicht vorstellen, jetzt schon zu sterben.

Ich versuchte an etwas anderes zu denken, doch es gelang mir nicht, in meinem Körper war etwas, das mich antrieb weiterzuleben.

Ich musste von hier verschwinden, musste es wenigstens versuchen, ob es gelingen würde oder nicht, egal, ich musste es versuchen.

Sie wollten mich sowieso erschießen, warum sollte ich nicht auf der Flucht erschossen werden, nein, hier in diesem Raum wollte ich mich nicht erschießen lassen.

Ich hörte eine Stimme: „Herbert, du bist tot, nimm deine Füße und trage den Toten!"

Ich stemmte mich hoch und stand auf meinen Füßen, schob mich zur Tür und betätigte die Türklinke.

Die Tür war offen.

„Füße, bitte tragt den Toten wenigstens ein paar Meter, ich möchte auf der Flucht sterben, dies soll mein letzter Wunsch sein."

Ich öffnete vorsichtig die Tür, wobei ich immer daran dachte, dass jeden Moment mich die Kugel treffen würde, doch es war für mich eine gewisse Erleichterung, als ich zu laufen begann.

Es ging gut, ich lief und lief, dann stolperte ich über meine eigenen Beine und stürzte zu Boden.

Mein Körper begann zu rollen und er rollte, auf einmal stoppte mich etwas und ich lag vor einer Haustür.

Ich versuchte zu ordern, wo ich mich befand, da ging die Tür auf und Margit stand vor mir.

„Du bist es, Herbert?"

„Bitte hilf mir, ich werde verfolgt, Margit, du kannst meinen Körper haben, ich will jetzt nicht mehr leben."

Dann verlor ich mein Bewusstsein.

Als ich meine Augen öffnete, befand ich mich wieder in der Kuppel, ich war aber nicht unter dem Eiweiß eingebettet, sondern ich saß darauf und musste mich nicht erst durch das Eiweiß durchkämpfen.

Mein Körper war ganz ruhig und ich wartete auf die Abreise.

Ich wartete und wartete, nichts bewegte sich.

Ich schloss für einen kurzen Moment die Augen, und als ich sie wieder öffnete, sah ich von oben auf Margit herab.

Ich sah, wie Margit Eingeweide aus einem Körper entfernte.

Der Körper, der hier lag, war aufgebrochen und der Kopf fehlte, doch wo war ich? Von wo aus sah ich auf Margit herab?

Ich sagte: „Margit, ich kann nicht sterben, ich muss weiterleben!“

„Selbstverständlich, Herbert, ich werde dich sofort zusammenbauen.“

Nun sah ich es, mein Kopf war auf einer Stellage ganz oben abgestellt und von hier aus sah ich auf Margit, gleich unter meinen Augen befand sich ein Ablagebrett, auf dem mein Kopf stand.

„Wir haben Glück, ich habe hier noch eine Wanne mit gefüllten Gedärmen. Weißt du, Herbert, die Gedärme müssen gefüllt und erhitzt sein, damit sie weiter verwendbar sind, erhitzen muss man sie auf 60 Grad.“

„Ist das nicht zu heiß, sterben bei diesen Temperaturen nicht schon die Zellen ab?“

„In deiner Welt vielleicht, du bist aber nicht mehr in deiner Welt, bei uns drehen sich die Uhren anders.“

„Wo ist diese Welt und wo bin ich da und warum tauchen ausgerechnet in dieser Welt Menschen auf, die doch in der anderen Welt sind, auch du bist in der anderen Welt? Margit, ich weiß nicht, warum ich hier bin und immer wieder sterben muss, bitte hilf mir!“

„Herbert, du bist hier, weil du einen sehr schweren Unfall hattest und du diesen nicht überleben wirst. Wir sind dafür da, dich von dieser Seite in die andere zu bringen, nur du willst nicht sterben!"

„Nein! Ich will noch nicht sterben! Ich will weiterleben!"

„Es wird sicherlich nicht leicht für dich, aber versuchen kannst du es und mit diesen Gedärmen und Innereien kann ich dich wieder starten, alles Weitere musst du selber schaffen!"

Margit bemühte sich sehr und nach einiger Zeit hatte sie mir wieder Leben eingehaucht und zusammengebaut.

„Herbert, es tut mir leid, aber ich muss auch meine Arbeit verrichten, außerdem wolltest du sterben, nur wurde nun gesagt, du musst weiterleben, dann muss ich natürlich gehorchen und es freut mich sehr, dass du noch weiterkämpfen möchtest, dieser Ehrgeiz ist für uns etwas Besonderes. Herbert, bei mir steht ein fahrbarer Wintergarten, den bringe ich zu dir, du sollst dich erholen, denn ich bin sehr froh, dass du weiterlebst."

Margit hatte kaum fertig gesprochen, da standen meine beiden Pfleger neben mir und holten mich ab.

Margit sagte noch zum Abschluss: „Erhol dich gut, Herbert, ich werde mal sehen kommen, was du so machst, und vielleicht kann ich für dich noch was machen."

Die beiden Pfleger brachten mich zur Weinschenke, es schneite und durch den Schnee schien die Sonne und die Sonnenstrahlen glitzerten auf der Oberfläche des weißen Schnees.

Der Wintergarten war bereits neben der Terrasse in Richtung Küche aufgebaut.

Alle waren hier, mein Sohn Andreas, die Kathi, meine Frau, auch die Nachbarn und sie begrüßten mich.

Wir saßen im Wintergarten, es war herrlich warm hier, wir tranken Wein und vergnügten uns, alles war vergessen.

Wir lachten und ich fühlte mich sicher, nur eines verstand ich nicht, die Umgebung hier sah anders aus, und wenn ich meine Mitmenschen hier fragte, warum hier alles anders sei und anders aussah, sagten sie nur: „Das ist doch alles wie immer! Was hast du denn nur, wie sollte dies nach deiner Meinung aussehen?"

Nach einiger Zeit verließen mich meine Gäste, einer nach dem anderen.

Ich war froh darüber, denn ich war sehr müde.

Meine zwei Pfleger waren noch bei mir, sie umsorgten mich und fragten mich, ob ich nicht den Wintergarten verlassen und mich in ein Bett legen möchte, das verneinte ich und sagte: „Hier ist es so schön warm und ich möchte noch etwas hierbleiben."

Sie verstanden meinen Willen und wollten mich verlassen, auf einmal ertönte ein lauter Knall und der Wintergarten wurde zerrissen.

Mir zog es förmlich die Haut vom Körper, Schock ergriff mich und es fröstelte mich, ich lag am Boden.

„Was ist passiert?"

Überall lagen Trümmer, vom Wintergarten war nicht mehr viel zu sehen und ich hatte mehr Ähnlichkeit mit einem Afrikaner als mit einem Europäer.

Der größere der beiden Pfleger kam gelaufen und sagte: „So, Herbert, jetzt fällst du mindestens ein halbes, bis zu einem Jahr aus."

Auch er sah sehr verbrannt aus und ich sagte: „Aber du fällst sicher auch einige Zeit aus!“

„Nein, ich nicht!“

Er ging ins Freie, steckte seinen Kopf in den Schnee, den es hier in Massen gab, und legte sich danach in die Sonne, die hier auf einmal wieder schien.

Einige Augenblicke später landete ein Hubschrauber, Hannes stieg aus diesem.

„Was ist denn schon wieder passiert, Herbert?“

„Ich weiß nicht, ich glaube, man will nicht, dass ich noch lebe.“

„Du bist sehr zäh, du bist nicht umzubringen. Ich muss dich jetzt ins Krankenhaus mitnehmen.“

Ein Arzt war auch dabei, er nahm mich und schnitt mit einem Messer über meine Luftröhre und machte ein Loch hinein, danach schloss er mir eine Sauerstoffkartusche an.

Ich wurde in den Hubschrauber verladen und los ging es.

Mit mir flogen die beiden Pfleger.

Kurz darauf landeten wir, ich wusste nicht, in welches Krankenhaus ich gebracht wurde, doch brachten sie mich nach der Landung sofort in eine Druckkammer.

Wieder drückte mich eine unsichtbare Kraft zur Wand.

Finger, Hände, Füße, Fußschaufeln, Körper, Kopf und Haare wurden an die Mauer gepresst.

Der Druck wurde langsam immer stärker, Haut und Fleisch wurden in die Breite gedrückt und meine Knochen und Gelenke begannen zu krachen und Schmerzen breiteten sich über meinen ganzen Körper aus.

Umso höher der Druck, umso größer wurden auch die Schmerzen.

Ich wollte schreien, sie sollten mich retten, doch durch den Druck waren Mund und Kiefermuskeln nicht fähig sich zu bewegen, so konnte ich keinen einzigen Laut von mir geben.

Ich wurde eine Wand hochgedrückt und hing nun an dieser, die nach allen Seiten von mir aus in das Unendliche führte.

Auch in die Tiefe gab es kein Ende, nur Finsternis verschloss die Sicht in weiterer Ferne.

Etwa vier oder fünf Meter mir gegenüber, stand dieselbe Wand, an der Wand waren stockweise nicht Fenster angebracht, sondern lauter weiße Lamellen, Kälte ging von ihnen aus.

Der Druck war nun so groß, dass ich meinen Körper zeitweise verließ und von einer geringen Entfernung auf meinen Körper sah, der immer breiter wurde.

Ich hing an dieser Wand, um mich lauter Lamellen und zwischen den Lamellen verliefen Rohre nach oben.

Diese mussten mit kalter Flüssigkeit befüllt gewesen sein, denn sie waren weiß angelaufen mit Raureif und enorme Kälte ging von den Rohren aus.

Ich war vor dem Erfrieren und mein Körper lief auch weiß an, eine Schicht überzog mich und es sah so aus, als wäre diese Schicht wie eine Eierschale.

Sich nicht bewegen zu können und immer enorme Schmerzen zu haben war für mich in dieser Welt sehr schwer.

Denn die verschiedenen Einwirkungen auf mich, so wie einen die Luft abzuschneiden, beflügelte die Verzweiflung in mir.

Oder die Einwirkung, die Gelenke auszukegeln – man konnte dem Elend live zusehen, was mit seinem Körper passierte. Dabei wünschte man sich alles, nur nicht das Weiterleben.

Mir kam es so vor, dass dieser Zustand Stunden, wenn nicht Tage andauerte.

Endlich ließ der Druck langsam nach und auch die Schmerzen wurden weniger, wenngleich ich mich nur einige Millimeter bewegen konnte, ließen die Schmerzen spürbar nach.

Da verspürte ich ein Schaukeln wie in einem Lastwagen.

Als ich meine Augen öffnete, befand ich mich wirklich in einem Lastwagen, um mich herum lauter Siloballen, auf denen ich lag.

Durch einen kleinen Schlitz in der Verplanung konnte ich ins Freie sehen.

Der LKW hielt auf einmal, reversierte ein paar Mal und begann rückwärts zu fahren, er schob sein Fahrzeug verkehrt zu einer Halle und blieb stehen.

Die Halle war voll mit Fahrzeugen, ich war noch immer stark eingeschränkt in meiner Bewegung, doch schaffte ich es mit einer Hand zu dem Schlitz zu gelangen und versuchte die Plane etwas zu öffnen, um zu sehen, was hier vor sich ging.

Die Fahrzeuge, die hier standen, waren so nahe aneinandergestellt, dass es unmöglich gewesen wäre, das Fahrzeug zu verlassen.

Der Fahrer stellte das Fahrzeug ab und verließ dieses. Er entfernte sich aus der Halle und sah zu mir zurück, er sah asiatisch aus.

Die Halle warf einen langen Schatten, der weit in den vor der Halle angelegten Parkplatz reichte.

Nach einigen Schritten des Fahrers gelangte er aus dem Schatten der Halle und verschwand aus meinem Blickfeld.

Nun sah ich, dass noch weitere Fahrzeuge kamen und in die Halle einfahren wollten, doch sie hatten keinen Platz mehr und auch sie fuhren ganz nah an die anderen Fahrzeuge heran.

Nun war ich in diesem Fahrzeug in der Mitte der Halle eingekeilt und wusste, dass ich von hier niemals alleine das Fahrzeug verlassen könnte.

Niemand war zu sehen, Stunden vergingen, mir war kalt und wieder kam die Angst um mein Leben.

Alles war ruhig und still, auf einmal hob sich der Boden der Ladefläche, ich erschrak und dachte mir: „Der kippt mich ab! Mit all den Silageballen, ich kann nicht laufen und kann von hier nicht weg."

Die Ballen begannen sich zu bewegen, sie schoben mich vor sich her, dann fiel ich.

Ich fiel, meine linke Schulter und mein Kopf trafen auf Beton, Schmerzen durchschossen meinen Körper.

Nun trafen die Silageballen auf mich, ein jeder von ihnen dürfte 500 Kilo gewogen haben.

Ihr Auftreffen auf mir begann weich, doch langsam breitete sich ihr gesamtes Gewicht über mir aus, mein Körper wurde auseinandergequetscht.

Als ob das nicht genug wäre, sah ich mit meinem dritten Auge, das ab nun immer öfter zu sehen begann, wie die LKW sich in Bewegung setzten und sich gegenseitig gegen die Betonwand drückten, die die Halle abschloss.

Es wurden die Fahrzeuge, die Silageballen und ich gegen die Wand gedrückt.

Ich wurde zerquetscht und wieder krachte in mir alles und mein Körper vereinte sich mit den Silageballen.

Auf einmal lag ich in der Mitte der Halle auf dem Betonboden, es waren keine Fahrzeuge mehr zu sehen, und sah, wie eine Schubraupe auf mich zukam und die noch herumliegenden Silageballen zusammenschob. Sie erfasste auch mich und schob uns gegen eine weitere Betonwand.

Ein Krachen und Sausen schoss durch meinen Körper.

„Nun, das ist mein Ende?"

Geistig war ich noch hier, nur fühlte ich meinen Körper nicht mehr.

Ich fühlte mich schwerelos und sah von oben, dass mein Körper sich noch immer zwischen den Silageballen befand.

Eine männliche Person kam auf mich zu und sprach zu mir: „Herr Hierzer, Sie müssen sterben! Ob Sie wollen oder nicht!"

„Bin ich immer noch nicht tot?"

„Nein, wir haben beschlossen, dass Sie nach Gleisdorf ins Krematorium kommen, dort können Sie von Ihrer Familie noch Abschied nehmen, ab dann ist es zu Ende."

„Oh mein Gott, das auch noch, ich kann mich nicht bewegen, ich kann nichts und dann die vielen Leute!"

„Nein, du wirst gehen können und dich von deinen Angehörigen verabschieden."

Ein weiteres Fahrzeug kam, zwei Männer stiegen aus und hoben meinen zerquetschten Körper leicht an und verluden mich danach in ihr Fahrzeug.

In diesem Fahrzeug befanden sich Särge, die bis zur Decke des Fahrzeuges hochgestapelt waren.

Für meinen Körper gab es keinen Sarg und es war fast kein Platz mehr.

So zwängten sie mich zwischen den Särgen und der Seitenwand in das Fahrzeug und dann fuhren wir los.

Durch die Fahrbewegungen wurde mein Körper immer weiter nach unten gedrückt und immer intensiver eingeklemmt.

Nach einiger Zeit kamen wir irgendwo an, das Fahrzeug wurde in einer Halle abgestellt, auch die beiden Fahrer blieben im Fahrzeug sitzen und begannen sich zu unterhalten.

Mir schmerzte der ganze Körper, ich war so eingekeilt, dass ich gewisse Teile an mir nicht mehr fühlte, doch Schmerzen gaben sie immer noch von sich.

Ich begann zu jammern, die Laute kamen sehr leise von mir, ich strengte mich an, wie ich nur konnte, da hatte mich einer von den beiden vernommen und er fragte mich mit aufgeregter Stimme: „Was hast du denn?"

„Mir schmerzt alles, bin hier zwischen den Särgen verkeilt, könnt ihr mich nicht befreien?"

„Das macht nichts, denn du stirbst sowieso schon bald!"

Stunden vergingen und man kann sich das nicht vorstellen, wie viel Schmerz ich ertragen musste in dieser Wartezeit. Und die Zeit wollte einfach nicht vergehen.

Auf einmal öffnete sich die Tür, ich war total verwirrt wegen der Schmerzen, die ich verkrampft ertragen musste, sie zogen mich aus dem Auto und ich fragte sie: „Was macht ihr mit den vielen Särgen? Warum durfte ich in keinem liegen?“

„Wir müssen die Toten von weit und breit zusammensammeln, die Konkurrenz ist groß und wir alle kämpfen ums Überleben! Diese Särge hier sind voll!“

Wir befanden uns auf einer Dachfläche, vielleicht von einem Parkdeck.

Der Fahrer des Wagens sagte: „Du kannst nun aufstehen.“

Tatsächlich, ich konnte stehen und gehen, es war herrlich und auch meine Schmerzen beruhigten sich.

Als ich um mich sah, da sah ich auch schon meine Angehörigen, alle waren hier, meine Frau, Kinder, Brüder und Schwestern, Cousinen, auch mein Hund, die Leica, alle waren gekommen, nur meine Mutter nicht.

Ich fragte meine Schwester Elfi, denn sie wusste immer alles am besten: „Wo ist Mami?“

„Ihr geht es nicht gut, sie hat nicht kommen können.“

Wir unterhielten uns lange und ausführlich, es dämmerte bereits und meine Verwandten begannen sich zu verabschieden.

„Wir sehen uns wieder“, sagten sie, „wenn nicht hier, dann woanders!“

Sie winkten und gingen.

Endlich hatte mich der Haufen verlassen, nur meine Frau, Kinder und mein Hund durften mit ins Krematorium.

Ein Mann kam zu mir und sagte: „Es wird Zeit, wir müssen gehen.“

„Wir begleiten ihn.“

Es ging über Stufen hinab und wir betraten einen Raum.

„Sie bleiben hier, Herr Hierzer, die Angehörigen müssen nach vorne.“

Wir waren zu dritt, außer mir waren noch zwei Männer hier.

Jeder von uns bekam eine Koje, die beiden Männer waren links und rechts von mir und ich bekam das Bett in der Mitte.

Die Angehörigen saßen in einem kleinen Kinosaal und sahen auf uns herab.

Sie bekamen Brötchen und zu trinken.

Wir mussten uns auf die uns zugewiesenen Betten legen und es wurde uns gesagt: „Ihr müsst nur die Augen schließen und ihr werdet langsam einschlafen.“

Ich winkte noch zu meinen Lieben, ließ meinen Kopf sinken und schloss meine Augen.

Ich wartete, nichts fühlte ich, was anders gewesen wäre.

Öffnete wieder meine Augen, schloss sie wieder und überflog noch einmal mit meinen Gedanken diesen vergangenen, für mich letzten Tag.

Nebenbei bekam ich mit, dass sich unsere Angehörigen noch einige Zeit lang unterhielten, leise vernahm ich noch ihr Gespräch, dann wurde es ruhig um mich und ich verfiel in eine Art Trance.

Auf einmal verspürte ich einen Druck auf mir, ich öffnete meine Augen und was sah ich da, es war mein Hund, die Leica kam, um sich noch mal zu verabschieden.

Ich hob meine Hand und streichelte Leica über den Kopf.

„Leica, meine Süße, ich soll sterben, bin nicht müde, nichts, weiß auch nicht, warum ich unbedingt sterben soll, aber alle wollen es!"

Ich setzte mich auf und streichelte Leica weiter.

Begann mit Frau und Kinder, von oben aus, noch mal zu sprechen und konnte mir nicht vorstellen, dass ich jetzt sterben sollte.

Da kam der Krematoriumsverwalter und sagte mit schroffer Stimme: „Ihr müsst ruhig sein, die beiden anderen sind bereits verstorben."

Ich sagte zu meinen Angehörigen: „Ihr könnt ruhig gehen, es wird bald so weit sein."

Sie kamen noch mal zu mir, umarmten mich und mit ein paar letzten Tränen verließen sie mich.

Nun war ich alleine, lag auf meinem Bett und war bereit zu sterben.

Innerlich freute es mich, dass Leica noch leben durfte.

„Jetzt, wenn ich sterbe, glaube ich, werden auch meine Lieben Ruhe vor diesen Menschen hier finden."

Nun begann ich mich zu konzentrieren aufs Sterben, ich musste doch sterben!

Es vergingen Stunden, ich konnte nicht sterben, im Gegenteil, ich wurde immer wacher.

Nun kam dieser Herr, dieser Verwalter, auf mich zu. Er hatte auch vernommen, dass ich nicht sterben konnte, und sagte: „Sie müssen sterben und wenn nicht, morgen kommt eine Abbruchfirma und räumt dieses Gebäude, wenn du da noch lebst, wirst du von den Maschinen zerdrückt."

In dieser Welt gab es für mich kein Entrinnen, ich musste sterben.

Wieder vergingen Stunden und ich flehte zu Gott, er möge endlich Schluss machen, doch es geschah nicht.

Ich hörte von weitem bereits die Baumaschinen, sie kamen immer näher und dann begannen sie zu stemmen.

Trümmer fielen von der Decke, mein Bett kippte um und fiel auf mich, es schützte mich vor den Betontrümmern, die zu mir herabfielen, und auf einmal verlor ich die Zeit.

Als ich meine Augen wieder öffnete, war es Nacht um mich, doch da, was war das, ich sah Licht, ein kleiner Punkt, durch den Licht zu mir vordringen konnte.

Ich wollte zu dem Licht, doch ich konnte mich nicht bewegen, denn ich war eingeklemmt.

Ich versuchte zu eruieren, was an meinem Körper noch funktionstauglich war.

Finger, Zehen, Füße waren bewegbar, ich fühlte noch, dass all meine Körperenden irgendwo anstanden, als wäre ich eingeklemmt.

Ich stützte mich mit voller Kraft an all die Stellen, die an etwas Festem anstanden ab und versuchte so meinen Körper in Bewegung zu setzen, es funktionierte.

Durch den Druck, den mein Körper auf das feste Material abgab, gab langsam das Material nach, es wurde in meinem kleinen Verlies immer mehr Platz und so arbeitete ich mich langsam ins Freie.

Endlich hatte ich es geschafft, mich aus dem Schutthaufen zu befreien.

Das helle Licht blendete mich und ich brauchte einige Zeit, bis ich sehen konnte, was um mich herum war, ich blickte von hier aus über ein großes Areal.

Teile davon waren der Schutt, aus dem ich gekrochen kam, andere Teile waren riesige Betonwände, in denen sich kein einziges Fenster befand und die bereits schwarz mit Schimmel befallen waren.

Wo ich hier war, wusste ich nicht, soviel wusste ich, dass dies hier nicht Gleisdorf war und ich versuchen musste von hier zu verschwinden.

Ich versuchte mich auf die Beine zu stellen, es funktionierte.

Los ging es, nur weg von diesem Gelände.

Herrlich, meine Füße trugen mich und nach kurzer Zeit erreichte ich eine Straße.

„Die Straße muss ich überqueren", dachte ich mir.

Autos um Autos fuhren hier, jetzt ging es und ich überquerte die Straße, so schnell ich nur konnte.

Geschafft, ich stand nun auf der anderen Straßenseite, ich atmete tief durch, da verließen mich meine Füße und ich stürzte über eine steile Böschung.

Als ich mich wieder aufrichtete, stand ich schon wieder auf einem Firmengelände.

Als ich meinen Oberkörper gerade richten wollte, merkte ich, dass ich zwischen zwei LKW-Kabinen stand.

Diese beiden LKW waren noch in Bewegung und fuhren aufeinander zu.

Nun hatten mich die beiden Lastwagen bereits erfasst und drückten ganz langsam auf mich ein, sie begannen mich zu zerquetschten wie eine Zitrone.

Ich hörte meine Knochen krachen, und als mein Kopf an die Reihe kam, machte es in mir einen lauten Knall.

Einen Augenblick später sah ich mich von oben, denn ich klebte an einer Hallendecke, die sich in der unmittelbaren Nähe der Unglücksstelle befand, und von dort aus sah ich auf die beiden Fahrzeuge.

Etwas drückte mich von unten zur Decke hoch.

„Oh, ist das hoch“, dachte ich mir.

Ich hatte Höhenangst und blickte von etwa zehn Metern Höhe in die Tiefe, nichts gab es hier, an dem ich mich festhalten hätte können.

Meine Blicke suchten nach einer Möglichkeit, mich aus dieser Lage zu befreien.

In dieser Halle war es dunkel und sehr kalt, auf einmal öffnete sich weit unten an einer Wand dieser Halle eine Tür.

Helles Licht fiel durch die Tür in diese dunkle Halle und meine Blicke konzentrierten sich auf das Licht.

Auf einmal begann sich mein Körper von diesem Licht zu entfernen.

Mir kam es so vor, als wäre ich bereits 100 oder 200 Meter von der Tür entfernt gewesen.

Durch die Tür kamen meine Frau und Tochter, sie riefen nach mir, der Ton war sehr leise, der bei mir ankam, aber ich vernahm ihn.

Ich wollte antworten, doch mein Körper gab keinen Ton von sich.

Langsam näherte sich mein Körper wieder dem Licht, meine Lieben riefen noch immer nach mir, doch dann gaben sie es auf und verließen die Halle und schlossen die Tür hinter sich, nun war ich wieder von Dunkelheit umgeben.

Einige Augenblicke später fand ich mich eingebettet in einer starren Flüssigkeit.

Nicht einmal einen Finger konnte ich bewegen, ich war eingebettet wie ein Stück Fleisch in Gelatine.

Immer wenn ich so eingebettet war, schmerzten meine Gelenke unheimlich und ich kämpfte mit voller Gewalt gegen diese Situation an.

Es gelang mir immer wieder mich zu bewegen, auch dieses Mal, und als mein Umfeld nachgab, befand ich mich in einem Krankenbett, neben mir standen der Arzt und Jäger, seine Frau und die Krankenschwester. Die Frau des Arztes vernahm es, dass ich wieder bei ihnen war, und sie sagte: „Wo warst du so lange, wir suchen dich schon überall? Du musst unbedingt in ein Krankenhaus, du bist so schwer verletzt."

Ich zuckte nur leicht mit den Schultern und versank im Schlaf.

Als ich wieder zu mir kam, befand ich mich in einem Warteraum, bei mir waren die beiden Pfleger.

Der Warteraum befand sich in einem Zwischenstock und einen Halbstock höher sah ich meine Geschwister, Frau und Kinder, die an Tischen in einer Halle saßen und zu mir sahen.

Ein Arzt winkte nach mir und die beiden Pfleger nahmen mich unter dem Arm und gingen mit mir zu diesem Arzt, der gewinkt hatte.

Ich stand neben dem Arzt, er sah mich von oben bis unten an und sagte: „So ein Pech, heute hab ich zwei von euch, Sie sind 65 % verbrannt und der junge Mann hier ist auch zu 65 % verbrannt, ich kann nur einen von euch retten, was soll ich machen?"

Ich sah meinen Körper entlang und versuchte festzustellen, wo meine Verbrennungen seien.

Mit 65 % hatte man doch keine Überlebenschancen, ich kam mir aber nicht so verbrannt vor, doch wenn der Arzt dies sagte, dann würde es wohl stimmen!

Dann sah ich nach dem anderen Verletzten, bei ihm konnte ich die Verletzungen sehr wohl feststellen.

Ich überlegte einige Zeit und sagte dann zu dem Arzt, der vom Aussehen her einen asiatischen Einschlag hatte: „Ich durfte 53 Jahre mit einem intakten Körper leben, helfen Sie doch dem jungen Mann, er hat doch noch sein Leben vor sich, sollten Sie dafür von mir Ersatzteile brauchen, nehmen Sie sie nur."

Ich sagte weiter: „Wenn von mir noch etwas zu retten wäre und ich doch vielleicht noch einige Zeit leben könnte, wäre ich Ihnen sehr dankbar, wenn Sie mich nicht ganz vergessen."

„Wir werden schon sehen, jetzt richten wir mal den Jungen her."

Wir beide wurden auf Liegen gebettet und ich schlief ein.

Im selben Moment wurde mein drittes Auge aktiv und ich sah mich von oben, ich übersah die ganze Anlage.

Ich sah meine Familie, die im ersten Stock in einem kleinen Café saß, wo sie durch eine Glasfront auf die OP-Säle sahen.

Uns zwei Verbrannten wurde an der Wirbelsäule, kurz unter dem Kopf, ein Haken montiert, an dem wurden wir mit einem Seil hochgezogen, sodass die Ärzte bequem neben uns stehen und arbeiten konnten.

Mir wurde die gesamte Haut abgezogen, ich war nur noch ein Fleischklotz, Blut strömte aus mir, das in einen Kanal, wie bei einem Schlachthof, abfloss.

An meine Wirbelsäule wurde eine Versteifung geschraubt und ein dunkelhäutiger Mann schnitzte an mir, auf einmal verdrehte er seinen Kopf zu meinem dritten Auge und zwinkerte mir zu, ich erschrak.

Der Arzt sagte zu mir: „Fertig!“

Nun kamen Krankenschwestern, die von unten einen Schlauch über unseren Körper zogen und diesen über unseren Köpfen verschlossen.

Der Plastikschlauch war durchsichtig, denn nun sah ich wieder aus meinen Augen und konnte durch den Schlauch sehen.

Auf einmal wurde in den Schlauch rote Flüssigkeit gefüllt, sie stieg immer höher und kam bereits in Kopfnähe.

Der Arzt rief: „Ihr müsst die Flüssigkeit atmen, atmet sie, ihr könnt es!“

Nun war die Flüssigkeit bereits über meinem Kopf, ich hielt noch immer meine Luft an, doch dann konnte ich nicht länger und begann die Flüssigkeit zu schlucken, gleichzeitig geriet sie auch in meine Lunge.

Es würgte mich und ich wollte husten, doch auf einmal beruhigte ich mich und meine Lunge hörte auf zu atmen.

Nun schwebte ich in dieser roten Flüssigkeit und zum Nabel führte ein Versorgungsschlauch.

Ich schwebte in dieser Flüssigkeit und fühlte die Anziehungskraft der Erde nicht mehr.

„Bin ich nun ein Embryo? Es sieht ganz so aus“, dachte ich mir.

Ich hing ziemlich hoch in diesem Schlauch, denn unter mir gingen Menschen, die neugierig zu mir hochsahen.

Unter diesen Menschen konnte ich auch meinen Bruder und andere meiner Familienangehörigen ausfindig machen.

Meine Gedanken schwankten sehr und konnten sich nicht mehr vorstellen, dass dieser Körper, in dem ich steckte, noch zu retten sei.

Immer wieder dachte ich: „Wenn ich nur schon gestorben wäre, dieses Leiden, das ich hier in dieser komischen Welt ertragen musste, ist kaum auszuhalten."

Unbeweglich und schwebend musste ich 14 Tage in dieser Flüssigkeit ausharren.

Dann kamen die Ärzte wieder, sie schlitzten meinen Schlauch auf und die Flüssigkeit strömte aus ihr, ich hing noch am Seil und begann, wie bei einer Geburt, nach Luft zu schnappen.

Die Erdanziehung verspürte ich wieder und mit starkem Husten begann ich wieder zu atmen.

Danach wurde ich vom Seil ausgekuppelt und mein Körper fiel zu Boden.

Nun lag ich da, nass von der Flüssigkeit und unbeweglich wie ein neugeborenes Kind.

Ich fühlte mich schlecht und überflüssig, wozu passierte dies alles, Fragen um Fragen schossen mir durch den Kopf, den ich dabei leicht anhob, und ich sah den Jungen neben mir liegen, auch er musste das gleiche ertragen wie ich.

Wir lagen hier auf dem Boden und niemand war zu sehen, es war saukalt, niemand kümmerte sich um uns.

Viel Zeit verging, auf einmal kamen meine Pfleger, hoben mich auf eine Liege, mit der Liege wurde ich in einem OP-Saal geschoben und in der Mitte dieses Saales wurde meine Liege fixiert.

Auf einmal begann sich die gesamte Decke, zu der ich hochsah, zu bewegen, Greifarme nahmen ihre Position ein und ein Ärzteteam kam auf mich zu, über diesen

Greifarmen sah ich einen Mann sitzen, der die Greifarme bediente, sein Körper war von oben bis unten mit weißen Binden eingebunden.

Diese Greifarme nahmen meinen Körper in Besitz, verdrehten ihn nach allen Richtungen, die Ärzte machten ihre Arbeit und ich verlor wieder mal das Bewusstsein.

Ich hörte eine Stimme und jemand rüttelte an meinem Körper.

„Papa, Papa."

Ich öffnete meine Augen und fragte: „Was ist, wo bin ich?"

„Wir fahren auf die Alm mit Hannes."

„Nein, bitte nicht mit Hannes, ich will nur Ruhe."

„Aber Hannes will unbedingt, dass du mitkommst, es wird dir gefallen, von ihm haben wir den Rettungswagen bekommen, alle haben wir Platz!"

Ich wollte nicht, denn ich war viel zu müde, aber ich wollte meinen Lieben auch nicht ihre Freude vermiesen.

Es ging steil nach oben und zum Schluss überquerten wir eine alte, schmale, aber wunderschöne Brücke.

Hier gab es meterhoch Schnee, die Autos wurden eingeparkt und neben unserem Auto wurde ein Vorzelt aufgebaut.

Kathi, Gabi und Gabis Schwester, die Gerti, schenkten Glühwein aus.

Ich musste wieder einmal auf Toilette, doch hier gab es keine, wurde mir gesagt.

Ich konnte mich wieder bewegen und so machte ich mich selbst auf die Suche nach einer Toilette.

Hier stand neben der Straße ein großes Gebäude, in dem würde ich es mal versuchen.

Ich trat ein und war in einer großen Halle, die nur Wände aus Glas hatte.

Ich ging zu den Glasfenstern und sah über ein mächtiges Bergmassiv, so etwas hatte ich noch nie zuvor gesehen, wunderschön, doch es hatte Ähnlichkeit mit Hannes' Anwesen. Etwas weiter hinten befand sich eine Bergstation mit einer Seilbahn.

„War das eventuell die gleiche Anlage, mit der ich bereits gefahren war?", fragte ich mich, aber nein, es sah hier doch alles anders aus als beim letzten Aufenthalt in den Bergen.

Toiletten hatte ich keine gefunden, alle sagten immer wieder zu mir, hier in dieser Welt würde es keine Toiletten geben, denn es sei nur Platz für Geist und Seele, aber wenn ich immer wieder den Drang nach einer Toilette hatte, so musste ich einen Teil meines Körpers hier in dieser Welt mitgebracht haben.

Ich verließ die Räumlichkeit und begab mich wieder ins Freie.

„Gerti ist noch immer hier?", dachte ich mir.

Kathi sagte: „Papa, jetzt beginnt hier eine Vorstellung."

„Von wem denn?"

„Von den Jägern und Hannes!"

„Die Jäger, na, das kann ja was werden!"

Und kurz darauf begannen sie auch schon mit der Vorstellung.

Von hoch oben kamen Skifahrer, die hinter einem Fuchs her waren, dazu bliesen die Jagdhornbläser und Hannes sang, wunderschön war es.

Wunderschön war es dort, die Sonne schien auf den weißen Schnee und dieser glitzerte wie Kristalle.

Der Wind trug Schneestaub durch die Luft, so sah das Ganze noch märchenhafter aus und der Schneestaub prickelte auf der Haut.

Eine Vorführung folgte der anderen, auch ich trank Glühwein und unterhielt mich mit meinen Lieben.

Gerti aus Tirol lobte vor Begeisterung die Vorführung.

Auch Iris und Gephardt waren hier und kamen zu mir.

Ich freute mich sehr sie zu sehen, denn sie waren so gute Gäste in unserem Betrieb und was wir miteinander getrunken und für eine Gaudi gehabt hatten, es freute mich, denn sie waren die ersten, außer meiner Familie, vor denen ich keine Angst hatte.

Doch dann verließ uns die Sonne und es begann leicht zu dämmern, die Vorführungen waren vorbei und überall wurde zusammengepackt.

Auch wir machten uns abfahrbereit, Zelte wurden abgerissen, doch der Fahrer hatte ein Problem.

„Es ist alles eingefroren, wir können unmöglich fahren, ihr müsst etwas anderes suchen, um nach Hause zu kommen." Es war ein zweiter Verletzter im Rettungsauto, dieser verließ das Auto aber nicht und ich hatte ihn gar nicht vernommen.

„Der zweite Mann, den ich mithabe, hatte Durchfall, hat alles vollgemacht und dies ist eingefroren, das Auto ist unbrauchbar."

„Herbert, du musst zurück ins Krankenhaus, wie bringen wir dich dort hin?"

Da kam jemand auf uns zu und sagte: „Ich nehme Herbert mit ins Krankenhaus."

Ich wollte nicht mehr weg von meinen Lieben, doch wiederum war ich gelähmt und stumm und alle sprachen auf mich ein, dass es das Beste wäre, so schnell wie möglich ins Krankenhaus zu kommen.

Meine Meinung war nicht relevant, denn ich war unfähig, mich zu äußern.

So wurde ich in ein Auto gepackt und ab ging die Post.

Wir kamen nicht weit, da begann es sehr stark zu schneien, Bäume kippten um, mein Fahrer sagte noch, er müsste schneller fahren, bevor die Bäume auf die Straße fallen würden.

Da war es auch schon so weit und uns wurde der Weg versperrt.

Da steckten wir nun im tiefen Schnee fest.

„Oh Gott, jetzt wird es kalt werden", dachte ich mir.

Der Fahrer schaffte es noch, sich aus den Schneemassen zu befreien und setzte zur Rückfahrt an, wir kamen ziemlich weit den Berg hinauf, doch dann war es aus und das Auto saß wieder fest.

„Mehr kann ich nicht für dich tun!", sagte der Fahrer. „Ich müsste es noch zurückschaffen, denn die Damen sind sicher noch beim Aufräumen."

Ich verließ das Auto und mit festem Willen und letzten Kräften bewegte ich mich vorwärts.

Es war nicht mehr weit, doch hatte ich noch eine Anhöhe zu überwinden und meine Mobilität war sehr eingeschränkt. Doch war ich sehr froh, dass ich wenigstens so viel Bewegungsfreiheit hatte, mich zu bewegen.

Nach einiger Zeit hatte ich es wirklich geschafft und ich war wieder bei meinen Lieben.

Hannes kam auf uns zu und sah unser Problem: „Kommt ihr nicht weiter?“

„Es ist alles eingefroren und Herbert muss ins Krankenhaus!“

„Das ist kein Problem, bringt ihn zum Gasthof, von dort wird er mit dem Hubschrauber abtransportiert.“

„Wie kommen wir nur zum Hubschrauber, es geht sehr steil nach unten und ein tiefer Graben liegt inzwischen?“, fragte ich mich.

Da kamen einige Jäger, sie packten mich und brachten mich mit einem Schlitten, über Stock und Stein, zum Hubschrauber und ich wurde verladen.

Ich zitterte am ganzen Körper, es war unvorstellbar kalt hier.

Hannes kam noch mal auf mich zu und sagte: „Dein Kollege fliegt mit dir, er hat sich auch verbrannt, deswegen ist er am ganzen Körper verbunden und den alten Mann nehmen wir auch noch mit!“

Dann verschloss er die Tür und der Hubschrauber hob ab.

Wir hatten schön Platz und langsam wurde es im Hubschrauber wärmer.

Was machte der alte Mann da, er riss immer wieder an der Tür.

Ich war am Sessel festgeschnallt, ich konnte ihn nicht an dem, was er vorhatte, hindern.

Er wollte nach Hause, schrie er immer wieder und riss heftiger an der Tür, da sprang die Tür auf und der alte Mann stieg einfach aus.

Der Hubschrauber erwischte den alten Mann mit dem Heckflügel, Blut spritzte an die Scheiben und kurz darauf kam der Hubschrauber in Turbulenzen.

Der Flugkapitän, dies war der Verbrannte, rief: „Was ist bei euch los?"

Ich konnte ihm keine Antwort geben, doch ich vernahm aus dem Ton, mit dem er zu mir sprach, dass der Hubschrauber große Probleme hatte.

Auf und nieder, hin und her ging es mit dem Hubschrauber und ich bereitete mich seelisch bereits auf einen Absturz vor.

Ich saß neben einem Fenster und sah auf ein kleines Dorf hinab, die Menschen dort unten winkten alle heftig mit den Händen, dürfte dies vielleicht einen Grund haben?

„Wir müssen landen, in der Nähe ist ein Militärflughafen, den steuern wir an."

Die Tür, die der alte Mann geöffnet hatte, stand immer noch offen und es war kalt, es war so kalt, dass ich glaubte zu erfrieren.

Endlich landeten wir und der Kapitän kam zu mir nach hinten, sah sich um und fragte: „Wo ist der Mann hin?"

„Er ist rausgefallen."

„Was! Rausgefallen?" Er winkte nur kurz mit seinen Händen und sagte weiter: „Ich steige mal aus, muss versuchen den Hubschrauber wieder in Gang zu kriegen."

Er stieg aus und ließ die zweite Tür auch noch offen, ich wollte noch nach ihm rufen, doch meine leisen Töne hörte er nicht mehr.

Kurz sah ich noch mal seinen Kopf, als er zu mir rief: „Der Alte, der hängt hinten im Seitenruderblatt!"

Und schon verschwand er wieder.

Stunden vergingen, der Kapitän blieb verschwunden, und weit und breit war niemand zu sehen.

Ich saß hier und fror, Schnee pfiff durch die offenen Türen, da kam ein alter Schulkollege zu mir, sah zu mir in den Hubschrauber und stieg zu mir.

Ich sagte: „Servus, Hansi, wie geht es dir, was machst du hier?"

Doch der Hans sah mich kaum an und reagierte nicht auf meine Frage.

Dann sagte er: „Ich will mit dem Hubschrauber fliegen, das wollt ich immer schon."

„Nein, das geht nicht, ich muss ins Krankenhaus, bitte lass den Hubschrauber in Ruhe."

Doch Hans hörte nicht auf mich, er startete den Hubschrauber und wollte mit ihm abheben, was ihm aber nicht ganz gelang.

Nur einige Meter hob der Hubschrauber ab, begann zu wackeln und zu schaukeln.

Die Rotorplätter ragten dabei bis zum Boden und wirbelten die Schneemassen auf, die durch die Kabine geblasen wurden.

Ich wurde vom Schnee einzementiert und fror, zitternd versuchte ich das Fenster zu erreichen, sah aus dem Fenster, da sah ich, wie der Kapitän von dem Seitenrotor erwischt und zerfetzt wurde.

„Hansi, hör auf!“, schrie ich.

Hans setzte den Hubschrauber ab, stand auf und verschwand, so wie er gekommen war.

Die Türen verschloss er nicht.

Ein halbes Jahr nach meinem Unfall kam dieser Schulkollege zu mir auf Besuch.

Ich arbeitete gerade im Weinkeller und da stand er vor der Kellertür.

Wir begrüßten uns und fragten uns gegenseitig, wie uns gehe, da sagte Hans zu mir: „Weißt du, Herbert! Meine Frau hat sich acht Tage nach deinem Unfall das Leben nehmen wollen.“

„Was sagst du da?“

„Ja, wirklich, sie konnte es nicht ertragen, wie du leiden musstest, und da wollte sie sterben!“

Sofort fiel mir ein, wie Hans mit dem Hubschrauber fliegen wollte und dass er mit mir nicht sprechen wollte, sein damaliger Hass auf mich musste so groß gewesen sein, dass dieser Hass mich sogar in der Zwischenwelt erreicht hatte.

„Oh Gott, das wird großen Ärger mit Hannes geben“, dachte ich mir. Was nun aber mit mir passierte, hätte ich mir in meinen schlechtesten Träumen auch nicht vorstellen können. Ich sah durch eines der Fenster vom Hubschrauber, da kam jemand auf mich zu.

Ein Mann war es, er sah zur Tür herein, erblickte mich und sagte: „Was ist hier los?"

Ich versuchte zu erklären, doch meine Stimme versagte wieder einmal.

Danach verschwand er wieder, ich war alleine, mir war kalt, so kalt, dass ich mich von der Kälte ablenken musste.

Ich begann jede Minute zu zählen. „Ob dieser Mann den zerfetzen Kapitän des Hubschraubers gesehen hat? Sie werden mich wieder bestrafen, auf ihrer Art und Weise, da bin ich mir sicher."

Die Kälte drang in meinen Körper, sodass ich nichts mehr an mir fühlte, nur Kälte umgab mich.

Auf einmal kamen vier Leute auf mich zugelaufen, fassten mich, ohne zu sehen, was und wer ich war, zogen mich aus dem Hubschrauber, warfen mich auf eine Liege und banden mich fest.

Dann schoben sie mich Richtung Flughafenhalle, die in weiter Ferne zu sehen war.

Wir erreichten die Halle, als die Glastür sich automatisch öffnete, blies mir ein warmer Wind entgegen, dies fühlte sich herrlich an.

Die vier Männer stellten mich ab und entfernten sich von mir, wo sie miteinander sprachen.

Nach einigen Minuten in der Wärme kamen sie wieder auf mich zu, nahmen die Trage und schoben mich zu einer Tür, die in der oberen Hälfte eine Glasscheibe eingebaut hatte, und schoben mich durch die Tür in ein Nebenzimmer.

In diesem Zimmer waren viele Computer, Maschinen und vor mir war ein Fenster, durch dieses sah ich, wenn auch nur klein, zum Hubschrauber, der mich hierhergebracht hatte.

Die vier Männer verließen den Raum und zwei weitere Männer betraten ihn, sie begannen eiligst das Fenster zuzumauern.

„Mauern die das Fenster meinetwegen zu?“, fragte ich mich.

Als sie mit den Maurerarbeiten fertig waren, verließen auch sie das Zimmer.

Wieder musste ich einige Zeit auf das, was als nächstes auf mich zukommen würde, warten.

Da kamen zwei von den vier Männern zurück, einer von ihnen hatte einen Strick in der Hand, schlupfte ihn durch einen Haken, der an der Decke befestigt war.

Der lange Teil des Strickes lag auf meinen Bauch.

Nun knüpfte er eine Galgenschlaufe, wobei er sich viel Zeit ließ.

Das Ende hing einen halben Meter über mir, mir wurde angst und bange.

Ich konnte gar nichts dagegen unternehmen, mein Körper hatte mich verlassen.

Wäre mein Körper nur einigermaßen intakt, ich würde nicht zögern, bis zur letzten Sekunde um mein Leben zu kämpfen, so blieb mir nur übrig mit Anstrengung und Verkrampfungen widerwillig auf meine Henker zu warten.

Auf einmal sprang der zweite auf mich zu, mit einem Polster in seiner Hand, drückte dieses mir ins Gesicht und schrie: „Ich glaub, ich muss dich doch ersticken! Oder erschießen! Denn anders willst du nicht sterben!“

Ich erschrak und wollte mich wehren, so gut es nur gehen würde, denn er lag bereits auf mir und schlug mit Pistole und Faust auf mich ein, dann, auf einmal, erhob er sich und nahm Abstand von mir.

Nun trat der erste in Aktion, hob meinen Kopf und legte mir die Schlaufe um den Hals.

Ich wollte noch versuchen mit den beiden zu sprechen, wollte verhandeln, vergebens, mein Körper wollte nicht.

Dann zog er an dem Strick, der mir um den Hals lag, und seine Lippen formten sich zu einem breiten Lächeln.

Mein halber Körper wurde in die Höhe gezogen, nur die Beine befanden sich noch auf der Trage.

Wie ein Sack hing ich am Strick, mein Hals wurde zugeschnürt von meinem eigenen Gewicht.

Schwindlig und weiß wurde es mir, wieder befand ich mich in diesem weißen Raum, wo eine Kuppel mit weißen Waben über mir erbaut wurde.

Mein drittes Auge, durch das ich diesen Vorgang des Erhängens verfolgen konnte, erblickte etwas.

Mit letzter Kraft riss ich meine Augen auf, ich musste darauf noch einen letzten Blick werfen.

Meine Schwester und Mutter standen vor der Tür, hinter der ich gerade stranguliert wurde.

In dieser Tür befand sich doch eine Glasfläche, warum sahen sie nicht zu mir herein?

Meine Henker sahen die beiden auch, ließen den Strick aus ihren Händen gleiten und zugleich fiel mein Körper auf die Liege zurück.

Ich kämpfte um Luft, zugleich sah ich mich wieder mit dem dritten Auge, da konnte ich sehen, wie ein Körper kämpfte, um zu leben.

Mit Händen und Füßen kämpfte ich nach Luft, wobei ich diese nun interessanterweise bewegen konnte.

Es war kein schöner Anblick, doch gewisse Leute müssen sich daran ergötzen, glaube ich.

Als ich mich gefangen hatte, war ich todmüde und bekam meine Augen nicht mehr auf.

„Aber ich muss doch Ausschau halten nach meiner Mutter und Schwester", redete ich mich immer wieder ein und endlich schaffte ich es meine Augen zu öffnen, richtete meinen Blick Richtung Tür.

Einer der beiden Henker war schon bei meinen Lieben und sprach mit ihnen, er wirkte sehr nett.

Auf einmal verließen die beiden den Henker und entfernten sich sichtlich von ihm und verschwanden hinter einer Plakatwand.

Ich fühlte mich sicher, solange ich sie sah, doch nun kam ich mir wieder verloren und ausgeliefert vor, in meinem Kopf wirrte es wiederum: „Warum, warum muss ich all dieses Leid ertragen!"

Zugleich kullerten mir Tränen über meine Wangen.

Einer der Henker sah dies und meinte: „In dieser Welt kannst du nicht weinen, außerdem wärst du normal schon tot und sterben musst du sowieso, somit ist es sinnlos zu weinen!"

„Aber warum wollt ihr, dass ich sterbe?"

„Nicht wir, es ist das System, das es will!"

Ich musste mich bemerkbar machen, dachte ich mir, denn das System, das immer wieder angesprochen wurde, interessierte mich sehr wenig und so versuchte ich mit aller Kraft, mich doch noch bemerkbar machen zu können, doch ohne Erfolg.

Nun begann einer der beiden eine Leitung an meine Venen zu setzen, der zweite wiederum zog vergnüglich am Strick, der noch immer um meinen Hals lag.

Es machte ihnen sichtlich Spaß und ich lag regungslos da und ließ auf mich zukommen, was kam.

Ich versank in sehr tiefer Trauer und trauerte meinem Leben nach.

So viel hätte ich anders machen können, ich sah nur auf mich und all die anderen, die an mir mithangen, sie mussten mit mir schwimmen.

Alles war falsch, was ich in meinem Leben gemacht hatte, und mich überkam, dass ich dieses Leid verdiente, und ich gab meinen Überlebenskampf auf, ich wurde geschlagen vom System und auch nun von mir selbst.

Immer wieder zog einer von ihnen am Strick, ließ mich wieder ins Bett zurückfallen, wobei der andere versuchte, eine Vene bei mir zu treffen, er stach und stach auf mich ein, ohne eine Vene zu finden.

Da sah ich noch, dass zugleich zwei weitere Männer auch noch das Fenster zum Vorraum vermauerten.

Niemand konnte mehr in den Raum sehen.

Noch zwei, drei, viermal wurde ich mit dem Strick in die Höhe gezogen, dann beendeten sie ihr Spiel.

„Es ist kaum zu glauben, was die hier sich für eine Mühe machen, mich zu töten."

Nun kam die Flüssigkeit durch die Leitung, die sie mir verlegt hatten. „Jetzt schläfern sie mich ein!", dachte ich mir.

Einige Minuten rann Flüssigkeit in meine Adern, doch ich konnte keine Änderung an mir bemerken.

Auf einmal entfernten die beiden den Strick von meinem Hals und die fahrbare Trage wurde zurechtgerückt.

Ich wurde umgebettet, sie deckten mich mit einem weißen Tuch zu, entfernten die Nadel, an der ich noch hing, und schoben mich aus dem Raum.

Ich wurde in Richtung Plakatwand geschoben, hinter der meine Schwester und Mutter zuvor verschwunden waren.

Da saßen sie, Schwester und Mutter.

„Ja, hallo, Herbert, wie geht es dir?“

Fragen um Fragen wurden gestellt, ich wollte antworten, doch meine Stimme funktionierte nicht.

Ich wollte ihnen zeigen, wie es mir ging, doch da mischte sich ein Betreuer ein und übernahm mein Gespräch.

Dass ich nun verlegt würde in ein Spezialkrankenhaus, dass sie sehr bemüht seien um mich usw.

Es dauerte nicht lange und meine Angehörigen begannen sich zu verabschieden.

Elfi kam noch zu mir ans Bett, beugte sich über mich und sagte: „Wir sind so froh, dass du in so guten Händen bist.“

„Was wird mit mir nun geschehen?“, fuhr es mir durch den Kopf.

Als meine Angehörigen die Halle verlassen hatten, wurde ich sofort in ein Auto verladen, das vor dem Eingang auf mich wartete, und ab ging es.

Mir kam es so vor, als wären wir nur um zwei Ecken gefahren und wir waren schon da.

Das Auto hielt und einer meiner Pfleger sagte: „So, wir sind da.“

„Wo sind wir hier?“

„Wir sind in Stuttgart, in einer Spezialklinik für Verbrannte.“

Ich wurde ausgeladen, die Sonne blendete mich und ich drückte meine Augen fest zu, da sie mich sehr blendete.

Als ich meine Augen wieder öffnete, standen wir vor einer Riesenhalle, sie sah nach allem anderen aus, nur nicht nach einem Krankenhaus.

„Das ist kein Krankenhaus."

„Aber natürlich, Herr Hierzer, eine Spezialklinik!"

„Ja, Spezialklinik, aber für was?"

Sie schoben mich Richtung dieser Halle, eine Glastür öffnete sich und sie schoben mich in die Vorhalle.

Sie war riesig, hier gab es nichts außer uns in dieser Vorhalle.

Durch eine Glasfront sah man in die zweite Halle, dort standen große Maschinen und es wurde gearbeitet.

Eine Frau in Weiß kam aus der zweiten Halle auf uns zu und sagte: „Das ist der Verbrannte."

„Jawohl", sagte einer der beiden Pfleger.

Die Dame in Weiß begutachtete mich, ging ein paar Mal um meine Liege und sagte zu einem der beiden Pfleger: „So, ihr könnt nun gehen, ich sorge ab jetzt für ihn."

Die beiden verließen die Vorhalle und die Dame in Weiß blieb noch ein paar Sekunden vor mir stehen, drehte sich um und ging durch dieselbe Glastür, durch die sie gekommen war, ohne ein Wort zu sagen.

Nach einigen Minuten kamen drei Männer in Weiß auf mich zu und schoben meine Trage in die zweite Halle, hier standen auf einmal fünf dieser weiß gekleideten Menschen um mich herum.

Sie sprachen miteinander, machten mit ihren Köpfen wichtige Bewegungen und wanden sich von mir ab.

Ich wurde mit meiner Liege weiter geschoben zu einer großen Maschine.

Es waren Maschinen, solche hatte ich noch nie gesehen, wenn ich sie beschreiben sollte, dann wäre es so, als würde eine kleine Fliege in einem alten Fernseher, der mit lauter großen Glasröhren ausgestattet war, herumwandern.

Diese Glasröhren waren sehr hoch, in ihnen funkelten Blitze und überall in der großen Halle waren diese verschiedenen Röhren verbaut.

In dieser Zwischenwelt spielte Energie eine große Rolle, denn überall blitzte und funkte es.

Wieder sprachen diese Menschen in Weiß miteinander, sahen mich immer wieder an, machten Mimik und Gesten mit ihren Köpfen, verließen mich wieder und schon wurde ich zur nächsten Station gebracht.

So wurde ich durch die gesamte Halle geführt und alle durften mich begutachten, all diese Anlagen hier sahen sehr gefährlich aus.

Dicke, isolierte Rohre führten in alle Richtungen, Maschinen knirschten und schossen, Blitze und Lichter tauchten immer und überall auf.

Die Gänge waren eng und die Anlagen extrem hoch, sodass ein Gefühl von extremer Enge in mir entstand und ich sehr froh war, als wir diese Halle wieder verließen, ohne dass sie mich in eine Röhre gesteckt hatten.

Sie brachten mich in die Vorhalle zurück, wo ich abgestellt wurde.

Ich lag hier in der leeren Vorhalle auf der Bahre, starrte zur Decke und musste wieder warten.

„Warum bin ich hier? Was spielt das Leben mir nur für einen Streich?“ Fragen um Fragen stellte mir mein Inneres, worauf ich aber keine Antworten fand. Dies hier war eine Welt, in der ich noch nie war, deswegen konnte ich sie auch nicht verstehen und Antworten, um zu verstehen, bekam ich keine.

Ich hatte in Österreich gelebt, wo es eigentlich keine großen Verbrechen gab, und dann kam ich in diese Welt, wo Gewalt einfach zur Tagesordnung gehörte. Dies war das größte Problem für mich, zu verstehen, wie man Menschen mit Freude quälte und tötete.

Wieder konnte ich mich nicht bewegen, mir war kalt, ich wurde nicht zugedeckt, so musste ich einfach warten, auf das, was nun kommen würde.

Nach einigen Stunden kam die Frau wieder zu mir zurück und sagte: „Es hilft nichts, ich hab mich für dich eingesetzt, aber du musst sterben! Aber wie? Das weiß ich noch nicht.“

Da kamen einige Männer, die einen Sarg auf einer fahrbaren Trage mitbrachten. Sie stellten diesen zu meiner Bahre und betteten mich um.

Als ich nun im Sarg lag, bemerkte ich, wie weich und bequem der Sarg war und eine Wärme ausstrahlte, die mir guttat.

Ich hatte große Angst, wie immer in dieser Welt, und von Minute zu Minute wurde diese Angst größer und meine Hauptsorge war, wie ich wohl dieses Mal sterben müsste.

Diese Menschen waren immer noch da, standen neben mir, überlegten, dann sprachen sie wieder miteinander, wovon ich kein einziges Wort verstand und wobei sie mich nie ansahen.

Ich konnte einfach keinen Menschen mehr sehen, wandte mich von ihnen ab und sah zum Fenster.

Licht strahlte durch die verstaubten Fenster und man sah den Staub in der Halle, wie er schwebte.

Ich traute meinen Augen nicht, da draußen vor den verschmutzten Fenstern standen Frau und Kinder von mir.

Ich wollte winken und rufen, doch erfolglos.

Keine Bewegung, kein Laut kam von mir, nur die Augen, sie rollten, kullerten und sprachen für mich.

Die Menschen um mich bemerkten sofort, dass etwas nicht stimmte.

Auf einmal verschwanden die Männer, nur die Frau blieb und sie ging zur Tür.

Sie kam mit meiner Familie zu mir an den Sarg zurück.

Sie sprach mit ihnen, mit einem aufgesetzten Lächeln, und sagte zu ihnen, wie gut es mir bereits gehen würde.

Andreas mein Sohn, er ist in dieser Geschichte bereits einmal vorgekommen, als er uns von Hannes' Krankenhaus abholte, wobei Leicas Leben gerettet wurde, kam zu mir an den Sarg, sah mich an, dann sah er zu dieser Frau in Weiß und fragte: „Warum liegt Papa im Sarg?"

„Das war nur beim Transport für seine Sicherheit beim Liefern. Jetzt wird er natürlich umgebettet."

Ein kurzes Hin und Her noch, dann kam meine Frau auf mich zu an den Sarg und sagte: „Herbert, ich lasse dir die Leica da, wir wollen die Stadt ansehen und da können wir den Hund nicht gebrauchen."

Ich begann mich innerlich fürchterlich aufzuregen, denn die Leica würde hier noch vor mir sterben, und ich wollte dies meiner Frau erklären, doch die Frau in Weiß lächelte, als ob sie sagen wollte: „Kein Problem."

Auch meine Familie lächelte, sah mich noch mal an und ging.

Nun waren meine größten Sorgen die Leica, wie ich sie nur vor dem sicheren Tod bewahren könnte.

Die Frau in Weiß kam auf mich zu und sagte: „Euch beide nehme ich jetzt mit auf eine Reise!" Ihre Stimme klang auf einmal sehr nett und ein Funken Hoffnung baute sich wieder in mir auf.

Leute brachten ein großes Styroporpaket herbei, dann hoben sie mich aus dem Sarg, das Styroporpaket wurde geöffnet und ich wurde in das Styroporpaket gesetzt.

Ich saß aufrecht, hier drinnen gab es einen Sitz, das war mal angenehmer für mich als immer nur das Liegen.

Nun konnte ich wieder sprechen und ich fragte: „Was passiert mit Leica?"

„Die braucht nicht in Styropor. Mit ihrem Fell wird es ihr nicht kalt."

Das Styropor wurde verschlossen, Leica jammerte davor und ich sagte zu ihr: „Ist ja schon gut, wir nehmen dich mit."

Auf Kopfhöhe wurden in das Styropor Löcher gebohrt und die Frau in Weiß sagte noch zu mir: „Das machen wir, damit du Luft bekommst."

Ich wurde in Styropor verpackt und verschlossen.

Durch einige Löcher sah ich ins Freie und sah auch Leica, die ich immer wieder beruhigen musste.

Danach wurden wir aus der Halle gebracht, durch eine andere Tür als bei der Ankunft.

Es war ein Innenhof und hier stand ein Hubschrauber und in diesen wurden wir verladen, Leica wich nicht mehr von meiner Seite.

Kaum hob der Hubschrauber ab, schlief ich ein.

Als ich wieder erwachte, herrschte um mich herum Hubschrauberlärm, meine Augen brannten, langsam versuchte ich sie zu öffnen.

Ein Mann befreite mich aus dem Styroporpaket und legte mich auf einer Trage.

Sand, überall war Sand.

„Wo sind wir hier?

Mir gegenüber saß diese Frau in Weiß.

„Wo sind wir denn?"

„Wir sind in Bagdad."

„Was machen wir in Bagdad? Was soll es hier geben? Hier gibt's nur Krieg!"

„Ich war einkaufen."

„Hier einkaufen, was kann man hier kaufen?"

„Hier bekommt man das, was man sonst nirgendwo bekommt."

„Wo ist meine Leica?"

„Leica ist tot."

Diese Nachricht traf mich schwer und in meinem Hals bildete sich ein Knödel, ich begann zu schlucken, es ging nicht, denn mein Hals war ausgetrocknet, ich brauchte Wasser, aber woher?

Am liebsten hätte ich mich im Sand verkrochen, wenn ich es gekonnt hätte, ausgerechnet meine Leica musste sterben.

Ich wusste, dass es nur eine Frage der Zeit gewesen war, bis sie an die Reihe kam.

Ich war auf alles wütend, am liebsten hätte ich alles zerrissen, was ich sah, aber vor allem diese Frau.

Das waren meine Gedanken, da stand diese Frau auf, öffnete die Hubschraubertür und stieg aus.

Im nächsten Augenblick verschwand sie im Sand, denn die Rotorblätter liefen noch und wirbelten Sand auf, der auch zu mir in den Hubschrauber gewirbelt wurde.

Im nächsten Moment konnte ich mich wieder bewegen, und als ich dies wahrnahm, machte ich mich drauf und dran nach Wasser zu suchen, nur hier im Hubschrauber war kein Wasser zu finden.

Auch ich verließ den Hubschrauber, vorsichtig stieg ich die beiden Stufen hinab, die ich überwinden musste, um vom Hubschrauber zum festen Boden zu gelangen.

Nun stand ich auf festem Boden in der Wüste und sah auf eine zerbombte Stadt, die vor mir lag.

Hier war viel Sand um mich, aber weit und breit war keine Wasserstelle zu sehen.

Schritt um Schritt entfernte ich mich vom Hubschrauber in eine ungewisse Richtung auf der Suche nach Wasser.

Auch einige Menschen sah ich, ihre Kleidung war zerrissen, verschmutzt und ihre Gesichter waren mit Sand bedeckt, der durch ihre Tränen an ihrer Gesichtshaut fixiert war.

Anteilslos saßen sie an Straßenecken und waren versunken in Gedanken.

Es wurde immer wieder geschossen und es sah aus, als würden sie auf die erlösende Kugel warten.

Vielleicht sehnten sich ihre Gedanken nach besseren Zeiten, Sicherheit und Glück!

Ich versuchte Auskunft zu bekommen, wo es hier Wasser geben könnte, doch niemand von diesen Menschen hier sah mich.

Ich wollte sie greifen, schütteln und fragen, es war mir nicht möglich.

So setzte ich meinen Weg fort, auf der Suche nach Wasser. Der Hubschrauber verschwand hinter mir. Da kamen Soldaten auf mich zu, sie hatten perfekt sitzende Uniformen, ihre Gesichter waren sauber, diese sahen mich und zogen sogleich ihre Waffen und richteten sie auf mich. Einer von ihnen schrie: „Halt, wer bist du?"

„Wasser, Wasser!", stotterte ich.

Die Soldaten lachten und begannen mit ihren Schuhen Sand aufzuwirbeln, der durch meine Atemzüge in mich gelangte und sich mit der restlichen Flüssigkeit, die sich noch in meinen Mundwinkeln befand, zu verbinden begann, um meinen Mund trockener zu machen.

Ich brach zusammen und lag im Sand, einige Sekunden vernahm ich nichts, doch da hörte ich eine Frauenstimme, die mir bekannt vorkam, und öffnete meine Augenlider einen kleinen Schlitz, um zu sehen, wer hier sprach.

Es war die Frau, die mit mir im Hubschrauber unterwegs gewesen war. Sie sprach mit den Soldaten in einer Sprache, die ich nicht verstand.

Die Soldaten verbeugten sich vor dieser Frau und waren auf einmal sehr nett zu mir, sie nahmen mich unter den Armen und schleppten mich zum Hubschrauber, mit dem wir gekommen waren.

Diese Frau ging mit uns und wir bestiegen gemeinsam den Hubschrauber, dessen Rotorblätter im selben Moment zu laufen begannen.

Kaum waren wir im Hubschrauber, hob er auch schon ab.

Meine Augen waren voller Sand und sie brannten.

Ich war noch immer wütend auf die Frau, denn sie hatte meinen Hund getötet und ich wollte sie nicht in meinen Blickwinkel bekommen, so wich ich gezielt ihren Blicken aus.

Doch die Frau sah mich ununterbrochen mit ihren kalten Augen an.

Ich floh förmlich vor ihren Blicken, doch hin und wieder trafen sich unsere Blicke, und einmal zeigte sie mit einer Hand zu einem Korb.

Neben meinem Styroporsitz stand ein Korb, darin lagen Knochen, säuberlich geputzt.

Meine Neugierde war groß und so fragte ich, obwohl ich die Antwort insgeheim ahnte: „Was ist das?"

„Das war dein Hund!"

„Was machst du mit dem Fleisch?"

„Hunde- und Menschenfleisch kommt in die Wurst!"

„Ich komme auch in die Wurst?", war mein nächster Gedanke.

Ich drehte meinen Kopf und durchforstete den Innenraum des Hubschraubers, da erblickte ich einen großen Karpfen und einen Rothirschkopf, rund um ihn einen Haufen Knochen.

„Waren wir auf einer Jagd?"

„Du bist sehr neugierig, aber ich werde es dir sagen, wir sind von Zuhause Richtung Osten geflogen, haben den Ural überquert, das ist mein Jagdrevier, hier darf ich jagen, das musste ich natürlich ausnützen. Weiter sind wir zum Fuß Amur geflogen, dort hab ich mir diesen Karpfen geangelt, danach sind wir weiter nach Bagdad geflogen. Dort hab ich mir dich geangelt, jetzt gehörst du mir."

„Hab ich wieder Nägel in die Augen bekommen?"

„Ja, dieses Mal meine."

„Was machst du nun mit mir?"

„Ich bringe dich hinüber."

„Wohin hinüber."

„Nach Hause."

„Endlich, ich bin ja schon so weit fort von Zuhause."

„Nein, überall, wo du glaubst zu sein, bist du Zuhause!"

Das war mir unverständlich und ich schloss kurz meine Augen, wobei ich meinen Kopf nachdenkend bewegte. Da landete auch schon der Hubschrauber.

„Wo sind wir hier?", fragte ich schroff.

„Wir sind bei Hannes' Krankenhaus, von hier bring ich dich nach Hause."

„Sie bringt mich nach Hause, was für ein Zuhause meint sie nur?"

Dieser Frau traute ich nicht, ich war mir sicher, sie meinte das Jenseits.

Der Hubschrauber landete, die Maschinen wurden leiser und die Schiebetür öffnete sich.

Nun sah ich zum ersten Mal den Mann, der den Hubschrauber geflogen hatte.

Wieder war es der verbrannte Mann, der mich ins Krankenhaus fliegen sollte, der vom Kopf bis Fuß weiß verbunden war und von dem ich glaubte, dass er nicht mehr lebte.

„Die gaukeln mir was vor, ich muss von hier fort, aber schnell!"

Der Verbrannte holte mich aus dem Hubschrauber und bettete mich auf ein fahrbares Bett. Er schob das Bett mit mir etwas zur Seite, wonach er sich seiner Chefin zuwandte. Ich schaffte es noch ihn an seinem Verband zu erwischen, denn ich konnte nicht anders, ich musste ihm einige Fragen stellen.

Seine Chefin hatte noch kurz mit ihren Dingen zu tun und so wandte er sich zu mir und ich fragte ihn voller Neugier: „Wie lange müssen Sie diesen Verband tragen?" Denn zu mir sagten sie auch immer Verbrannter, mich werden sie genauso verbinden wie ihm.

„Ein Jahr musst du schon rechnen! Auch dir wird es so ergehen!"

„Ein Jahr! Das kann nicht sein, wie soll ich das aushalten?"

„Du hast noch Glück, bei dir wissen sie noch nicht, doch bei mir ist alles geklärt, ich muss noch einige Jahre hier verbringen und meinen Sold erledigen, ehe ich weiterreisen darf!"

„Was ist dir passiert?"

„Ein Autounfall, hätte nicht sein müssen, aber …"

„Das berühmte Aber."

„Ich musste so viel zurücklassen, musste viel Leid in dieser Welt ertragen und werde noch viel Leid hier ertragen müssen."

„Ihm ergeht es genauso wie mir, auch er muss sterben und wird wiedergeholt, um seine Dienste zu leisten und um erneut zu sterben", dachte ich.

Nun wandte er sich seiner Chefin zu und ich fühlte mit meinen Zähen etwas Hartes, es war die Wand, an die mein Bett geschoben wurde.

Mit meinem großen Zeh versuchte ich mich von der Wand abzustoßen, es gelang mir und das Bett begann zu rollen.

Es rollte und rollte und rollte durch eine große Durchgangstür, die offenstand, und mein Bett rollte mit mir in einen großen Raum.

Hier waren eine Menge Betten, in denen Menschen lagen, mein Bett traf auf ein weiteres Bett und blieb stehen.

Alles war ruhig, ich sah zur Decke und sah, dass ich mich in keinem Zimmer befand, nein, es war wieder die Vorhalle mit dieser Karamellkuppel.

Ruhe und Wärme verspürte ich und mein Körper wurde leichter.

Wieder begann der Raum zu wachsen und er wurde immer größer, wie ein Luftballon, der aufgeblasen wurde.

Der Raum wurde dunkler, doch von der Kuppel ging ein sagenhaftes Licht aus, das uns Helligkeit und Wärme gab. Ich schwebte und die Kuppel begann sich langsam zu öffnen, Sterne blinzelten durch die Ritzen der sich auflösenden Kuppel.

Wieder kam dieses Gefühl von großem Heimweh, das natürlich von der Farbenpracht der Kuppel noch verstärkt wurde, und ich freute mich auf das, was nun auf mich zukommen sollte.

Auf einmal Stimmen um mich, ich öffnete meine Augen und lag wieder in einem Krankenbett.

„Ach, verdammt, ich leb schon wieder."

Der Raum war hell, um mich herum viele Leute, unter ihnen der Doktor und Jäger, seine Frau und Krankenschwestern.

Seine Frau, diese Hübsche, kam mit Freude auf mich zu und sagte: „Wo warst du denn, wir suchten dich schon überall."

Ich versuchte zu sprechen, doch der Doktor winkte ab und schickte alle hinaus, nur seine Frau durfte bleiben, er flüsterte ihr etwas ins Ohr.

Sie kam auf mich zu und sagte: „Wir bringen dich zu mir nach Hause, dort bist du sicherer."

„Das glaub ich nicht", dachte ich mir.

Ich wurde von meinen Pflegern abgeholt, einer von ihnen sagte: „Bist jetzt wieder da?"

Ich nickte.

Sie verluden mich und wir fuhren, aber nicht weit, vielleicht dreimal um die Ecke.

Die Autotür öffnete sich, ich wurde ausgeladen und mich umgab eine wunderschöne Berglandschaft.

Das erste Mal, seitdem ich in dieser Welt war, hatte ich eine Umgebung, die mich beruhigte, doch da, die Trommelmusik begann wieder, zwar ganz leise, aber für mich war das kein gutes Zeichen.

Im Haus des Arztes.

Häuser, Bänke, alles, was sich hier befand, sah sehr alt aus.

Ich wurde in ein Haus gebracht, dessen Gemäuer sehr alt waren, es war aus Lehm gemauert.

Über Holzstufen, die teilweise lehmig waren, wurde ich in einen etwas tiefer gelegenen Raum gebracht.

Es war der Behandlungsraum eines Arztes. Der Arzt kam auf mich zu und begann mit mir zu sprechen. „Ich entferne jetzt die Embryos, die recht gut an dir wuchsen. Beine auseinander, es werden keine großen Schmerzen sein. Ich entferne sie etwas früher, denn auf dich ist kein Verlass, du verlässt uns immer wieder und wir können dich nur suchen!“

„Mich suchen, ich möchte eh nicht fort, sie holen mich immer wieder“, dachte ich mir und machte, was er von mir verlangte, ich hätte sowieso keine andere Möglichkeit gehabt und er begann mit der Entfernung.

Vier faustgroße Beutel, die aussahen, als würde man Luftballone mit etwas Wasser füllen, entfernte er von mir, gab sie in einen Brutkasten und arbeitete noch einige Zeit an diesen Embryos.

Dann kam er wieder auf mich zu und sagte: „Für dich habe ich nun keine Verwendung mehr, du kannst nun sterben.“

„Oh Gott, ich hab's mir gedacht!“

Nun machte er es spannend, zog eine Spritze auf, nahm ein Messer in die Hand, legte all das wieder zur Seite, er war sich nicht sicher, ob er sollte oder nicht.

So verging einige Zeit und ich wünschte mir, dass es endlich vorbei sei!

Es war eine kleine Kammer, das Bett, auf dem ich lag, ließ sich in der Höhe verschieben, und sogar das kleine Fenster, das es hier gab, war mit einer dünnen Scheibe versehen.

Immer, wenn sich etwas bewegte, zitterte die Scheibe.

In diesem kleinen Behandlungsraum bewegte sich in diesem Moment nichts und trotzdem zitterte die Scheibe, hier musste noch jemand sein, dachte ich mir.

Mein Körper war wieder außer Kraft gesetzt und so konnte ich mich nicht bemerkbar machen, der Körper war außer Funktion, also konnte ich nur stöhnen. Ich konzentrierte all meine Kraft darauf, einen Ton von mir zu geben.

Es dauerte einige Zeit, bis ich den ersten Ton von mir gab, und langsam wurden meine Töne lauter.

Ich sah, dass der Arzt nervös wurde, und das stärkte mich. Kindergeschrei hörte ich aus der Ferne und ich jammerte weiter.

Da klopfte jemand an die Wand, zuerst einmal, etwas später öfter und dann sagte eine Stimme: „Lass doch den armen Kerl in Ruhe!"

Endlich hatte mich jemand gehört, aber der Arzt machte weiter.

„Wann endlich schreitet er zur Tat!"

Immer wieder wandte er sich zu mir mit Werkzeug in der Hand.

Dann wendete er sich wieder ab von mir, mein Körper war fast am Zerspringen.

„Jetzt bin ich schon so oft gestorben und immer wieder habe ich aufs Neue panische Angst."

Da, wieder ein Klopfen an der Mauer, das Fenster war alt und undicht und so bewegte es sich heftig, wenn jemand an die Mauer klopfte.

Die Trommelmusik wurde wieder lauter und unser Doktor wurde sichtlich nervöser, als liefe ihm die Zeit davon.

Nun hatte er ein Kopfkissen in der Hand und kam mit diesem auf mich zu, da kam seine Frau durch die Tür gelaufen, sah ihn und sagte: „Na, wie schaut es aus mit den Kleinen."

„Gut schaut es aus.“

„Wir müssen Herbert dankbar sein.“

Der Doktor wirkte nervös, ging auf seine Frau zu und flüsterte ihr etwas ins Ohr.

„Nein!“, sagte sie, drehte sich zu mir und sagte weiter: „Ich nehme ihn mit, er soll sich erholen.“

Der Doktor verließ den Raum und seine Frau wandte sich zu mir. „So, wir gehen jetzt ins Freie.“

„Ins Freie, wie soll das gehen?“

„Du kannst jetzt gehen, komm, steh auf.“

Ich strengte mich an und tatsächlich, Hände und Füße begannen sich zu bewegen, Freude breitete sich in mir aus.

Nun hatte ich bereits meine Füße aus dem Bett und begann meinen Körper aufzurichten.

Die hübsche Frau half mir und nahm mich unter ihre Arme.

Nun stand ich und Freude war in mein Gesicht geschrieben, sie ging mit mir durch die Tür und die Stufen hoch, die ich zuvor heruntergebracht worden war.

Dies hier war eine Seltenheit, denn meistens hatte der Rückweg ganz anders ausgesehen als der, den wir zuerst gegangen waren, doch hier blieb er gleich.

Wir näherten uns dem Ausgang, die Tür stand offen und erste Sonnenstrahlen trafen mein Gesicht.

„Ach, herrlich“, dachte ich mir.

Wir gingen durch die Tür, draußen im Grünen stand eine Bank, auf die wir zugingen und uns setzten.

Einige Zeit saßen wir hier, ohne zu sprechen, sie sah mich immer wieder an.

Auch ich suchte immer wieder ihren Augenkontakt, wobei ich aus Verlegenheit doch vor ihren Blicken flüchtete und meinen Blick abwandte.

„Herbert, ich bringe dich von hier fort und weg von meinem Mann, ich bringe dich zu guten Freunden."

Ich nickte leicht, hatte aber wenig Vertrauen in ihre Worte.

Hier jemandem zu vertrauen, das war nicht möglich.

Ich wandte meinen Blick kurz ab und da standen auch schon meine Pfleger neben mir.

„Komm, wir fahren", sagte der kleinere von ihnen.

Sie nahmen mich unter die Arme, setzten mich auf eine Trage und legten mich darauf.

Einen kurzen Blick wechselte ich noch mit der schönen Frau und dachte mir: „Ich kenne nicht mal ihren Namen."

Ehe ich danach fragen konnte, war ich auch schon verladen.

Dieses Mal dauerte die Fahrt etwas länger, wir waren nur in ländlicher Gegend unterwegs und die Fahrt war sehr angenehm für mich.

Auf einmal blieben wir stehen, die Pfleger stiegen aus und kamen zu mir. „Wir sind da."

„Gibt's hier was?", fragte ich, keiner der beiden gab mir auf meine Frage eine Antwort.

Sie luden mich aus, da stand auf einmal ein kleines Haus, das hatte ich beim Herfahren nicht gesehen.

Ich wurde mit der Trage getragen, Asphalt oder befestigten Boden gab es hier nicht.

Das Haus war umgeben mit einem Jägerzaun, es sah sehr klein aus und ich konnte mir nicht vorstellen, dass die Trage mit mir in dieses Haus passen könnten.

Das Gras hier war in diesem Jahr sicher noch nie gemäht worden, denn die Grasstauden reichten bereits bis zum Fenster.

Sie trugen mich hin und her und rätselten, wie sie mich am besten in dieses Haus bringen könnten. Ich verfolgte dieses Geschehen mit Interesse und auf einmal stand meine Trage vor der kleinen Tür.

Bei den alten Frauen.

Dieses kleine Haus stand direkt vor einem Felsenvorsprung, wobei sich hinter dem Haus eine mächtige Felswand in die Höhe zog.

Über dem Dach dieses kleinen Häuschens breitete ein mächtiger Baum seine Äste aus und beschützte dieses vor den Sonnenstrahlen.

Vor der Haustüre befand sich eine kleine Veranda, auf der meine Trage abgestellt wurde.

Einer der beiden Pfleger schritt zur Tür und klopfte an.

Wir warteten einige Zeit, dann öffnete eine ältere Dame die Tür und kam zu uns heraus, sie fragte: „Ist das der Verbrannte?“

„Ja, das ist er“, sagte der Pfleger.

„Bringt ihn rein zu uns!“ Dann wandte sie sich zu mir und sagte mit liebevoller Stimme: „Wir haben schon so viel gehört von dir, und wie tapfer du bist, wir warten schon lang auf dich.“

Ich wurde mit meinem Fahrzeug, auf dem ich lag, durch die Tür geschoben und befand mich nun in einem dunklen Raum, der nach Rauch roch.

Leichter Lichtschimmer drang doch in diesen Raum vor, sodass der Rauch mit diesen vereinzelnden Lichtstrahlen bläulich schimmerte.

Der Zigarrenrauch roch gut und ich schloss für einen kurzen Moment meine Augen und zog den an mir vorbeiziehenden Rauch tief in mich ein, das war ein ganz feiner Tabak.

Ich öffnete wieder meine Augen und erschrak, mir kam es so vor, als würden mich hunderte Augen ansehen, es war auch so, ich war umstellt von Frauen mit ihren lachenden Augen und Mündern ohne Zähne.

Es war nun etwas heller in diesem Raum und er kam mir auf einmal sehr groß vor.

Ich sah zur Decke und sah dieses mächtige Bauwerk, es war ein Dachgeschoss, in dem wir uns befanden, und die Holzbalken dieses Dachstuhls waren aus mächtigem Holz erbaut.

Jeder dieser Balken hatte einen Durchmesser von gut einem Meter, so etwas hatte ich zuvor noch nie gesehen.

Die Frauen begutachteten mich und wollten all meine Brandwunden sehen und sie piekten darauf, wobei ich hin und wieder ‚Au!‘ sagte.

Diese Frauen sahen meine Brandwunden. Solange ich mich in dieser Welt befunden hatte, hatte ich an mir keine einzige Wunde erkennen können, nur durch mein drittes Auge sah ich meinen Körper etwas zerstört, doch wenn ich genau darüber nachdachte, hatte ich meinen Körper seitdem überhaupt mal aus meinen Augen gesehen?

Ich lag noch immer auf dieser Trage, die Frauen hatten mich wieder verlassen und hatten sich zu ihren Arbeitsplätzen zurückgezogen, wo sie saßen und an irgendetwas arbeiteten, dabei klopften sie einmal mit ihrer Hand auf etwas und danach mit ihrem Fuß auf den Boden, so entstand eine gleichmäßige Trommelmusik.

„Steh auf“, sagte eine der Frauen.

Ich erschrak und dachte: „Bin ich gemeint?“

„Kann ich das?“, sagte ich.

„Hier schon.“

Das musste ich probieren und hob meine Beine von der Trage, es ging, ich stemmte meinen Körper hoch und stellte diesen auf meine Beine, ich schaffte es.

Die Pfleger verließen nun mit der Trage den Raum und schlossen die Tür hinter sich.

Nun stand ich in diesem Raum, der mir auf einmal riesig vorkam.

Ich konnte immer deutlicher sehen, viele Frauen waren um mich, sie waren bekleidet wie die Frauen in meiner Kindheit, lange weite Röcke, einen Staubmantel und ihre Haare waren verdeckt mit einem Kopftuch, Zähne konnte ich in ihren Mündern nicht erkennen.

Eine Dame stand auf und nahm mich unter ihren Arm, sie brachte mich zwischen die Frauen, wo ich auf einen abgeschnittenen Holzstumpf abgesetzt wurde.

Doch ich konnte mein Gleichgewicht nicht halten und so fiel ich von dem Holzstock auf den Boden, wo ich nun lag und liegen gelassen wurde.

Die Frauen lachten höhnisch und führten dabei ihre Arbeit weiter aus.

Ihr Stampfen wurde immer heftiger, der Boden, auf dem ich lag, war weich und er bewegte sich bei ihrem Gestampfe so sehr, dass ich am Boden liegend durchgeschüttelt wurde und hin und her rollte.

Ich wurde so heftig geschüttelt, dass ich Angst bekam, und versuchte mich an etwas festzuhalten.

Ich sah mich um, sah aber keine Möglichkeit, mich an etwas festzuhalten, doch was ich sah, machte mir Angst.

Links von mir, etwa einen halben Meter von mir entfernt, war etwas, das ich noch nie gesehen hatte.

Es war eine trichterförmige Vertiefung, mit einem Durchmesser von etwa einem Meter, und diese Vertiefung zuckte, sie lebte, diese Vertiefung sah aus wie ein großer After.

Die Frauen sahen, dass ich diese Vertiefung erblickt hatte, und eine von ihnen rief zu mir: „Vor diesem Loch musst du dich in Acht nehmen, wenn du ihm zu nahekommst, verschluckt es dich und du kommst nie mehr zum Vorschein."

Ich erschrak, zog mich etwas zusammen und wollte nach rechts ausweichen, doch da, der nächste Abgrund.

Rechts von mir war ein Riesenloch mit einem Durchmesser von etwa 15 Metern und ich lag bereits so nahe an diesem Loch, das meine halbe Kopfhälfte in das Loch reichte.

Verkrampft lag ich da, nirgends konnte ich mich festhalten, der Boden schwankte und nun sah ich in dieses tiefe Loch.

Ich betrachtete dieses Loch genauer, es ging sehr tief hinunter und weiter unten wurde der Raum immer größer.

Es war in dieser Tiefe dunkel, aber ich konnte noch genau alles ausmachen.

Das Ganze sah aus wie ein riesiger, alter Bienenkorb.

An der oberen Hälfte war es mit Holz verschlagen, die untere Hälfte war auch aus Holz, doch es waren lauter Waben gezimmert.

Ich betrachtete die Waben genauer, jede Wabe war verschlossen und machte zum Wabeninneren eine Wölbung in das Rauminnere.

„Was mag sich wohl in diesen Waben befinden?“, fragte ich mich.

Es war ein meisterliches Bauwerk, mit großen Balken war es gezimmert und es strahlte enorme Ruhe aus.

Das Trommeln der Frauen wurde immer lauter und immer mehr Staub begann sich aufzuwirbeln, ein Lächeln machte sich dabei über ihren Gesichtern breit und wieder kam es mir so vor, als hätten sie alle keine Zähne.

Immer heftiger stampften sie und durch das Stampfen wurde der Lärm fast unerträglich.

Staub und Rauch vermischten sich, ich dachte mir: „Hier muss geraucht werden, ich rieche es, aber die Frauen rauchen nicht?“

Die Frauen bewegten ihre Körper, als wären sie junge, geübte Mädchen, was aber nicht der Fall war, und begannen mir Zeichen zu geben.

Ich überlegte, was die von mir wollten, sie kamen mir mit ihren unkontrollierten Körperbewegungen immer näher, da funkte es bei mir, ich sollte weiter zurück in das Dachstuhlinnere.

Da rief bereits eine Frau zu mir: „Geh zurück zu den Männern.“

„Hier gibt es auch Männer? Wo denn?“

Auf einmal sah ich sie, der Raum wurde immer größer und ging weit zurück in die Länge.

Der hintere Raum war im Gegensatz zu dem Raum der Frauen viel heller.

Dieser Spitzgiebel war voll mit Männern und vor Platzmangel saßen sie fast aufeinander.

Jeder von ihnen hatte ein Werkzeug, Hammer oder Hacke, in der Hand, mit dem er voller Ehrgeiz auf Holzträger schlug zum Takt des Stampfens der Frauen.

Dieser Spitzboden war mit mächtigen Holzträgern errichtet worden, jeder Träger hatte einen Durchmesser bis zu einem Meter und in den Ecken dieser Giebel war Heu.

Jeder dieser Männer hatte eine Pfeife im Mund, die sehr stark rauchte, jetzt wusste ich, woher der Pfeifenrauch kam.

Wieder kam Angst in mir hoch, ich lag hier am Boden und konnte mich, anders als die Frauen sagten, nicht mehr bewegen.

Die Männer schlugen mit ihren Äxten auf die Holzträger, die den Dachstuhl trugen, diese zitterten unter den wuchtigen Schlägen und begannen sich nach einiger Zeit bereits aus ihren Verankerungen zu lösen.

Mit meinen Händen versuchte ich anzudeuten, sie sollten doch vorsichtiger sein, nein, im Gegenteil, sie wurden lauter und die Schläge immer wuchtiger.

Erste Holzbalken lösten sich und fielen auf uns, ich wollte weg von hier, aber wie?

Der Boden schwankte nach allen Richtungen und er wurde immer weicher und durchlässiger, es kam mir so vor, als versinke der eine Teil meines Körpers in den Boden.

Ich hatte Angst, doch den Männern hier machte es richtig Spaß, dass ihnen die Holzbalken um die Ohren fielen, und sie lachten nur, wenn einer von ihnen von einem Träger getroffen wurde.

Sie hatten mächtig Spaß und auf einmal sahen alle zu mir, gaben mir wieder Zeichen, die ich nicht verstand.

Da fassten einige Hände von ihnen nach mir, wer es war, war in den Massen der Hände nicht auszumachen.

Sie drehten meinen Körper in eine Richtung und winkten mit ihren Händen, ich sollte doch da hinübersehen.

Ich musste in eine Richtung sehen, wo es dunkler und alles aus dunklem Holz war, verraucht und mächtig, so zeigte sich dieser imposante Dachraum.

Ich brauchte einige Zeit, bis ich verstand, was sie von mir wollten.

Da sah ich in der Richtung, die sie mir zeigten, einen Mann, der nach mir winkte.

„Was soll ich denn machen?“

„Du sollst zu ihm gehen!“, sagte einer zu mir.

„Ich kann doch nicht, ich kann nicht gehen!“

„Wenn du willst, kannst du!“, sagte einer von den Männern mit schroffer Stimme zu mir.

Dann wollte ich es auch versuchen.

Ich lag hier am Boden zwischen den beiden Löchern und versuchte aufzustehen, doch der Lärm von den Trommeln, das Gestampfe und der wacklige Boden wollten es nicht zulassen.

All die vielen Leute hier starrten auf mich, die wollten sehen, wie ich mich anstellte.

Ich schaffte es ein Stück und fiel wieder zu Boden, so ging es einige Zeit dahin, immer wieder musste ich mit Konzentration versuchen richtig zu fallen und nicht in die Löcher zu stürzen.

Die um mich waren, sie lachten über mich, hackten, trommelten und stampften unaufhörlich weiter, mein Kampf gefiel ihnen und so erhöhten sie das Tempo mit ihrer Lärmmacherei.

Endlich kam ich auf dem Bauch zu liegen und mit allen Vieren schaffte ich es zu dem Mann, der mich zu sich winkte, hinzukriechen.

Er kam mir entgegen, fasste mich an meiner Hand, zog mich hoch und begann sofort mit mir zu sprechen: „Bist du der Verbrannte?"

„Ja, alle sagen es."

„Ich warte schon lange auf dich."

„Warum?"

„Komm mit mir."

Ich folgte diesen seltsamen Mann, der schon so lange auf mich wartete. Über eine Wendeltreppe ging es einige Stockwerke nach unten.

Inzwischen sagte er zu mir: „Du hast auch einen Weinkeller Zuhause?"

„Ja, hab ich."

„Ich zeige dir das Herzstück unserer Welt, du wirst sehen, das ist auch ein Keller, wir müssen leise sein."

Im Keller angekommen, öffnete er eine alte Holztür und wir betraten einen riesigen Keller, groß wie ein Fußballfeld.

Auch dieser Boden war weich, alles war hier weich, als hätte diese Welt, in der ich mich zurzeit befand, keine Anziehungskraft.

Es sah hier nicht aus wie in einem Keller, nein, es sah eher aus wie in einem riesigen Hornissenstock.

Als ich dies so betrachtete, glaubte ich hier heruntergesehen zu haben, als ich oben vor dem großen Loch lag und in dieses Loch sah, ich war mir sicher, hier hatte ich heruntergesehen.

Diese Halle war sehr hoch und die Wände gingen oben zu einer Kuppel zusammen.

Wände und Decke waren wie Waben im Hornissenstock, sechseckig und mit einem Durchmesser von etwa eineinhalb Metern.

Durch die Wabenform gab es keine Leerräume zwischen den Waben so wie bei Fässern.

Der Boden war, wie eine ovale Schüssel, wie Decke und Wand aus Waben bestehend.

In der Mitte des Bodens war eine große Wabe, in deren Mitte wiederum befand sich ein kleiner goldener Stern, zu dem wurde ich geführt.

„Was sagst du zu unserem Goldstück, ist es nicht wie bei dir im Betrieb, der Keller ist das Herzstück! So ist es auch bei uns, der Keller ist das Herzstück. Du warst schon mal hier!“, sagte der Mann zu mir.

„Nein, bestimmt nicht.“

„Doch, Silvester, da wird bei uns immer der beste Wein auserwählt, dieses Mal war dein Rotwein der beste und du warst geladen.“

„Ich kann mich nicht erinnern, das ist nicht möglich!“

„Auserwählt wurdest du von Nadia, der hübschen Frau, durch die du zu uns gebracht wurdest. Genau hier standest du mit ihr, in der Mitte dein Wein und hier bekamst du deine Auszeichnung.“

„Der goldene Stern kommt mir irgendwie bekannt vor, aber woher, das weiß ich nicht. Welche Auszeichnung bekam ich? Dass ich sterben muss?“

„Konzentriere dich, es wird dir bestimmt einfallen, denke wie im Traum, denn diese Welt ist nur für Geist und Seele, sie ist wie eine Traumwelt!“

Er hatte recht, nach einigen Minuten sah ich das Geschehen, das er meinte, und ich stand mit Nadia hier vor diesem Stern und vor uns war ein Korb mit meinem Wein, dem Olariziblut.

Es waren um uns viele Leute, die tanzten, und als Nadia mir ein Lob für unseren Wein aussprach, sah ich in die Gesichter der Menschen, die sich hier aufhielten, ihre Augen waren voller Neid und sie schmiedeten Rache, so kam es mir vor.

Ich reagierte sofort und sagte zu Nadia: „Ich bin doch nur ein kleiner Weinbauer und verdiene diese Auszeichnung nicht! Es gibt so viele große Weinbauern mit hervorragenden Weinen, warum wurde ich auserwählt?“

„Du hast dich selbst auserwählt!“

Der Traum war zu Ende und ich war wieder mit meiner Begleitperson alleine in diesem Keller und dachte nach.

Ich hatte gesehen, in diesem Korb befanden sich nur vier oder fünf Flaschen und es waren so viele Leute bei dieser Feier, vier, fünf Flaschen wurden täglich mitgenommen, das konnte mir nicht aufgefallen sein, wer diese Flaschen mitgenommen hatte.

Aber wie kamen diese Flaschen hierher, wenn es nur die Welt für Geist und Seele war, wie konnten meine Weinflaschen hierhergekommen sein?

Ich schüttelte meinen Kopf und ließ ab von meinen Gedanken, es gab für mich keine Erklärung, wie, wo und was ich zurzeit war.

Auch hier holte uns die Trommelmusik ein, sie wurde immer lauter, die Waben, die uns umgaben und auf denen wir standen, begannen zu vibrieren.

„Was ist in diesen Fässern?“

Ich wusste, dass dies keine Fässer waren, aber wenn er sagte, dass er mir seinen Keller zeigen möchte, musste ich ihn fragen, was in diesen Fässern war.

„Das, was hier in diesen Fässern ist, ist für uns von großem Wert und solltest du noch lange bei uns bleiben, wirst auch du erfahren, was unser größter Wert ist!“

Auch in den Waben begann es zu trommeln und die Wabenaußenhaut schlug bis zu zehn Zentimeter aus, mir wurde heiß, wenn Hornissen darinnen sein sollten, na dann würde es hier rundgehen.

Ich sagte kein Wort, doch mir kam es so vor, als würden diese Waben ihren Inhalt jeden Moment freigeben.

Mein Begleiter meinte: „Ich glaube, es ist besser, wenn wir jetzt gehen und den jungen Wein rasten lassen.“

Wir verließen diesen in sich tobenden Raum und gingen eine Etage höher.

Immer noch war der Lärm stark zu hören, mein Begleiter öffnete eine Tür, die sich hier in der Zwischenetage befand, wir verließen das Stiegenhaus und gingen auf eine Straße, die sich unmittelbar neben dem Gebäude befand.

Hier herrschte reges Treiben, es war eine breite Straße und viele Menschen tummelten sich hier herum.

Alle waren alt, die Menschen sahen aus wie die heutigen Menschen unter der Mur-Brücke, zerrissene Kleidung, lange Haare und Bart, einfach sehr ungepflegt.

Gebäude und technisches Fuhrwerk waren mir fremd, so dürfte es in der Antike ausgesehen haben.

Die Menschen hier sahen sehr glücklich aus und wieder war diese Trommelmusik zu hören.

Auch hier schwangen die Menschen ihre Körper zur Musik, Musik war in diesen Welten das wichtigste.

Jeder rauchte Pfeifen, dieser Duft nach Rauch war für mich sehr angenehm und er beruhigte mich.

Es dämmerte bereits und in der Düsterheit waren glühende Kessel zu sehen.

Die ganze Straße entlang standen glühende Kessel, in denen diese Menschen hier etwas kochten oder verdampften.

Auf einmal sahen alle zu mir und sagten mit abfallender Stimme: „Schau, der Verbrannte."

Alle schienen mich zu kennen und begannen wie wild zu trommeln, sie trommelten auf allem, was Lärm machte, und sie schrien nach mir: „Herbert, komm her zu uns, probiere mal, was wir brennen!"

Mein Begleiter führte mich zu den Männern, die vergnüglich auf Sesseln saßen und an ihren Pfeifen zogen.

Ich wurde auf eine Bank gelegt, denn in diesem Moment war ich wieder bewegungsunfähig.

Alle kamen zu mir und sahen mich neugierig an, da hörte ich eine Stimme lachen und sie sagte: „Das ist der Herbert, der Verbrannte, ja sicher, Herbert, kennst du mich nicht?"

„Nein, ich kenne dich nicht!"

„Ich bin es, die Miesel Frieda, ich bring dir immer die Eier!"

„Nein, das kann ich nicht sagen."

„Dich hat es aber schön erwischt, und wenn du mich nicht kennst, dann hat es dich am Kopf auch schön erwischt!“ Frieda lachte dabei.

Die Kessel gaben seltsame Geräusche von sich und sie begannen sich zu verformen.

Ich sah in diesen Kesseln eine enorme Gefahr, doch diese Männer sahen die Gefahr nicht, sie genossen ihr Vergnügen.

Die Brennräume der Kessel waren ausgefüllt mit Feuer, doch sie heizten weiter, sie hatten Riesenspaß dabei.

Wir hatten in unserem Betrieb einen guten Gast, doch er hatte eine Schwäche für Feuer.

Wenn er als Gast in unseren Betrieb kam, reservierte er immer einen Tisch neben dem offenen Kamin. Er bediente sich selbst, selbst im Sommer begann er den Kamin zu heizen und er kannte kein Ende, er heizte und heizte, wie diese Männer hier.

Da sagte die Frau, wobei sie zu den Männern sah: „Schaut, das ist der Herbert!“

„Was, wirklich?“, fragten die Männer.

„Ja, schaut doch nur, das Gesicht, ja, kennt ihr ihn nicht?“

„Ihr dürft nicht so viel heizen!“

Alle lachten und heizten noch mal ordentlich nach, da sagte einer von den Männern: „Herbert, hast einen Schnaps von dir mit?“

„Nein, hab ich nicht."

„Wir brennen hier Scheiße, magst einen kosten?"

Mir war es bereits richtig übel von diesem Gestank hier, der sich überall verbreitet hatte, nur wusste ich bis jetzt nicht, was hier so stank.

„Nein danke."

„Kennst du uns nicht, Herbert? Wir waren gute Gäste von dir, wir hatten schon einige Räusche miteinander und jetzt erkennst du uns nicht mal?"

Es war mir sehr peinlich, doch ich konnte diese Menschen nicht erkennen.

Ich dachte mir: „Sind die alle gestorben, die hier sind? Sie sagen doch immer, dass hier nur Geist und Seele Platz haben, so müssen die wie ich tot sein!"

Der Tisch, auf dem ich lag, stand sehr nahe an so einem Kessel, er glühte, der Rauch entwich einfach ins Freie.

Ich fühlte diese herrliche Wärme, die von den Kesseln ausging, mir war es in dieser Welt eh immer so kalt, so genoss ich diese Wärme, aber doch mit einem kleinen Angstgefühl.

Denn hier sah alles sehr gefährlich aus, was soll ich nur sagen, auch bei mir ist alles explodiert.

Der Dampf, der durch das Kochen entstand, wurde durch ein etwa zehn Zentimeter dickes Rohr nach oben geführt, wobei nach zwei, drei Metern das Steigrohr unter einer Nebeldecke verschwand.

„Wo geht das Steigrohr hin?", fragte ich die Männer, die hier saßen und Pfeife rauchten.

„Das geht dorthin, wo du jetzt hingehst! In den Himmel."

„In den Himmel geh ich jetzt? Ich will aber nicht!"

Die Männer lachten und zogen fest an ihren Pfeifen, was so aussah, als würden kleine Kinder an ihren Schnullern saugen.

Endlich kam der Mann, mit dem ich hierhergekommen war, fasste mich an meine Hand und sagte zu mir: „Komm, wir gehen!“

Ich war sehr erleichtert und begann meinen Körper zu heben, was mir sehr schwer fiel, doch mein Begleiter half mir und mit vereinten Kräften schaffte ich es wieder auf meinen Füßen zu stehen.

Die Männer, die hier um uns saßen, wollten nicht, dass wir sie verließen, und boten uns alles Mögliche zu trinken und zu rauchen an, doch wir wollten nur fort von hier.

Wir verließen die Straße und betraten wieder das Haus, aus dem wir gekommen waren.

Einige Stufen mussten wir hoch und wir befanden uns wieder bei den Frauen und den Männern, die das Dachgeschoss zerlegen wollten.

Die Männer hackten immer noch wie verrückt auf alles, was Holz war, und die Frauen strickten und stampften.

Ich wurde bei den Frauen abgepackt und meine Bewegungsfreiheit war wieder verschwunden.

Das Sprechen fiel mir sehr schwer und so versuchte ich den Frauen mit heiserer und stotternder Stimme zu sagen: „Die Männer müssen mit dem Hacken aufhören, ansonsten fällt uns das Dach auf den Kopf!“

Die Frauen lachten nur und stampften noch wilder.

Sie wollten nicht auf mich hören, ich glaubte, sie wollten, dass alles zusammenbrach.

Diesen Menschen hier würde sicher nichts passieren, nur ich würde wahrscheinlich ein weiteres Mal sterben müssen.

Nun sah ich, wo der Dampf hinging, der von den glühenden Kesseln von unten nach oben in den Himmel geleitet wurde.

Rohre mit einem halben Meter Länge ragten hier aus dem Boden, zwischen den Frauen, und aus ihnen kam Dampf.

Dies hier war also der Himmel, den die Männer meinten.

Die Frauen sahen, dass nun Dampf aus den Rohren kam, begannen zu schreien, sie standen auf und hüpften.

Die erste Frau ging zum Rohr, stellte sich über dieses, ging leicht in die Knie, es sah aus, als würde sie ihre Notdurft in das Rohr verrichten.

Da kam ein Dampfschub und hob den Rock der Frau.

Die Frau stand kurze Zeit über dieser Dampfwolke und stieß dabei Freudenschreie aus, keine Schmerzensschreie.

Mir zog es zusammen und ich spürte ihre Schmerzen und das Brennen auf ihrer zarten Haut zwischen ihren Beinen.

Doch dieser Frau war es ein Vergnügen, sie erhob sich wieder und ging glücklich und zufrieden zurück auf ihren Platz.

Nun stand die nächste auf und wiederholte den Vorgang.

Neben mir saß eine Frau, sie sah zu mir und sie sah meine fragenden Augen und sagte: „Nein, wir verbrennen uns nicht, aber du vielleicht, wollen wir es probieren?"

„Nein", sagte ich hektisch.

„Doch, jetzt bist du an der Reihe."

Dies erfüllte die Frauen mit Freude, sie sprangen auf, nahmen mich an Händen und Füßen und wollten mich zu einem der Rohre ziehen, da erblickte ich meine Frau und Tochter, sie spazierten bei der Eingangstür gerade herein.

Die Frauen ließen sofort von mir ab, ließen mich einfach fallen und sie spielten ihr Spielchen weiter.

Gabi und Kathi kamen direkt auf mich zu und Gabi sagte: „Habt ihr eine Gaudi hier."

Kathi sagte: „Ihr habt hier eine Hetz, hier geht es zu wie auf einem Volksfest!"

„Wir müssen von hier fort, die hier schlagen wie wild auf alles ein, hier fliegt bald alles in die Luft!"

„Nein, bestimmt nicht, das muss wahrscheinlich so sein!"

„Kommt, wir müssen gehen."

Ich konnte sie überzeugen, sie nahmen mich unter ihre Arme und wir verließen dieses Narrenhaus.

Im Freien war es bereits Nacht, überall glühten die Kessel und der Dampf pfiff von allen Seiten.

Nun bekamen meine Damen auch Angst und wir gingen immer schneller.

Hinter uns begannen die ersten Kessel in die Luft zu fliegen und die Nacht erhellte sich zum Tag.

Wir waren nicht weit gekommen, da trugen mich meine Füße nicht mehr.

Um uns flog alles in die Luft und ich sagte zu den beiden, sie sollten laufen und mich zurücklassen, doch sie fassten mich fest unter den Armen und mit viel Glück und der Hilfe der beiden schafften wir es aus der Gefahrenzone zu kommen.

Als wir es geschafft hatten, blieben wir stehen, um zu verschnaufen.

Ich machte noch einen Rundumblick und es war gigantisch, die Bauten hier, dieses Holz, was hier verbaut wurde, es war herrlich anzusehen und in meinem Kopf ging es darum, wo wir hier wohl waren, wo man so massiv baute.

Als ich mich weiterdrehte, standen meine beiden Pfleger vor mir und sagten: „Da bist du endlich, wir müssen dich mitnehmen, aber schnell."

„Nein, ich komme nicht mit, ich bleibe bei meiner Familie."

„Herbert, du musst mit ihnen gehen, sie sorgen für dich!"

„Gabi! Hier sorgt kein einziger für mich, die wollen alle, dass ich diese Erde verlasse, ich will aber nicht."

„Das stimmt nicht, ihr habt so eine Gaudi gehabt."

Ich gab mich geschlagen, all meine Erklärungen fanden kein offenes Ohr, ich nickte mit dem Kopf und die beiden Pfleger fassten mich an meinen Armen und legten mich auf eine Trage, die sie ins Auto schoben, und ab ging es.

Meine beiden Frauen durften nicht mitfahren.

Zwei Straßen weiter hielt das Fahrzeug und einer der Pfleger sagte zu mir: „Wir sind da."

Ich wurde ausgeladen und sie brachten mich mit der Trage zu einem Haus.

Das Haus stand an einem großen Fluss, der Hochwasser führte.

Vom Haus aus führte eine massive und mächtige Straße über den Fluss.

Die Wassermassen hatten bereits die Oberkante der Brücke erreicht und Wasser schwappte immer wieder über die Brücke.

Neben dem Gebäude, etwas versteckt in Richtung Wald und der danach ansteigenden Felswand, befand sich ein Wasserrad, das durch die Wassermassen, die auf die Schaufeln drückten, in Ungleichgewicht kam und eigenartige Geräusche von sich gab.

Dieses Wasserrad war mit mächtigen Holzträgern fixiert wie alles hier.

In dieser Welt, wo ich mich befand, waren die Verbauungen mit Holz extrem massiv ausgeführt, keine Schneemassen hätten diese Holzträger zum Bersten gebracht.

Meine Augen konnten sich an diesem Bauwerk nicht sattsehen, denn es war nicht nur das Wasserrad, das sehenswert war, nein, so vieles war mit integriert und es drehte sich alles.

Ich glaubte, dass das ganze Dorf von diesem Wasserrad mit Energie und allem, was dazugehörte, bespeist wurde.

Ich wurde von den beiden Pflegern an der Trage festgebunden und so wurde ich von den beiden in Richtung Hauseingang gebracht.

Wir durchschritten die Eingangstür, hier war alles voll mit Menschen, sie tranken und aßen, zugleich klopften diese Menschen mit ihren Fäusten auf die Tische.

An der Seite Richtung Wasserrad war das Gebäude offen, Wasserspritzer kamen mir immer wieder entgegen.

Zwischen den Menschenmassen in diesem schmalen Gang, der zum Gehen noch zu Verfügung stand, waren immer wieder diese Löcher, die aussahen wie große After, und wenn man in dieses Loch stieg, verschwand man aus dieser Welt.

Jeder der Anwesenden hatte vor sich einen Literkrug Bier stehen und sie belächelten mich, als sie mich sahen.

Sie sprachen miteinander in einer Sprache, die ich nicht verstand, und als ich an der Wendeltreppe mit meiner Trage hingestellt wurde, begannen sie mit ihren Krügen zu klopfen.

Dieses Klopfen formte sich wieder zu dieser Trommelmusik, die mich, seit ich mich in dieser Welt befand, begleitete.

Die Räumlichkeiten waren sehr eng, an den kleinen Tischen saßen viele Menschen, wobei nur die Hälfte der Menschen bereits zu viel gewesen wären, und überall waren diese Löcher.

Diese Löcher sahen ekelig aus, eben wie ein After, und sie pulsierten, als würden sie leben.

Ich war an dieser Trage festgeschnallt und meine Pfleger mussten sich mit mir sehr verausgaben, denn sie schleusten mich durch die Massen.

Sie suchten jemanden, zu dem sie mich bringen wollten, mir zeigten die Anwesenden, dass ich in den ersten Stock sollte, doch wie sollten die beiden mich in den ersten Stock bringen?

Wir hatten bereits einen Teil des Lokals durchschritten, als ich wieder abgestellt wurde, genau an dieser Stelle zum Wasserrad, und immer wieder spritzten Wassertropfen zu mir.

Gegenüber von mir war ein kleiner Tisch, voll besetzt mit Leuten, in deren Münder sich kein Zahn mehr befand, doch hin und wieder blitzte ein Goldzahn von einigen der Gäste hervor, wenn sie lachten.

Und sie lachten fleißig, als sie sahen, wie ich mit der Trage an die Wand gelehnt wurde.

Einer meiner Pfleger sagte: „Nein, wir müssen ihn in den ersten Stock bringen!"

Wieder packten sie mich mit der Trage und brachten mich zum Aufgang in den ersten Stock.

Eine schmale Wendeltreppe führte nach oben, einige Sekunden standen sie mit mir vor dem Aufgang, als hätten sie überlegt, wie sie mich hier nach oben bringen könnten.

Dann schoben sie mich samt Trage einfach in den ersten Stock.

Des Öfteren hing ich zwischen dem Geländer, dann wurde geschoben und gezogen und auf einmal war ich oben.

Auch hier war alles voll mit Menschen, das gleiche Szenarium war hier wie unten, essen, trinken und klopfen.

Als ich nun hier oben war, sahen alle Gäste auf mich und sie musterten mich.

Meine Begleiter befreiten mich von der Trage, stellten mich zum Geländer und der größere der beiden Pfleger sagte: „Du wirst dort hinten erwartet!"

Wobei er mir mit der Hand zeigte, welche Richtung er mit hinten meinte, dann verschwanden die beiden.

Ich stand am Geländer und hielt mich fest, ich war unsicher, konnte ich gehen oder nicht? Alle sahen auf mich und das verunsicherte mich sehr.

Auch dieser Boden war so weich und er wackelte, auch die Wände waren unstabil.

Ich wurde geschubst, gestoßen und zur anderen Seite an die Mauer gepresst, so viele Menschen befanden sich hier in diesem Lokal.

Mein Körper war sehr unstabil und ich wurde herumgeschubst, wie sie es brauchten.

Auf einmal saß ich an einem Tisch, die Menschen an diesem Tisch starrten mich an und begannen zu lachen.

„Wie mag ich wohl aussehen?“, fragte ich mich in diesem Moment.

„Hans.“

Ich hatte meinen Bruder Hans ausgemacht.

Mit allem, was sich noch an mir bewegte, versuchte ich mich aufzuraffen.

Als ich stand, tastete ich mich vorsichtig an der Mauer entlang, wurde immer wieder geschubst, doch durch die vielen Menschen hier konnte ich nicht umfallen.

Endlich hatte ich es geschafft, ganz am Ende des Raumes befand sich ein abgeschiedener Raum, diesen betrat ich und sah all meine Geschwister und auch Mutter war hier.

„Herbert ist da!“, riefen sie, ich hob meine Hand leicht an und versuchte zu winken, was nicht wirklich gelang.

Einige Meter musste ich mich noch nach vorne kämpften, dann stand ich vor meinen Geschwistern und vor Mutter.

Ich gab meiner Mutter die Hand und sie nahm sie.

„Warum habe ich auf einmal einen schwarzen Handschuh an?“, fragte ich mich, denn diesen hatte ich zuvor noch nicht gesehen, ich war sehr überrascht.

Mutter sah mich lange an, dann fielen ihre Blicke Richtung Handschuh, sie fuhr mit ihren Fingern über den Stoff des Handschuhes, so als würde sie den Stoff prüfen, sah mich wieder an und sagte mit schwacher Stimme: „Da Herbert ist da.“

Mutter saß in einem sehr pompösen Sessel, alle anderen auf schlichten.

„Warum sitzt Mutter in diesem Sessel?“

„Der wurde ihr zugewiesen von den Wirtsleuten hier.“

„Das ist nicht gut, hier sollte man nicht auffallen.“

„Ach lass sie nur“, sagte Hans und Mutter meinte auch: „Ich sitze hier gut.“

Ich setzte mich zu ihnen und wir sprachen über alles Mögliche.

Zwischendurch betrachtete ich immer wieder diesen Raum, er war wunderschön, hatte eine Ausstattung wie die alten Schlösser.

Die Decke war prachtvoll verziert mit Stuckarbeiten, nur war sie sehr niedrig, man hätte diese Stuckarbeiten mit der Hand berühren können.

Zu den Wänden waren Stuckarbeiten mit Hohlkellen-Verzierungen und die Wände waren mit feiner Seide und Teppichen verkleidet.

Diese Schönheit, die dieser Raum ausstrahlte, begeisterte mich schon, der Anblick dieser schönen Arbeiten strahlte Weichheit und Wärme aus und ein Wohlbehagen, dem man nicht mehr entgehen wollte.

Stundenlang saßen wir in diesem Raum und genossen die Atmosphäre hier und der Thron, in dem meine Mutter saß, war eines Königs würdig.

Nach kurzem Nachdenken wusste ich, dass dieser Thron einer Mutter zusteht, denn ohne Mutter wäre ich nicht diese Person oder nicht einmal auf dieser Welt.

Als ich noch so überlegte, gab es auf einmal ein Krachen, der Thron, auf dem meine Mutter saß, verschwand mit Mutter, er versank in der Tiefe und es verblieb nur ein tiefes Loch.

Geschockt saßen wir da, ich raffte mich auf, ging zur Einbruchstelle, unter der Einbruchstelle floss nun ein Fluss und von Mutter gab es keine Spur mehr.

Mein Gefühl drängte mich von hier zu verschwinden!

Ich sagte: „Wir müssen von hier fort, das Haus wird vermutlich einbrechen!"

„Nein, lass, Herbert, die Mutter war eh schon alt, wir feiern noch ein wenig."

Ich weiß nicht genau, was mit meinen Geschwistern geschah, zumindest brach das Haus nach kurzer Zeit auseinander.

Ich zumindest fiel in die Tiefe und wurde von den Wassermassen mitgerissen.

Der Fluss wurde zum Strom, der alles mitriss, was sich ihm im Weg stellte, mitten drinnen befand ich mich und es war dunkel.

Ich verfing mich an einem Baumstamm, der mich vor dem Ertrinken rettete.

Nach Stunden wurde es wieder hell, noch immer trieb ich im Wasser und war starr vor Kälte.

Der Baumstamm, mit dem ich trieb, verfing sich an einem Traktor.

Ich wechselte, ohne zu wollen, die Plätze und saß nun auf den Traktor.

Hände und Füße konnte ich etwas bewegen und schaffte es den Traktor anzuwerfen, langsam fuhr ich mit ihm vorwärts und um mich war nur Wasser.

Hier dürfte das Wasser nicht sehr tief gewesen sein, denn die Traktorreifen hatten noch Bodenkontakt.

Ein weiterer großer Baum, der am Boden lag, mit mächtigem Wurzelwerk, die zehn Meter in die Höhe ragten, kam auf mich zu und die Wassermassen begannen diesen Baum aufzurichten, dieses mächtige Wurzelwerk befand sich nun über dem Traktordach und begann auf dieses zu drücken.

Das riesige Wurzelwerk dieses Baumes würde mich samt Traktor verschlingen.

Doch der Traktor war in Bewegung, die Wurzeln waren bereits über uns und sie drückten auf das Dach. Doch der Traktor entwich mit mir aus der Gefahrenzone.

Der Traktor fuhr mit mir weiter und das Wasser begann wieder zu steigen.

Das Wasser stieg und stieg und hatte mich auf dem Traktor bereits erreicht.

Der Traktor fuhr und fuhr und blieb an einer Rampe zu einem Haus, dessen Rampe noch im Trockenen war, stehen.

Ich stieg vom Traktor und klopfte an der Haustür.

„Herein“, sprach eine Stimme.

Ich öffnete die Tür und trat ein.

Im Haus befanden sich einige Leute, dieses Haus dürfte ein Gasthof gewesen sein.

Ich ging zu einem Tisch und setze mich.

Ein Mann kam auf mich zu und sagte: „Du bist der Verbrannte, bist noch immer hier?“

„Warum?“, fragte ich langgezogen.

„Was willst du?“

„Ich hätte gerne eine rote Mischung.“

Er setzte sich zu mir und sagte weiter: „Du hast zwei Möglichkeiten, entweder gehst du hier wieder raus.“

Ich sah zu Tür, in der Zwischenzeit, was höchstens zwei Minuten sein konnten, war das Wasser bis zur halben Tür angestiegen.

„Oder du springst hier in den Teich, denn der Koch braucht ein paar Krebse.“

Ich überlegte nicht lang und wählte den Teich.

Der Wirt ging mit mir zur Hintertür und öffnete sie.

Hier gab es kein Hochwasser, interessant.

„Hier sind Krebse darin, hol mir ein paar heraus, das Wasser ist hier nicht tief, höchstens eineinhalb Meter.“

„Krebse? Ich will doch lieber ertrinken!“

„Du gehst jetzt hier rein, sage ich!“

Ich setzte mich auf die Stufe zum Wasser und überlegte. „Nein, hier gehe ich nicht hinein.“

Ich setzte mich auf den Steg, auf dem wir uns befanden, und ließ langsam meine Füße ins Wasser gleiten, um zu probieren, ob sie mich zwickten.

Nichts, ich wartete einige Zeit, dann ließ ich mich vorsichtig ins Wasser gleiten und begann zu schwimmen.

An den Zehen, an den Waden und Oberschenkeln, überall zwickten mich die Krebse auf einmal.

Ich bekam Panik und tauchte kurz ab, um zu versuchen, mich von ihnen zu befreien.

Unter Wasser sah ich auf meinen Körper, da gab es keine freie Stelle mehr, er war voll mit Krebsen, die an ihm hingen.

Sie zwickten und kratzten an mir, ich glaubte, sie wollten mich fressen.

Mit der Luft ging es zu Ende, ich wollte hoch, doch die Last, die an mir hing, war zu groß.

Da sah ich ein Licht unter Wasser und das Licht beleuchtete eine Eisenstange, die im Wasser stand.

Ich arbeitete mich mit aller Kraft zur Stange vor, fasste sie an und wollte mich an der Stange hocharbeiten.

Doch auf einmal klebte ich an der Stange, ich hatte keine Chance, meine Hände von der Stange zu lösen, so fest klebten sie daran.

Ich kämpfte weiter, denn ich brauchte Luft. Nun war ich bereits einige Minuten unter Wasser und ich wusste doch, dass nach zwei bis drei Minuten der Mensch bewusstlos würde, doch nichts von dem, der Drang nach Luft wurde immer stärker.

Ich riss an meinen Händen, denn ich musste mich befreien und mein Körper zuckte bereits seit Minuten so wie im tatsächlichen Leben, wenn es die letzten Sekunden waren.

Das Sterben in der Zwischenwelt ist um einiges grausamer als das Sterben in der wirklichen Welt, der Tod lässt ewig auf sich warten und das Leid ist enorm.

Durch mein Ringen nach Luft verkrampfte sich der Körper nach allen Richtungen und die Krebse wurden dadurch gequetscht und gereizt. Sie fraßen sich noch tiefer in mich hinein.

Das Licht im Wasser wurde immer heller und ich sah Leute in dem hellen Licht.

Ich brauchte Luft und versuchte alles, um zu Luft zu kommen, da sprach wieder eine Stimme zu mir.

Als ich fünf Jahre alt war, sprach dieselbe Stimme zu mir.

Ich war der kleinste von fünf Kindern.

Ich war schüchtern und hatte vor allem Angst, immer hing ich an Mutters Rockzipfel.

Mutter war ich lästig und sie versuchte mich einige Minuten loszuwerden.

So schimpfte sie mit meinen älteren Geschwistern, sie müssten mich mitnehmen zu ihren Abenteuern.

Wir gingen baden zum Hierzer-Teich und alle liefen, es waren viele Kinder, nur waren alle älter als ich.

Ich turtelte hinter ihnen her und als ich zum Teich kam, waren alle schon im Wasser, ich wollte nicht baden, denn ich hatte Angst vor Wasser und legte mich in die Wiese.

Ich weiß nicht wie, doch auf einmal war ich im Wasser und ging unter.

Ich kann mich heute noch an alles im Wasser erinnern.

Der Schock war so groß, dass ich mich nicht mal ein wenig bewegen konnte, ich hatte mich aufgegeben.

Da sprach diese Stimme zu mir: „Herbert, du weißt doch, wie ein Frosch schwimmt, so schwimmst du nun, bewege deine Hände, hab keine Angst, ich bin bei dir, du schaffst es!"

Ja, wirklich, ich begann mich zu bewegen wie ein Frosch und bewegte mich am lehmigen Teichboden vorwärts, ich konnte alles sehen, obwohl das Wasser normalerweise sehr schmutzig war.

Diese Stimme führte mich zum Teichrand und ich kletterte aus dem Wasser, wobei mir eine seltsame Kraft half, dann schlief ich ein.

Als meine Geschwister nach Hause gingen, dachten sie an mich, packten mich und holten mich aus dem Schlaf. Wieder zitterte mein Körper und meine Geschwister sagten, wobei sie das Lachen nicht verhalten konnten: „Schaut, Herbert ist kalt bei diesen Temperaturen!"

Ich zitterte noch tagelang.

„Du musst nicht atmen, du kommst auch ohne Luft aus."

Ich machte, was die Stimme zu mir sagte, schloss meine Augen, fühlte auch das Zwicken der Krebse nicht mehr und beendete meine Atmung.

Auf einmal wurde ich durchgeschüttelt, ich erschrak und riss meine Augen auf, ich lag in einem Rettungsauto.

Vor mir saßen meine Pfleger und einer von ihnen sagte zu mir: „Dich, Herbert, müssen wir immer wieder suchen."

Ich gab keine Antwort, denn ich war unvorstellbar müde, wenn ich ohne Luft war, beanspruchte dies meinen Körper enorm, so schloss ich meine Augen und fiel in einen tiefen Schlaf.

Als ich meine Augen wieder öffnete, lag ich immer noch im Rettungswagen, doch er stand.

Ich hob leicht meinen Körper und sah durch kleine Schlitze nach außen, rund um uns waren Autos, vermutlich standen wir im Stau. Die beiden Pfleger waren nicht bei mir, sie saßen vorne im Auto und so versuchte ich, ob mein Körper sich etwas mehr bewegen würde, es funktionierte.

Ich raffte mich auf und verließ vorsichtig das Fahrzeug.

Hier, wo ich war, war ein Fest, alles war voll mit Leuten und immer wieder diese Trommelmusik, hier ging es voll ab und lauter konnte man, glaubte ich, die Musik nicht mehr spielen.

Ich stand an jener Stelle, wo zuvor das Haus gestanden hatte, in dem meine Mutter mit dem Sessel versunken war.

Vor mir war wieder diese Brücke, das Hochwasser war etwas zurückgegangen und nun wollte ich die Brücke überqueren.

Ohne jegliche Probleme erreichte ich die andere Seite des Flusses.

Hier war die Welt anders, sie war schöner und gepflegter, schöne Gasthöfe, viele Menschen, die ausgiebig feierten, auch das Fernsehen war hier und die hübsche Nadia sprach in ein Mikrofon zu den Menschenmengen und warb für ihre Gegend hier. Sie sprach eine halbe Stunde, ohne zu unterbrechen und mit voller Begeisterung.

Ihre Rhetorik war grandios, ich war von ihrer Ansprache begeistert.

„Hier ist sie zuhause", dachte ich mir.

Nadia hatte mich bereits entdeckt und winkte mir leicht zu, ich sah um mich, ob sie vielleicht jemanden anderen meinte, doch sie meinte mich und ich winkte zurück.

Als sie fertig war mit ihrer Ansprache, die sie fließend und mit Begeisterung vorbrachte, kam sie auf mich zu und fragte: „Was machst du hier?"

„Ich bin so froh, dass ich dich gefunden habe."

„Du musst fort von hier, dich darf hier niemand sehen, komm, geh hier in den Fernsehwagen und warte auf mich. Wenn ich fertig bin, komme ich zu dir."

Mir kam die Zeit lange vor, die ich auf Nadia warten musste.

Sie hatte mich in eine kleine Ecke des Übertragungswagens gesteckt.

Hier in dieser kleinen Ecke merkte ich wieder, wie meine Bewegungsfreiheit sich verabschiedete.

Zuerst fühlte ich die Zehen nicht mehr, dann Füße und Hände und so ging es von Minute zu Minute weiter, bis sich an meinem Körper nichts mehr bewegte.

Bewegen konnte ich mich nicht, doch die Schmerzen, die fühlte ich genau.

Bewegungsunfähig saß ich da und wartete.

Endlich kam Nadia zurück und fragte mich noch mal: „Was machst du hier?"

„Ich bin zufällig hier, nein, das stimmt nicht, darf ich nicht bei dir bleiben? Ich fühl mich in deiner Nähe sicher."

„Das Schicksal hat mit dir anderes vor."

„Meinst du?"

„Ja, ich weiß es. Du bist hier in der Zwischenwelt, du bist einer von den wenigen, die selbst entscheiden dürfen, was mit ihnen passiert."

„Ich will, ich will weiterleben, aber wie, jeder will mich töten?"

„Das ist jetzt deine Aufgabe, hier zu überleben. Du hast viele Prüfungen bereits überstanden, doch die schwersten kommen noch."

„Noch schwerer?"

„Viel schwerer, gib nie auf, auch wenn du bereits den Grat überschreitest, glaub ans Leben, denn nur im Leben kannst du leben und schaffen."

„Ich will bei dir bleiben, ich mache alles, was du willst!"

„Das geht nicht, diese Welt ist nur für deinen Geist und Seele zugängig, die Körper, die du hier siehst, sind nur Sinnbilde. Deinen Körper versuchen sie gerade zu reparieren. Soll ich dir was zeigen?"

„Was willst du mir denn zeigen!"

„Auch ich bin nur für kurze Zeit in dieser Welt und warte auch darauf weiterziehen zu dürfen, doch durch dich habe ich nun einen Sinn gefunden und bin nun mit Freude hier."

„Warum musste ich für dich den Kleinen austragen?"

„Du lebst noch und du bist der einzige hier, der einen Teil seines Körpers hierher mitgenommen hat, hier ist normalerweise kein Platz für einen menschlichen Körper, du hast in diese Welt viel Unruhe gebracht!"

„Ich, ausgerechnet ich! Warum ich? Ich wollte doch nur leben!“

„Wenn du in dieser Welt bleiben würdest, würde dein Leben so verlaufen.“

Nadia begann zu erzählen. „Du wirst den Jungen großziehen, du wirst ihm vieles beibringen und mit ihm auf einer Alm leben.“

In diesem Moment war ich mit dem Jungen auf einer Hoch-Alpe, wir gingen in Wäldern spazieren und ich erklärte ihm Bäume, Pilze und alles, was es in Wäldern Interessantes gab.

Hier gab es Kühe, die wir melkten und fütterten, diese Zeit war wunderschön und ich hatte meine Herkunft bereits zur Seite gestellt, denn ich war mir sicher, dass ich nie wieder nach Hause kommen würde.

Zu seinem zehnten Geburtstag wurde der Junge von seinem Vater gerufen, ich machte mich mit dem Jungen auf den Weg ins Tal und der Junge wurde von seinem Vater in seine neue Zukunft eingewiesen.

Dessen Zukunft war nämlich Jäger zu werden.

Als der Junge bei seinem Vater war, gesellte ich mich zu Nadia, Nadia begrüßte mich und mit trauriger Stimme begann sie mir zu erklären: „Herbert, du musst von hier verschwinden, denn du bist in großer Gefahr, du musst so schnell wie möglich fort. Wenn du Glück hast, hast du vielleicht deine Bewegungsfreiheit noch einige Minuten und kannst dir einen Vorsprung herausholen. Denn hier sind alle Jäger. Sie bekommen Aufträge, Menschen von dieser Seite der Welt in die andere zu begleiten oder zu befördern. Verstehst du nun, warum du hier bist?“

„Ich weiß nicht.“

„Mein Junge wird zuerst in die Kunst des Schießens eingeweiht, danach bekommt er einen Abschuss. Herbert, versuch diesem Abschuss zu entkommen. Solltest du getroffen werden, wirst du neu geboren. Solltest du entkommen …“

Nun verstand ich, was Nadia mir sagen wollte, und lief los, so gut ich nur konnte, und versuchte durch das Sumpfgebiet, das mit hohem Schilf verwachsen war, zu entkommen.

Hinter mir waren bereits die Jäger, immer wieder wurde auf mich geschossen, viel Vorsprung konnte ich nicht herausholen.

„Dies wird der Junge sein, dessen erste Trophäe ich sein soll.“

Meine Füße wollten mich nicht mehr tragen.

„Ich muss kämpfen, nur kämpfen!“

Zaghaft setzte ich einen Fuß vor den anderen und wollte mich bereits aufgeben.

Die Jäger waren nur noch einige Meter hinter mir, nur konnten sie mich durch das hohe Schilf nicht ausmachen.

Da kam ein Hubschrauber auf mich zu, die Laderampe war geöffnet, eine Frau kniete auf der offenen Laderampe und reichte mir die Hand.

Ich streckte auch meine Hand nach ihr, nun sahen mich die Jäger und begannen auf mich zu schießen, sie wollten mich nicht entkommen lassen.

Endlich erreichte ich die Hand der Frau, fasste sie und drückte fest zusammen, denn ich wollte nicht, dass meine Finger aus dieser rettenden Hand rutschten.

Wieder lag mein Leben in der Hand einer Frau.

Diese Frau hatte Kraft und sie zog mich in den Hubschrauber. Meine letzten Kräfte, die ich noch hatte, waren in meinen Fingern, diese Hand der Frau wollte ich auf keinen Fall mehr loslassen.

Erschöpft lag ich auf der Ladefläche des Hubschraubers.

Der Hubschrauber gewann wieder an Höhe und ich drehte langsam meinen Kopf zu meinen Verfolgern, sah zu den Jägern hinab, die ihre Hüte vor Wut zu Boden warfen, dann schlossen sich meine Augen.

Einige Sekunden lag ich mit geschlossenen Augen auf der Ladefläche und atmete tief durch, dann öffnete ich sie wieder und sah Margit.

„Jetzt hast du mir schon wieder das Leben gerettet."

„Nehmen und geben."

Sie fasste mich unter den Armen und half mir auf, setzte mich auf eine Bank, schob die Ladetür zu und setzte sich zu mir.

„Du hast überlebt, Herbert, das war nicht vorgesehen und deswegen muss auch ich dir eine Geschichte erzählen. Solltest du sterben, wirst du wiedergeboren, das wurde dir eh schon gesagt, oder?"

„Oft schon, die wollen nicht, dass ich lebe!"

„Hör gut zu!

Deine Eltern werden reich und sehr mächtig sein, doch wenn du drei Jahre alt bist, lernt dein Vater eine andere Frau kennen. Deine Mutter zieht aus, deine Stiefmutter ein. Es dauert nicht lange und du bekommst einen Bruder. Ihr wachst in einem schlossartigen Gehöft abseits in einer wunderschönen Gebirgslandschaft mit einem wunderschönen großen Aussichtsplateau vor dem Haus auf. Ihr habt viele Hobbys, wie Tennis, Reiten, Kampfsport, und ihr seid nicht nur Brüder, sondern die besten Freunde. Du bist der Ältere und hütest deinen kleinen Bruder mit Liebe und Fürsorge. Mit der Zeit aber kommt es, dass deine Stiefmutter immer weniger Zuneigung für dich aufbringt, aber mehr für ihren leiblichen Sohn. Dein Vater sagte immer, du bist der Erstgeborene und Haupterbe über sein Reich."

Nun war ich wieder in diesem Leben.

Viele verschiedene Menschen kamen zu uns zu Besuch, die mit Vater in geschäftlichen Beziehungen standen, und abends saßen auch wir Kinder mit ihnen zusammen und all diese interessanten Menschen erzählten von ihren Ländern, Sitten und Gebräuchen, was mich unheimlich interessierte.

Alle Hautfarben hatten diese Menschen und was mir besonders auffiel, es war die Liebe zu Kindern, das hatten alle Menschen gleich, alles drehte sich um ihren Nachwuchs, überall und auf jedem Planeten.

All diese Menschen beteiligten sich, solange sie bei uns als Gäste waren, an unseren Freizeitaktivitäten.

Meine Kindheit war schön, doch auch in dieser Welt hatte ich immer das Gefühl, dass ich nicht in diese Welt gehörte.

Nun kam der Tag, Vater rief alle zusammen und führte uns in das weitere Geschehen unserer Zukunft ein.

Es sah alles anders aus, Haupterbe wurde mein Halbbruder, ich sollte in eine andere Gegend ziehen, in der wir schon öfter waren und die auch wunderschön war.

Dort bekam ich Grund und Boden mit Haus, mir sollte es an nichts fehlen.

Mich traf diese Entscheidung nicht, im Gegenteil, ich war froh, dass ich nicht der Haupterbe war.

Meine Interessen waren so vielseitig, dass ich für mehr eh nicht Zeit gehabt hätte.

Doch die Verwirklichung seiner Erklärung sollte sich noch einige Zeit hinauszögern.

Nun hatten wir bereits beide ein Alter über 20 Jahre erreicht, Pferde hatten wir gegen Hubschrauber eingetauscht, und wie es zu jener Zeit gehörte, reisten wir durch die Lüfte.

Eines Tages kam unsere Mutter auf uns zu und sagte: „Kommt, meine Jungs, ich mache mit euch einen Ausflug."

Wir waren einverstanden, denn wir hatten nicht viel vor und so bestiegen wir den Hubschrauber unserer Mutter und Mutter hob mit uns ab.

Wir flogen und flogen, nun war unter uns nur noch Sand.

Der Hubschrauber wurde langsamer und begann zu sinken.

Stiefmutter drückte auf den Knopf der Ladentür, die sich automatisch zu öffnen begann, und sagte: „Seht doch aus der Luke und lasst euch den Sand um die Ohren wirbeln."

Ich konnte mit dieser Aussage nicht viel anfangen, Sand kannte ich, den gab es in Hülle und Fülle überall.

Aber auch ich erhob mich von meinem Sitz und steckte meinen Kopf zur Luke hinaus.

Der Sand pfiff mir um die Ohren und da bekam ich von hinten einen Schubs.

Ich verlor den Halt und fiel in die Tiefe.

Etwa 20 Meter stürzte ich ab und landete mit Bauch und Gesicht im Sand.

Ich sah nur noch Sand und kämpfte mit Händen und Füße nach Luft, doch da fühlte ich, wie der aufgewirbelte Sand, der durch den Hubschrauber in Bewegung gesetzt wurde, meinen Körper bedeckte.

Der Sand über mir wurde langsam zur zähen Flüssigkeit, ich konnte mich nicht bewegen, doch ich musste aus dieser zähen Flüssigkeit, denn ich brauchte Luft!

Mit letzten Kräften kämpfte ich um mein Leben, da sah ich, wie schon des Öfteren, dass ich hier nicht alleine war, wir waren eine Menge Menschen, die unter der zähen Flüssigkeit eingeschlossen waren.

Ich sammelte alle Kraft, die ich noch freimachen konnte, und mit viel Arbeit konnte ich die zähe Flüssigkeit und die Menschendecke über mir durchbrechen.

Die erste Hürde hatte ich geschafft und ich bekam wieder Luft.

Doch da war noch eine Decke über mir, die sah aus wie Eis.

Ich stützte mich an den Menschen, die um mich waren, ab und drückte mich gegen das Eis, geschafft, auch diese eisige Schicht hatte ich durchbrochen.

Erleichterung, ich befand mich wieder unter der Kuppel und durfte diese wunderschöne Kuppel betrachten.

Unter dieser Kuppel überkam mich ein Gefühl der Erleichterung, ich hatte keine Schmerzen mehr, war frei von all meinen Sorgen, die ich immer mit mir herumschleppen musste, und nun wartete ich nur noch mit großer Freude auf meine Heimreise.

Die Kuppeldecke war von so einer Schönheit, die man sonst nirgendwo im Kosmos sehen konnte.

Die Kuppel begann sich wieder zu vergrößern, all dies ging in Zeitlupe vor sich.

Wir hunderte, wenn nicht tausende von Menschen lagen hier und warteten auf unsere Heimreise, nur einen Unterschied gab es zwischen mir und den anderen, ich war bei Bewusstsein, die anderen lagen da, als wären sie bereits verstorben.

Absolute Stille umgab mich, und ich wartete auf die Heimreise.

Auf einmal gab es einen Ruck, voller Schrecken riss ich meine Augen auf, um mich standen vermummte Menschen und sie sprachen mit mir in einer fremden Sprache.

Ich war von Beduinen gefunden und gerettet worden und sie brachten mich zu ihnen in ihr Dorf.

Es vergingen Tage, Monate, Jahre.

Ich erlernte ihre Sprache, Kultur und ihr Leben in ihren Lehmhütten.

Ich half ihnen bei Bewässerungsanlagen, marschierte mit ihnen durch die Wüste und erzählte ihnen von meiner Kultur und Leben.

Sie schenkten mir immer mehr Vertrauen und nach einiger Zeit wurde ich ihr Führer.

Auch andere Stämme schlossen sich uns an und so wurden wir ein großes Volk.

Durch die Gemeinsamkeit mit den Nachbarstämmen konnten soziale Netzwerke aufgebaut werden.

Die ganze Zeit, die ich mit ihnen verbrachte, wurde nie über Glauben gesprochen, hier war nur der einzelne Mensch wichtig.

All die Zeit, die ich in der Zwischenwelt verbrachte, sah ich keinen Pfarrer, keine Kirche und auch keine Angehörigen von anderen Glaubenskulturen, in dieser Welt waren alle gleich.

Sie waren friedliche Menschen und hier in diese Wüste verirrte sich selten ein Nicht-Beduine.

Einmal in der Woche ritten wir Männer mit Pferden in die Wüste hinein und genossen es, wenn der Staub uns um die Ohren sauste.

Eines Tags ritten wir wieder durch die Wüste, da näherte sich uns ein Hubschrauber, er kam immer näher, er kam so nahe, dass ich die Menschen darinnen sehen konnte.

Ich drehte meinen Kopf Richtung Hubschrauber und konzentrierte meinen Blick auf die Insassen.

Ich erschrak, ich konnte die Augen meines Halbbruders erkennen.

Ich fühlte, dass auch er mich erkannt hatte, und sah, wie sich sein Blick mit Zorn erfüllte.

Der Hubschrauber drehte ab und verschwand.

„Was mag ihn wohl so zornig gemacht haben? Bin ich es, hat er vielleicht ein schlechtes Gewissen, oder ärgert es ihn, dass ich noch lebe?“

Es dauerte nicht lange, da kam dieser wieder zurück, aber nicht allein, ein Heer von Hubschraubern kam auf uns zu.

Wir ritten etwas langsamer und sahen zu den Hubschraubern, da wurde aus den Hubschraubern auf uns geschossen, einer nach dem anderen fiel vom Pferd.

Immer mehr fielen vom Pferd und nach einiger Zeit saß ich alleine noch auf einem Pferd.

„Warum, was ist nur, was hab ich nur verbrochen? Dass alle von Kugeln getroffen wurden und sterben mussten, nur ich nicht."

Nach getaner Arbeit verschwanden die Hubschrauber in der Dämmerung und der Lärm des Kampfes ließ nach, nur ein jegliches Gejammer blieb, das immer stärker wurde.

Ich stieg vom Pferd und ging zu den Verletzten, um zu helfen, und hob einem von ihnen den Kopf an, dieser fragte mich: „Warum? Was haben wir verbrochen?"

„Ich glaube, ihr habt einen gravierenden Fehler gemacht, ihr habt einen Todgeweihten gerettet."

Nachdenklich ließ er seinen Kopf nach hinten sinken und verstarb.

Tiefe Trauer überkam mich, ich ließ mich in den Sand sinken und wollte mit ihnen sterben.

Im Krankenhaus.

Mein Körper hatte sich zu einer Wurst geformt, ich lag da wie eine gefüllte Wurst, so sehr war ich mit Wasser aufgeschwemmt.

Kein Kopf, keine Füße waren erkennbar, es war alles miteinander verschwollen und kein Leben war in dieser Wurst zu erkennen.

Mein Sohn Andreas sagte etwa ein Jahr nach meinem Unfall zu mir, als wir uns mal bei einem Glas Wein unterhielten, er hätte mich in einer Wurst gesehen, in einer Riesenwurst mit 150 Kilogramm, das hatte ihn sehr getroffen.

Als meine Frau die Ärzte nach meinem Zustand befragten, war die Antwort verschieden, die einen sagten, er kämpfe sehr, der andere, Lunge, Leber, Herz wären wie ein Badschwamm, niemand konnte genau etwas sagen, es blieb abzuwarten.

Mein Körper hing an sämtlichen Maschinen, die eben meinen Körper am Leben erhielten. Nun versagten auch noch die Nieren und diese Wurst wurde immer dicker. Ein jeder hatte Angst, war aber auch interessiert, was passieren würde, wenn diese künstliche Haut dem Wasserdruck nicht mehr standhalten würde.

Ich glaube, zu diesem Moment hatte jeder den letzten Hoffnungsschimmer für mich aufgegeben. Meine Frau flehte, sie sollten doch noch versuchen, mich an die Blutreinigungsmaschine anzuschließen, was sie auch nach einigen Tagen machten.

So gingen in meinem Körper nur noch Schläuche rein und raus, so blieb mein Körper noch warm.

Auch glaubte niemand daran, dass in meinem Körper noch Leben war, und ich war auch nicht mehr im Körper, sondern Geist und Seele machten sich auf den Weg zu ihrer nächsten Aufgabe.

Ich drückte meine Augendeckel fest zusammen, sodass ein Gewirr von bunten Punkten und Strichen in meinen Augen erschien.

Das Schwarz um mich wurde immer schwärzer, die Striche um mich begannen sich zu bündeln und wurden dicke Stränge.

Auf einmal fand ich mich in einem Kokon wieder und dieser Kokon bewegte sich in diesen Strängen vorwärts.

Immer schneller wurde meine Fahrt und diese Röhren, in denen ich nun reiste, waren aus durchsichtigem Material, eventuell aus Glas oder Kunststoff.

Der Kokon wurde von etwas angezogen und so bewegte sich der Kokon vorwärts.

Meine Reisen dauerten lange, mir kam es so vor, als wären es Wochen, in denen ich in diesen Röhren reiste.

Zwischendurch sah ich in einen Wald von Röhren, dann wiederum kamen mir nur hin und wieder einige näher oder in die Quere.

Wenn ich heute darüber nachdenke, bin ich mir sicher, dass ich in einem Kosmos reiste.

War es nun wirklich der Kosmos oder war es der menschliche Kosmos (Körper), den ich durchquerte?

In der Zwischenwelt sah man sehr oft mit dem dritten Auge und so sah ich mich auch bei diesen Reisen mit dem Kokon oft mit dem dritten Auge und da sah das Röhrennetz oft aus wie das Nervensystem des Menschen oder dessen Gefäße, durch die ich mit Höchstgeschwindigkeit raste.

Immer weiter führte mich die Reise, sodass sich meine Gefühle damit abfanden, dass ich nun so weit von Zuhause fort sei, dass es unmöglich sein würde von hier noch mal nach Hause zu finden.

Ich wurde in Transportmitteln transportiert, die ich noch nie gesehen hatte und die es, vermutlich, auf der Erde auch nicht gab.

Immer wieder hatte ich physische Einbrüche, wobei ich meinen Körper vollkommen aufgab und nur noch sterben wollte.

Immer schneller raste ich durch die Röhren, Lichtgeschwindigkeit muss langsam dagegen sein, ausgerechnet ich sauste hier mit enormer Geschwindigkeit durch die Gegend, wo ich sonst doch die Vorsicht in Person war, so presste ich meine Augen fest zusammen, sodass ich nichts mehr sehen würde. Bis hierher befand ich mich immer im gleichen Geflecht und die Atmosphäre veränderte sich nicht, doch nun war etwas anders. Die Atmosphäre um mich hatte sich verändert und ich begann vorsichtig meine Augen zu öffnen, es war die Neugierde und vor allem der winzige Hoffnungsstrahl, den ich immer mit mir trug, auch wenn die Situation noch so aussichtslos erschien, vielleicht doch noch mal nach Hause zu kommen.

Eine leichte Windbrise wehte über meinen halbnackten Körper, mich begann es zu frösteln und meine Augen öffneten sich weiter.

Ich lag am Rücken und über mir war ein blauer Himmel zu sehen, ich richtete mich auf und machte einen Rundblick.

Ich saß hier auf einer leichten Anhöhe, diese Anhöhe war sehr steinig und zwischen den Steinen fanden sich kleinere Felsenstücke.

Zum Wasser hin wurde es sandiger und feiner roter Sand traf auf Wasser.

Ich saß hier auf einer kleinen Insel, die ich überblicken konnte, rund um mich war Wasser.

Pflanzen wuchsen hier keine und Lebewesen gab es wahrscheinlich auch nicht.

Nun wollte ich meinen Körper drehen, da standen meine beiden Pfleger neben mir.

„Auf, Herbert, genug geschlafen."

„Wie komme ich hierher?"

„Wir haben dich hierhergebracht, du hast noch ein paar Aufgaben zu erledigen."

„Ausgerechnet ich, wie sagt ihr immer, der Verbrannte, ich bin verbrannt, welche Aufgaben soll ich erledigen?"

„Schau hier drüben, der Punkt, der am Horizont auftaucht, siehst du ihn?"

„Ja, sehe ich."

„Entspann dich und beobachte ihn."

Hinter dem Punkt war die riesige Sonne, sie war anders, nicht so wie bei uns auf der Erde, sie war riesig.

Ein riesiger dunkelroter Feuerball, der gelbes Feuer von sich spukte, sie befand sich gerade vor der Wasseroberfläche am Horizont und reichte so weit in den Himmel, dass ich meinen Kopf nach oben heben musste, um ihr Ende zu sehen.

Dort, wo scheinbar diese Sonne das Wasser berührte, waren mächtige Wasserdampfwolken, es sah aus, als würde das Wasser kochen, wo die Sonne auf Wasser traf.

Langsam kam der Punkt näher und formte sich zu einer Pyramide, mein Gehör erfasste leise Musik und lachende Stimmen.

Die Pyramide kam näher und näher und nach einiger Zeit legte sie am Strand an.

Es war ein mächtiges Bauwerk aus Stahl, hunderte Meter hoch und ein Fassungsvermögen von einer kleinen Stadt.

„Auf, Herbert, wir gehen!“

„Müssen wir auf die Pyramide?“

„Ja, wir müssen mit ihr fahren.“

Die Trommelmusik, die mich immer begleitete, spielte in voller Lautstärke und tausende Menschen, die auf dieser Pyramide ihr Unwesen trieben, tanzten mit dem Rhythmus.

Diese Musik ging unheimlich ins Blut.

„Sollte ich jemals wieder zur Erde zurückkommen, könnte ich gutes Geld verdienen mit diesen Dingen, die ich hier sehen und hören darf“, dachte ich mir.

Wir gingen in das Innere der Pyramide, sie war vollkommen aus Glas, das Gerüst aus dicken Eisenrohren und einem Geflecht aus Etagen.

Diese Sonne hier warf eigenartiges Licht in diese Pyramide.

„Also auf der Erde kann ich hier nicht sein!“, dachte ich mir und ich wurde weiter in das Innere der Pyramide gebracht.

Hier sammelten sich viele Menschen und ich musste mich zu ihnen gesellen.

Auf einmal begann sich der Boden, mit uns versammelten Menschen, zu heben, das war ein Lift.

Mit diesem offenen Lift wurden wir auf die Spitze der Pyramide gebracht, es gab bei diesem Lift kein Geländer, und da ich Höhenangst hatte, arbeitete ich mich zur Mitte dieses Liftes vor.

Nun kamen wir zur Spitze dieser Pyramide und die Plattform, auf der wir standen, verschloss die Pyramide von außen.

Wir befanden uns in gewaltiger Höhe und ein herrlicher Ausblick wurde uns geboten zu dieser Sonne, die ganz nah an diesem Planeten kreiste. Da die Sonne so nah bei uns war, bot uns der Himmel ein vollkommen anderes Aussehen als bei uns auf der Erde.

Dieser Himmel war nicht von meiner Welt, diesen hier hatte ich noch nie gesehen, dunkles Rot wie in einem Vulkan, Rot ist zwar eine warme Farbe, doch dieses Rot fühlte sich kalt an, komisch.

Auf dieser Pyramide arbeiteten keine Menschen, sie vergnügten sich nur.

Hier gab es alles, was man sich an Freizeitvergnügen vorstellen konnte.

Nur war alles anders, nichts ähnelte dem, was es bei uns auf der Erde gab.

Ich kam aus dem Staunen nicht mehr raus, alles war einfach produziert, doch viel effizienter als Dinge auf der Erde.

Ich wollte all das Neue für mich in mein Hirn packen und mit zur Erde nehmen, doch einige Wochen nach meiner Tiefschlafzeit verschwanden alle für mich wichtigen Dinge hinter einem Vorhang, den ich bis heute nicht öffnen kann. Dies sind Dinge, die zurzeit auf der Erde nichts verloren haben, und somit darf ich sie nicht sehen.

Ich sehe sie durch den Vorhang doch nicht so gut, dass ich sie nachbauen könnte.

Fast ein jeder der Menschen hier hatte eine Art Surfbrett, doch es ähnelte nicht denen von Mutter Erde.

Mit diesen Geräten, die die Menschen an ihren Füßen hatten, war es ihnen möglich auf Wasser zu gehen, sie gingen die steilen Wände der Pyramiden empor, sie bewegten sich unter Wasser wie Fische und legten enorme Strecken in kürzester Zeit mit diesem Brett zurück.

Sie bauten mit ihren Körpern und Geräten die Pyramiden immer größer, alles ging schnell, für mich zu schnell, als dass ich dies gedanklich verfolgen hätte können.

Alle hatten auf dieser Pyramide eine Einheitskleidung und auch ihre Geräte glichen sich.

Weit unten bei diesen steil abfallenden Pyramidenwänden war zu sehen, dass sich Menschen auf Rutschen amüsierten.

Sie surften, schwammen, doch egal, was sie machten, sie tanzten zu all ihren Aktivitäten.

Diese Menschen hier, sie bewegten sich im Rhythmus zur Trommelmusik.

Die Menschen konnte man auch nicht in ihrer Tanzaktivität stören, sie waren wie in Trance oder wurden von außen gesteuert und hatten kein eigenständiges Ich, sondern waren wie Roboter.

Die ganze Pyramide tanzte, sodass Glas und Eisen vibrierten.

Die Pyramide entfernte sich vom Strand, mit mir an Bord, und zog aufs offene Meer hinaus.

Noch immer stand ich hier auf der Plattform dieser Pyramide und wusste nicht, wie mir geschah, was, wann und wo ich etwas machen könnte oder dürfte.

Ich konnte niemanden fragen, was ich hier nun machen sollte, denn diese tanzenden Menschen tanzten, wobei sie sich nicht stören ließen, sie tanzen wie Aufziehmännchen, ununterbrochen.

Viele der Menschen, die mit mir hier hochgefahren waren, hatten diese Hebebühne bereits verlassen.

Ich wusste nicht, wo ich hin sollte, so blieb ich am selben Platz stehen und beobachte alles mit offenen Ohren und Augen, von einem sicheren Platz aus, nämlich von der Spitze der Pyramide.

Da tauchte am Horizont eine weitere Pyramide auf, ihre Farbe war hellrosa.

Dies hier musste die Welt der Pyramiden sein, denn man sah hier nichts anderes als Pyramiden.

Ich war sicher nicht der erste Mensch der Erde, der diese Welt zu sehen bekam, nun war mir völlig klar, wie vor tausenden Jahren auf unserer Erde, auf jeweils gegenüberliegenden Seiten der Weltkugel, Pyramiden gebaut und diese zu Mittelpunkten des Glaubens gekürt wurden.

Die Pyramide, die auf uns zukam, war um einiges größer, als die, auf der ich mich nun befand.

Diese hellrosarote Pyramide kam mit großer Geschwindigkeit auf uns zu, immer näher kam sie.

Dieses Bauwerk war drei Mal so groß wie die Pyramide, auf der ich mich nun befand, und wir waren auf Kollisionskurs, keine der beiden Pyramiden machte den Anschein, als würde sie langsamer werden, im Gegenteil, alle begannen zu jubeln und jubelten mit Tanzbewegungen.

Die Menschen hier sahen die Gefahr nicht, sie tanzten weiter, rutschten auf Rutschen und kümmerten sich überhaupt nicht um die drohende Gefahr.

Die Umgebung jeder einzelnen Pyramide war voll mit sich austobenden Menschen im Wasser und ich sah, als die Pyramiden sich schon sehr nah waren, wie die ersten Menschen von dem Sog der Pyramiden verschluckt wurden.

Auch die andere Pyramide war voll besetzt mit Menschen, auch diese tanzten zur selben Musik, alles schien gleich.

Doch einen Unterschied gab es, die Tänzer tanzten zwar zur selben Musik, doch sie schwangen in beiden Händen Schwerter.

Die beiden Pyramiden kamen mit großer Geschwindigkeit aufeinander zu, eine Konfrontation war nicht mehr zu vermeiden.

Ein großer Teil der Menschen, die sich auf den beiden Pyramiden befanden, würde in wenigen Augenblicken sterben.

Doch niemand von denen, die sich in der Gefahrenzone befanden, schien die Gefahr zu bemerken und zu flüchten, nein, sie tanzten fröhlich weiter.

Da geschah es, die beiden Pyramiden trafen aufeinander, sie drückten sich ineinander, die kleinere der beiden Pyramiden, auf der auch ich mich befand, wurde von der großen förmlich verschluckt.

Tausende Menschen wurden von Eisenträgern und Glas, das wie durch eine gewaltige Explosion durch die Lüfte flog, erdrückt oder zerstückelt.

Die größere der beiden Pyramiden musste bereits viele kleine Pyramiden verschluckt haben, denn sie ging in ihrer Form nach außen hin auseinander, wie die Dachfläche des Olympiastadions in München.

Ich wurde durch den Aufprall von meinem Platz auf der anderen Pyramide geschleudert und landete auf einer steil abfallenden Wand.

Ich rutschte talabwärts, die vielen Splitter, die hier herumlagen und flogen, trafen mich, dies fühlte sich an, als hätten mich hunderte Nadeln getroffen.

Ich kam in einer Mulde zu liegen und lag auf dem Rücken.

Einige Sekunden brauchte ich, um mich zu fangen, holte danach tief Luft und sah mich in alle Richtungen um.

„Leb ich immer noch?", fragte ich mich, dies konnte ich nicht beantworten, denn diese Welt war nicht die meine, und wie es im Jenseits aussah, wusste ich nicht.

Ich blieb liegen, starrte in die Luft und betrachtete diesen seltsamen Himmel.

Diese riesige Sonne, als ich in dieser Welt ankam, war sie noch zur Gänze über dem Wasser und nun war sie bereits zur Hälfte vom Wasser verschluckt.

„Also auch diese Weltkugel dreht sich!", dachte ich mir und weiter verharrte mein Blick Richtung Sonne.

Mein Blick verharrte einige Zeit in diesem Blickwinkel und nach einiger Zeit schwirrte es in meinem

Kopf, dass dies nicht sein könnte, dann wagte ich es, Richtung Pyramide zu sehen.

Hier hatte sich alles verändert, diese riesige Pyramide war außen übersäht mit Menschen.

Diese Menschen sahen aus wie ich und die Trommelmusik spielte immer noch, nur leiser.

Es dauerte nicht lange und sie wurde wieder lauter, wieder diese Musik, die mich andauernd verfolgte.

Auf einmal begann sich die Musik zu vermischen mit einer anderen Musik, klassische Musik von einer Schönheit, wie ich sie zuvor noch nie gehört hatte.

Die Trommelmusik wurde übertönt und verschwand langsam.

Ich war nicht auf der Erde, alles sprach dafür! Die Sonne, die in diesem Ausmaß nie auf der Erde scheinen könnte, das Wasser war rot und dann noch die Anziehungskraft, sie war viel geringer als die auf der Erde, man schwebte förmlich.

„Von hier komm ich nie mehr weg, mein Leben wird hier enden", dachte ich mir und begann mich mit schwerem Herzen mit dieser Situation abzufinden.

Einige Minuten verharrte ich in Trauer und begann nach einiger Zeit meine Blicke wieder den vielen Menschen zuzuwenden.

Diejenigen, die den Zusammenstoß überlebt hatten, tanzten weiter, aber nun mit Schwertern.

In beiden Händen hatten sie jeweils ein Schwert und ihre Schwerter schwangen, dass es so aussah, als liefen in ihren Händen gleichmäßig zwei Sägeblätter.

„Das kann nicht normal sein, was ich hier sehe."

Diese Menschen hier, sie machten ihre Arbeit, aber ihre Arbeit war die Bewegungen mit ihren Schwertern.

Wie Maschinen, ohne jegliches Anzeichen von Gefühl oder Müdigkeit, schwangen sie ihre Schwerter, stunden- oder sogar tagelang.

Ihre Blicke waren zum Meer gerichtet und verharrten mit eiskalter Ausstrahlung, mit tanzender Bewegung schwangen sie ihre Schwerter.

An ihren Händen mussten diese Schwerter irgendwie montiert sein und durch die rhythmischen Bewegungen begannen sich ihre Schwerter zu bewegen.

Hin und wieder kamen welche aus der Bahn, wobei sie sich selbst schwere Verletzungen zufügten, sodass Hände oder Füße davonflogen, doch das gehörte vermutlich zu ihrem Spiel.

Diese Verletzungen, die sie sich zufügten, schienen sie nicht zu stören, waren sie zu groß, verließen sie ihre Koje und gingen in das Innere der Pyramide.

Durch das Glas, auf dem ich lag, sah ich in das Innere dieser neuen Pyramide, da kamen weit unten, über eine Stiege, laufend Menschen in das Innere der Pyramide hoch, die dürften die Ausfallenden ersetzen.

Ich lag hier auf einer Glasdachmulde und beobachtete dieses verrückte Volk.

Um mich herum waren die Massen an Menschen mit ihren Schwertern, ihr starrer Blick war Richtung Meer gerichtet, ich war für sie nicht interessant.

Voll konzentriert tanzten sie zur Musik und ließen ihre Schwerter tanzen.

Leichtes Krachen verspürte ich unter mir, ich warf meinen Blick auf das Glas, auf dem ich lag, und bemerkte, wie das Glas zu springen begann.

Immer mehr Sprünge bildeten sich, ich wollte aus der Gefahrenzone, doch mein Körper reagierte nicht auf meinen Willen.

All meine Anstrengung half wie immer nichts und das Glas brach, ich stürzte in die Tiefe.

Ich fiel hunderte Meter und landete im Wasser, tauchte tief ins Wasser ein und traf unter Wasser auf reges Treiben.

Lebewesen sausten wie Blitze an mir vorbei und hinterließen einen Sog, der mich hunderte Meter mitzog.

Was kann sich nur so schnell bewegen?

Der Sog schleuderte mich hoch, dann zog er mich wieder nach unten, so wurde ich durch das Wasser getrieben.

Endlich ließ der Sog nach und ich konnte auftauchen, ich holte mal tief Luft, während ich wie wild mit Händen und Füßen strampelte und Angst hatte vor dem Untergehen.

Als ich mich etwas fing, blickte ich in eine hellstrahlende Pyramidenspitze, die, wie es schien, kein Ende hatte, zumindest konnte ich nicht so weit sehen.

Wieder wurde ich nach unten gezogen, da beobachtete ich, wie sich diese Lebewesen vorwärtsbewegten.

Sie mussten von etwas angezogen worden sein, so bewegten sie sich vorwärts.

Durch diesen unkontrollierten Verkehr fügten sie sich gegenseitig schwerste Verletzungen zu, doch Verletzungen schienen hier normal zu sein und niemand verzog dabei eine Miene.

Sie sahen aus wie Menschen, aber waren im Inneren wahrscheinlich Maschinen.

Auch ich war einer der Betroffenen, etwas hatte mich am Fuß erwischt, ehe ich sah, was es war, war es auch schon verschwunden.

Ein Stück meines Oberschenkelmuskels hatte es erwischt.

Ich hätte vor Schmerzen schreien können, nur wie, immer noch befand ich mich unter Wasser und versuchte vergeblich nach oben zu kommen, um Luft zu bekommen.

Endlich konnte ich kurz an die Wasseroberfläche und Luft schnappen, schon wieder zog mich etwas unter Wasser.

Stundenlang ging es durch das Wasser und ich kämpfte nur um Luft.

Auf einmal wurde ich erfasst und mit voller Wucht aus dem Wasser geworfen, ich landete auf einem Betonsockel.

Dies fühlte sich an, als wäre nicht ich auf den Betonsockel gefallen, sondern der Betonsockel auf mich.

In mir krachten alle Knochen und wieder hatte ich das Gefühl des Zerquetschens.

Auf einmal war es totenstill um mich und über mir begann sich wieder die Karamellkuppel zu formen.

Da rief mich eine Stimme: „Papa, wo bist du!“

Kein Laut war zu hören, nur diese Stimme durchdrang die Totenstille ganz leise.

Automatisch streckte ich meine Hand in die Richtung, woher die Stimme kam.

Da kniete Kati neben mir und sagte: „Du schaust aber nicht gut aus, Papa.“

Alles passierte wie in Trance, und ehe ich antworten konnte, war Kathi wieder verschwunden.

Meine Augen suchten nach ihr, dabei sah ich, wie sich die Karamellkuppel wieder lichtete und ich mich wieder in der Pyramide befand.

Ich lag noch immer auf dem Betonsockel und mein Blick suchte nach Kati, die ich aber nicht mehr fand.

Ich richtete meine Blicke Richtung Pyramidendecke, ein schönes, helles Licht drang durch die Spitze der Pyramide.

Das Licht traf mich, helles, weißes Licht umgab mich und blieb anhaltend, in mir war nur noch Licht.

Das Licht hatte eine betäubende Wirkung auf mich und ich fühlte mich frei, ohne Körper, diesen fühlte ich nicht mehr.

Auf einmal fiel ich ins Wasser zurück, das wärmende Licht war verschwunden und ich sank tief im Wasser ab.

Wieder rief jemand nach mir, ich erschrak und erwachte aus meiner Trance, begann zu strampeln und der Drang nach Luft wurde wieder stark.

Ich arbeitete mich im Wasser hoch, auf einmal packte mich jemand an meinem Oberarm, zog mich aus dem Wasser und ich wurde ins Trockene gebracht.

Es waren meine Pfleger, die mich aus dem Wasser zogen, und einer von ihnen fragte schroff: „Du bist noch immer hier?“

Ich war erschöpft, bekam schwer Luft, mein Körper war schwer wie Blei und hatte keine Lust mehr.

„Bitte, lasst mich einfach in Ruhe, ich mag nicht mehr.“

Doch die beiden packten mich, nahmen mich unter ihre Arme und gingen mit mir.

Ehe ich es vernahm, waren wir bereits ziemlich weit oben in dieser Pyramide.

Hier gab es eine Plattform, auf der Sessel und Tische standen. Der Boden war fast durchsichtig, man sah durch ihn, nur war das Glas etwas milchig und hier saßen wir auf einmal, die beiden Pfleger und ich.

Die beiden sprachen miteinander und nun konnte ich sie auch verstehen, sie sprachen über eine Gruppe, die hier ihr Unwesen treiben sollte.

Sie sollten riesige Pyramiden besitzen und Männer, die zu allem bereit seien, führten diesen Haufen an.

„Noch wildere Menschen als diese hier kann es doch nicht mehr geben!“, sagte ich mir.

Sie würden Leute von außen anwerben, die sich mit ihnen messen könnten, und Massen an Menschen würden zu ihnen strömen, dies sei eine Riesengefahr.

Sie sprachen schon lange mit mir, nur dauerte es immer einige Zeit, bis ich ihre Sprache verstand.

Nun verstand ich sie und ich wollte wissen, auf welchem Kontinent wir uns hier befinden würden, doch sie gaben mir auf diese Frage keine Antwort.

Ich wusste es und war mir sicher, dass wir nicht auf der Erde waren, nur wollte ich dies von ihnen hören, aber auf gewisse Fragen wollten sie mir keine Antwort geben.

Da sah mich auf einmal einer von ihnen an und sagte: „Schau, Herbert, sieh hier aus dem Fenster, dort hinten am Horizont sieht man sie bereits, sie kommen auf uns zu und werden uns verschlingen, wir werden alle sterben.“

„Ich bin doch schon tot!“

„Nein, Herbert, sonst wären wir doch nicht bei dir!“

„Jetzt muss ich schon wieder sterben, warum nur?“

Ich bekam keine Antwort, wir saßen da und beobachteten diese neuartige Pyramide, wie sie auf uns zukam.

Sie war anders als die Pyramiden, die ich bereits kennenlernen durfte.

Obwohl sie noch weit von uns entfernt war, sah ich, wie sie sich bewegte, das ganze Objekt schien zu leben.

Nun war sie schon etwas nähergekommen und dieses Objekt hatte kein Ende, soweit unser Blickwinkel reichte, so weit erstreckte sich das Bauwerk, über den ganzen Horizont, einer der beiden sagte: „Ich glaube, diese Pyramide erstreckt sich über den ganzen Globus."

Nun war ich schon einige Zeit in dieser Pyramidenwelt, so nannte ich sie, und hatte noch kein Festland gesehen, außer dieser kleinen Insel, auf der ich aufgewacht war.

Die Gelegenheit war nun günstig, glaubte ich, denn sie waren gesprächig und ich wollte wissen, ob es hier nur Wasser gab oder doch auch Festland.

Meine Neugierde war groß und ich musste sie fragen: „Wo gibt es hier eigentlich Land? Außer dort, wo wir zu Beginn saßen, gibt es hier kein Land."

Also hier auf diesem Planeten gab es nur Wasser und die Anziehungskraft des Planeten war auch geringer als auf der Erde.

Nun kam dieses Werk immer näher und man konnte bereits detaillierte Szenen erkennen.

Dieses Bauwerk wirbelte extrem hohe Wellen auf, vor diesen Wellen war eine Vorhut an Menschen, tausende, wenn nicht zehntausende, auf interessanten Maschinen unterwegs.

Ich konnte die Maschinen genauestens auskundschaften und dachte mir, dass ich diese Technik unbedingt zur Erde mitnehmen müsste, sollte ich noch mal die Gelegenheit bekommen, die Erde zu betreten.

Außen an dieser Pyramide waren Rampen montiert, auf denen Menschen mit Schwertern gegenseitig kämpften.

Treppen führten von einer Rampe zur anderen und all dies war verbunden wie ein Spinnennetz.

Es waren gigantische Anblicke, für mich deswegen so imposant, weil ich mir so ein Bauwerk auf Erden nie vorstellen könnte, und natürlich war diese Kampfbereitschaft, die diese Menschen hatten, enorm, ich hoffte innerlich, dass sich solche Ereignisse auf der schönen Erde nicht ereignen würden.

Ich hatte mich immer für Technik, neueste Bauwerke und auch Geschichte sehr interessiert und deswegen konnte ich nicht genug abspeichern, so vielfältig war diese Welt. Dieses Bauwerk, das nun auf uns zukam war etwas ganz Besonderes, jeder Punkt, an dem sich Eisenteile trafen, war beweglich, es schien, alles glich es sich von selbst aus. Obwohl alles in Bewegung war, war auch alles ruhig. Das fand ich sehr interessant.

Im Nachhinein musste ich sagen, dass es eine besondere Ehre für mich war, dies alles zu erleben.

Mir blieben Augen und Ohren offen und vor lauter Interesse hatte ich keine Angst vor dem Zusammenprall.

Ich konnte mich von meinem Platz nicht entfernen, ich sah nicht den direkten Aufprall, doch ich sah, wie diese Menschenmassen, die sich vor der Pyramide im Wasser befanden, in die Enge getrieben wurden und wie das Wasser zu kochen begann, als diese nicht mehr auskonnten.

Einige Augenblicke später war es so weit, ich wurde aus meiner Starre gerissen, und ehe ich mich versah, saß ich wieder in einem Raum mit meinen Pflegern und betrachteten die neue Pyramide von innen.

Gegenseitig sahen wir uns an, wollten nach außen sehen, nur dies ging nicht so gut wie in der anderen Pyramide, hier war auch das Außenglas milchig.

Wir saßen wieder auf etwas Ähnlichem wie Bänke, nach außen konnte man nur durch ein großes Tor sehen, es war sicher acht Meter hoch und auch die Breite hatte etwa dieses Ausmaß.

Durch diese Öffnung konnten wir nach außen sehen, und es musste, im Freien, ein Plateau gegeben haben, denn die Wände waren aus, aber weiter draußen, standen noch Menschen.

Da kam ein riesiger Mann herein mit Schwertern in seinen Händen, wobei ein jedes der Schwerter zwei Meter in der Länge hatte.

Er kam auf uns zu, sah uns an und sagte: „Seid ihr neu? Wisst ihr nicht, ihr müsst euch von unten nach oben kämpfen, aber du, Verbrannter, du musst dich von oben nach unten kämpfen, um zu überleben!"

Er lächelte und kam näher, hob einen von seinen Füßen, stellte ihn auf die Bank, auf der ich saß, sah mich sehr streng an, ich glaubte, er war dreimal so viel wie ich und vor allem sehr groß, und sagte: „Hast du verstanden, was ich sagte?"

Ich hatte ihn nicht verstanden, konnte auch nicht antworten, so verwirrt war ich, so gab ich nur ein Zeichen mit dem Kopf. „Nein."

Er hatte mehr von mir erwartet, so kam es mir vor, doch dann richtete er sich auf und dieser große, selbstbewusste Mann schritt mit großen Schritten wieder in Freie.

Hier auf dem Podest, auf dem unsere Bänke standen, worauf wir saßen, war alles aus Glas und wir konnten in die Tiefe blicken, die aber extrem weit von uns entfernt schien.

Mir wurde es schlecht, als ich merkte, dass unter mir nur noch Glas war.

Durch genaueres Hinsehen konnte ich einiges erkennen, was sich unter uns abspielte.

Zuerst sah es so aus, als wäre da unten ein riesiger Ameisenhaufen, in dem sich alles bewegte.

„Das kann nicht sein", dachte ich mir und bei noch genauerem Hinsehen erkannte ich, dass das, was sich da unten bewegte, keine Ameisen waren, sondern Menschen.

Ich war nur so weit von ihnen entfernt, dass sie aussahen wie Ameisen.

Es waren Menschen, die über Stufen von einer unteren Etage nach oben kamen, es waren Massen, jeder hatte seine eigenen Schwerter mit und sie strömten nach außen.

Von oben sah es aus wie ein Loch in einem Ameisenhaufen, aus dem Ameisen einfach rausgespuckt wurden.

Ich wurde in diese Welt ausgespuckt, wusste nicht, wo ich war, hatte niemanden, mit dem ich sprechen konnte, war in einer Welt, in der Gefühle fremd waren, war hier geschlüpft wie ein Küken aus dem Ei ohne das Huhn, das es wärmte.

Ich fror und musste hier weg, ich hatte mein Leben schon lange aufgegeben, doch was hilft das, wenn ich sterbe und kurz danach wieder lebe und wieder sterben muss und das hunderte Mal, so musste ich doch versuchen nicht zu sterben, es blieb mir keine andere Wahl.

Mich kannte ein jeder, egal, wo ich hinkam, jeder kannte den Verbrannten.

Vorsichtig setzte ich den ersten Fuß auf den Glasboden, ich stand auf etwas Festem, dann kam der zweite Fuß, ich stand auf dem Glas.

Fuß um Fuß bewegte ich mich Richtung Öffnung, wo der riesige Mann hingegangen war.

Meine beiden Pfleger riefen mir nach, obwohl sie ansonsten nicht sehr gesprächig waren, sagten sie mir: „Dies war der Oberste auf dieser Pyramide, der gerade zu uns sprach."

Oh Gott, ich dachte es mir noch insgeheim, jetzt aber musste ich zu ihm hinaus!

Es waren nur einige Meter, die ich auf Glas gehen musste, danach hatte ich wieder festen Boden unter meinen Füßen.

Ich konnte mich uneingeschränkt bewegen und so schritt ich Richtung Öffnung.

Als ich durch das riesige Tor ging, erreichte mich ein Anblick sondergleichen.

Ich befand mich in einer enormen Höhe, über mir waren nur noch etwa zehn Meter bis zur Spitze, und diese Pyramide glänzte wie Gold.

Tatsächlich war es nicht Gold, sondern diese eigenartige Sonne hier, die so groß war, dass sie ein Drittel des Horizonts einnahm, dessen Licht ließ die Spitze der Pyramide erglänzen.

Unter mir, etwa eine Etage tiefer, stand dieser riesige Mann, der mich als Verbrannter erkannt hatte, und spielte mit seinen Schwertern.

Nicht zu glauben, ich stand für einen kurzen Moment über dem Höchsten dieser Pyramidenwelt.

Immer wieder schlug er nach unten, so, als würde er etwas abwehren, über mir befanden sich keine Menschen mehr.

„Wie soll ich nur von hier nach unten kommen?"

Ein, zwei Schritte wagte ich mich noch nach vorne, dann blieb ich stehen, ich hatte Angst, dass mich der riesige Mann erblicken würde, doch seine Blicke waren Richtung Meer gerichtet.

Nun hatte ich einen noch besseren Überblick über das Geschehen unter mir.

Eine Etage unter dem großen Mann waren weitere Kämpfer, sie kämpften gegeneinander, dann wagte es wieder einer und versuchte sich über das Gestänge etwas höher nach oben zu bewegen, um Schläge nach oben weiterzugeben.

Doch der Mann unter mir war auf seinem Platz sicher, er wehrte sie spielend ab und verursachte immer wieder Verletzungen bei den Angreifern.

Diese müssten noch eine Anhöhe von etwa vier Meter überwinden, um hoch zu kommen, dies war nicht leicht für sie.

So sah ich, dass einem die Hand abgeschlagen wurde von diesem großen Mann, was ihm scheinbar nichts ausmachte, er kämpfte mit einer Hand weiter, wurde doch dann zurückgedrängt, eine Etage um die andere.

Er kämpfte sich weiter nach unten und weiter unten, wo bereits sehr viele Kämpfer waren, dort wurde er zerstückelt.

„So wird es mir auch ergehen", schoss es mir durch den Kopf.

Diese Pyramide war unendlich, sie reichte von einer Seite des Horizonts zur anderen Seite, ich befand mich in enormer Höhe und überblickte das ganze Geschehen über den Kopf des Königs.

Wo das Pyramidenende in das Wasser traf, kochte das Wasser einige hundert Meter in das Meer hinaus, hier waren Massen an Menschen beschäftigt, die Pyramide immer größer zu bauen.

Es war eine enorme Bewegung, die vor der Pyramide hinweg zog.

All diese Maschinen, die mir vollkommen fremd waren und die es auf der Erde sicherlich nicht gab, konnte ich erblicken und prägte sie mir fest ein.

Die gesamte Pyramide war aus Glas und außerhalb des Glases war ein Geflecht von Eisenrohren, die die gesamte Pyramide außen mit Treppen und Stegen versorgte.

Auf den Treppen und Stegen kämpften sich die Menschen von unten nach oben, unten waren die Stege breiter und nach obenhin wurden sie immer schmäler, bis sie kurz vor ihrem Richter standen und kurz danach ihr Ende kam.

Nun sollte ich von hier verschwinden, der Oberste, der vor mir stand, hatte mich sicher bereits im Visier, doch er sah nicht zu mir zurück, so begann ich mich vorsichtig nach unten vorzuarbeiten.

Mein Körper war beweglich, doch hatte ich eine Starre in mir, wegen der ich mich nur ganz langsam bewegen konnte.

Über dieses Eisengerüst, das die Pyramide umgab, kam ich eine Etage tiefer.

Mit Herzklopfen machte ich mich auf den Weg, dem König zu entkommen.

Noch eine Etage tiefer kämpften einige miteinander, sie waren genauso groß wie der Oberste, ich fragte mich: „Sind hier alle so groß?“

Die hier miteinander kämpften, kämpften nicht mit Ernst, sondern aus Vergnügen, schien es mir.

Alle waren hier beschäftigt und ich hoffte, dass sie mich nicht sahen, und so versuchte ich mich weiter nach unten zu begeben, doch auf einmal ein Geschrei. Alle versuchten auf mich einzuschlagen, selbst der König schlug von oben nach mir.

Die Schwerter kamen auf mich zu, doch sie trafen sich kurz vor mir und wichen von ihrem Weg ab und trafen auf die Eisenrohre.

Blitze schossen durch die Gegend, ich erschrak so sehr, dass meine Kraft mich verließ, ich sackte zusammen, rutschte zwischen den Eisenrohren durch und landete auf den Glasflächen.

Von nun an ging es bergab, ich rutschte auf den schrägen Glasflächen nach unten.

Heiß wurde es an meiner Haut, mir kam es so vor, als würden sie mir die Haut abziehen. Auf einmal blieb ich an etwas hängen und wurde in das Innere der Pyramide geschleudert und fiel nun im freien Fall nach unten.

Es dauerte nicht lange und ich schlug auf, aber auf Wasser, und tauchte tief in das Wasser ein.

Immer tiefer ging es und es dauerte Minuten, bis ich endlich wieder nach oben gedrückt wurde und zur Wasseroberfläche kam.

Hier befand ich mich nun in einem Fluss mit starker Strömung und diese zog mich mit.

Immer wieder wurde ich nach unten gezogen, wieder mal nach oben geschleudert, nach Stunden wurde das Wasser ruhiger und ich schwamm nun an der Wasseroberfläche, ich musste nicht viel dazu beitragen, um auf dem Wasser zu schwimmen, das Wasser trug mich.

Ich lag auf dem Rücken und betrachtete all dies, wo ich mich gerade befand.

Alles hier war unter Pyramiden, auch dieser Fluss befand sich unter einer Pyramide.

Die Farbe der Glaswände war Hellbraun bis Orange und diese Farben verrannen ineinander, sie waren wunderschön.

Das Wasser reichte von einer Glaswand zur anderen und es gab hier keine Möglichkeit, irgendwo aus dem Wasser zu kommen.

Nun hörte die Strömung auf und es wurde ruhig.

Hier lag ich nun tagelang und konnte nachdenken.

Auf diesem Planeten der Pyramiden, so nannte ich ihn, dürfte es nur sehr wenig Anziehungskraft geben, denn ich lag hier auf dem Wasser, ohne dass ich etwas dazu beitrug.

Die Menschen hier waren sicher bis zu vier Meter groß und dürften sicher 200 Kilogramm auf die Waage bringen, so kann man nur wachsen, wenn der Planet einen nicht zu sehr zurückhält.

Sie waren sicher eine Art Menschenrasse vom Aussehen her, nur dürften ihre Gefühle und geistiger Verstand nicht so ausgeprägt sein wie die der Menschen auf der Erde.

Langsam trieb ich weiter und nach langer Zeit der Einsamkeit und Kälte hörte ich Stimmen, die schnell lauter wurden, und da befand sich mitten im Wasser ein Betonsockel, und hinter diesem befand sich befestigter Boden, auf dem meine beiden Pfleger standen, die zu mir riefen: „Endlich finden wir dich, wir müssen schnell los, die Rampe hebt gleich ab!“

„Ich kann nicht! Ich kann mich nicht bewegen!“

„Wenn wir sagen, du kannst, dann kannst du!“

Sie holten mich aus dem Wasser, nahmen mich unter ihre Arme und marschierten mit mir los.

Zur Pyramide der Sensenmänner:

Von weitem war eine Gruppe Menschen zu sehen, auf die gingen wir zu.

Wir hatten die Menschenansammlung erreicht und ich wurde zu ihnen gestellt.

Der kleinere der Pfleger sagte: „Ihr müsst alle auf die Plattform hier!“

Wir gingen auf die Plattform und diese begann sich zu heben, wieder waren wir Richtung Pyramidenspitze unterwegs.

Ich hatte Höhenangst und fühlte mich schwindelig, alle Mitfahrenden waren ruhig, ich aber drängte mich ins Innere der Menschenmassen vor, wo ich mich sicherer fühlte.

Die Rampe begann sich zu heben, es dauerte einige Zeit, bis uns die Rampe zur Spitze dieser Pyramide brachte.

Hier gab es auch keine Spitze, sondern diese Plattform schloss die Pyramide von oben.

Nun standen wir hier und blickten über diese mächtige Anlage.

Ich hatte mich in die Mitte der Menschenmenge begeben, denn meine Höhenangst war hier besonders präsent.

Wir wurden ruhiger, kein Ton war von uns noch zu hören, nur eine wunderschöne Musik umgab uns und diese nahm uns jegliche Angst.

Angst sollten wir doch haben, denn die ganze Pyramide war mit schwarzen Menschen bedeckt, es waren ganz andere Menschen als die, die ich bis jetzt gesehen hatte, sie waren muskulöser und so groß wie Hansis Sonderzucht. Die Pyramide war voll von ihnen und sie sahen zum Meer hinaus.

Alle tanzten zu dieser wunderbaren Musik und an ihren Händen und Füßen waren Sicheln montiert.

Jede Sichel war etwa einen Meter lang und bis zu 30 Zentimeter breit in der Schneidefläche.

Diese waren seitlich an Unterarm und Unterschenkel montiert.

Von oben sah das Ganze aus wie ein riesiger Ameisenhaufen aus Menschen und der ganze Haufen war in Bewegung.

Hin und wieder gab es Funken, die entstanden, wenn ihre Sicheln auf Eisen trafen.

Nun sprach eine Stimme zu uns: „Geht's nun los?"

Hier gab es keine Eisenstangen, Gitter oder sonstiges, sondern nur Stufen, die sich über die gesamte Pyramide zogen, und so könnte man die gesamte Pyramide besteigen.

Und die ersten von uns stiegen die Stufen der Pyramide hinab.

Sie kamen nicht weit und schon flogen Stücke ihrer Körper durch die Luft.

Aber sie gingen trotz Verletzungen die Pyramide weiter hinab, bis ihre Füße sie nicht mehr trugen.

Diese Musik betäubte uns alle, auch mich, doch war bei mir immer noch Logik im Spiel, nicht so wie bei den anderen, denn sie marschierten geradewegs auf ihr Verderben zu.

Ich überlegte und wusste, dass dies auch mein Ende sei, und suchte, wie immer, nach einem Ausweg, nur gab es hier keinen und Widerspruch gab es in dieser Welt nicht.

Ich war einer der letzten, die losgingen, für mich war es nicht so leicht wie für die anderen, denn zu meinem Bedauern sah ich die Gefahr, die die anderen vermutlich nicht sahen, denn sie reagierten, als wären sie in Trance gewesen.

Vorsichtig begann ich meinen letzten Weg und versuchte den Schlägen der schwarzen Sensenmänner auszuweichen.

Sie standen mit den Rücken zu mir und richteten ihre Blicke Richtung Meer.

Es war wie bei einem Aufziehmännchen, den Blick zum Meer, nicht links, nicht rechts und die Bewegungen hielten dauerhaft an.

So wartete ich immer wieder einen günstigen Moment ab, um durch ihre Sicheln zu gelangen.

Durch ihre gleichmäßigen Bewegungen zur Musik verschafften sie mir immer wieder Schlupflöcher.

Wenn ich einen überlistete, war ich bereits eine Stufe tiefer und unerreichbar für ihn.

Einige Stufen ging es gut, doch dann durchblickten einige von ihnen mein Vorhaben und begannen sich von ihren Plätzen weg zu bewegen.

Nun passierte es, durch die Montage ihrer Sicheln an den Außenseiten ihrer Hände und Füße kamen sie in die Sensenschläge ihres Nachbarn, kamen aus ihrem Rhythmus und begannen sich selbst zu verletzen.

Die Sicheln waren keine Schwerter, somit hatten sie keine Bewegungsfreiheit und durch das Verlassen ihres Standplatzes entstand für sie ein großes Problem, das für mich wiederum ein Vorteil war.

Sie drehten sich und schlugen immer weiter zur Seite aus, um mich zu treffen, doch ich duckte mich, kroch weiter, ich wollte in meiner Panik einfach nicht sterben.

Um mich herum entstand ein Durcheinander, ich war wieder einmal am falschen Platz, diese vielen Verletzten entstanden nur durch meine Schuld.

Sie verletzten sich immer mehr, es schien so, als könnten sie ihren Rhythmus nicht selbstständig steuern, sondern sie schlugen ihren Rhythmus weiter.

Immer weiter breitete sich das Durcheinander aus, es war furchtbar, was ich hier sah, alle wollten zugleich auf mich einschlagen und verletzten sich selbst, ganze Körper wurden in der Mitte durchtrennt.

Köpfe und Hände fielen vom Himmel, als würde es regnen.

Viele ihrer Sicheln brachen beim Auftreffen auf Stein einfach ab.

Sie schlugen und schlugen nach mir, obwohl sie mich gar nicht mehr sehen konnten.

Denn mein kleiner Körper war bedeckt mit Fleischstücken und Blut und anderen Extremitäten.

Mit Gewalt wollte ich mich von all dem ekeligen Zeug befreien, da fiel ich eine Stufe tiefer. Nun waren ihre Blicke wieder auf mich gerichtet, sie sahen mich und schlugen weiter auf mich ein.

Schon glaubten sie mich zu haben und schlugen mit voller Wucht auf mich ein.

Mir schoss es durch den Kopf: „Die früheren Schlachtfelder mussten auch so ausgesehen haben, Hunderttausende starben oft an einem Tag am Schlachtfeld durch das Schwert.

Ach, was sind wir nur für ein armseliges Volk, lassen uns von gewissen Machthungrigen führen, um für sie zu sterben.

Diese Mächtigen sehen nur die Macht, die sie mit aller Gewalt versuchen zu erreichen und zu behalten, hoffentlich müssen all die Mächtigen hierher in diese Pyramidenwelt, in diese Hölle!"

Immer lauter wurde es um mich, zuerst war es ein ruhiges Abschlachten, nur die wunderschöne Musik war zu hören, doch jetzt waren Schlachtgeschrei und die Schläge mit den Sicheln auf Eisen und Stein zu hören.

Sicheln flogen durch die Luft, eine der Sicheln traf auf ein Glas der Pyramide.

Das Glas wurde durchschlagen, zwei der schwarzen Männer brachen ein, einer von ihnen erwischte mich und zog mich mit in die Tiefe, wir fielen.

Nach kurzem Fall trafen wir auf Wasser, die beiden mit Eisen beladenen Männer sanken schnell und zogen mich mit.

Wir sanken und sanken immer tiefer, ich schlug wie wild um mich und konnte mich tatsächlich befreien. Oder hatte er mich mit Absicht freigelassen?

Ich sah den schwarzen Männern nach, dann verschwanden sie in der Dunkelheit des Wassers.

Meine Gedanken und Körper rafften nach Luft, nur Luft und ich versuchte so schnell wie möglich nach oben zu kommen.

Da bekam ich einen mächtigen Schlag, ich schoss durch das Wasser, dann verließ ich dies und landete hart und blieb liegen.

Einige Zeit lag ich hier auf dem Beton, sah zur Decke und wärmte mich an dem hellen Licht, das von der Pyramidenspitze aus zu mir vordrang.

„Ich muss hier weg", schoss es mir wieder durch den Kopf. „Hier will ich nicht sterben, oder bin ich schon gestorben? Und dies ist meine neue Welt?"

Ich wollte es nicht wahrhaben und dachte an Flucht auf eine andere Pyramide, denn überall verhielten sie sich nicht so verrückt wie auf dieser.

Ich sah mich um, dieses helle Licht gab mir Kraft, ich raffte mich auf zur Sitzposition und verweilte einige Zeit im Sitzen.

Ich saß hier ziemlich in der Mitte dieser Pyramide, in einem Halbstock zu einer Plattform, von der aus wir in die Höhe transportiert wurden.

Unter mir war eine Station, hier kam eine Menge an Röhren zusammen, es sah aus wie eine Station von Rohrpost.

Hier kamen laufend Kokons an, aus denen Menschen stiegen, mit Schwertern und all dem, was sie hier auf diesen Pyramiden brauchten.

Sie wurden in Empfang genommen und in verschiedene Richtungen verteilt.

„Kommen Menschen hierher, um Urlaub zu machen?", fragte ich mich.

„Ich muss hier weg!“, war danach wieder mein einziger Gedanke.

Ich machte einen Rundumblick, niemand sah auf mich. So machte ich mich unauffällig auf den Weg.

In diesem Moment konnte ich ungehindert gehen und dies machte ich mir zu Nutzen.

Hinter einer dicken Säule erblickte ich einen Gang, dem ich folgte.

Dieser Gang formte sich zu einem Tunnel, in den ich eintrat.

Im Tunnel war es dunkel, nur in weiter Ferne war ein kleiner heller Punkt zu sehen, auf diesen ging ich zu.

Lange war ich im Tunnel bereits unterwegs und der Lichtpunkt wurde langsam größer, voller Ungeduld steuerte ich auf das Licht zu.

Es sollte noch einige Zeit dauern, bis ich zu einem Tor kam, durch das Licht drang. Ich öffnete es sogleich.

Licht drang in das Dunkle und traf auf meine Augen, die sich geblendet fühlten.

Als meine Augen sich wieder fingen, sah ich hinter dem Tor meine Frau mit Tochter stehen.

„Da bist du endlich, wir warten hier schon ewig!“, sagte meine Frau, ich konnte dazu nichts sagen und verharrte stumm.

Wir standen vor einer großen Halle, wo es zur unteren Etage Abfahrten gab und diese zu Rampen führten.

Hier auf den Rampen stapelten sich Kokons, die ich zuvor auch in der Pyramide gesehen hatte, zu Bergen und LKW standen hier, die vollgepackt waren damit.

Langsam ging ich an diesen Kokons vorbei, blieb bei zwei Kokons, die etwas abseits lagen, stehen und ich sagte zu meiner Frau: „Ich möchte in einen dieser Kokons sehen!"

„Das geht dich nichts an, wir müssen von hier verschwinden!"

„Nein, ich sehe in einen dieser Kokons hinein."

Ich ging zu den beiden Kokons und öffnete einen.

Wir staunten nicht schlecht, was wir in diesem Kokon sahen, es war unser Sohn Andreas und ich fragte mit erstaunter Stimme: „Was machst du hier in diesem Kokon?"

„Ich will rüber zu den Pyramiden, ein jeder muss dorthin, wenn er sich finden möchte! Aber jetzt hab ich genug. Ich warte bereits zwei Tage auf den Abtransport!"

„Komm mit uns, wir gehen nach Hause."

Andreas stieg aus dem Kokon und gesellte sich zu uns.

„Was willst du auf diesen Pyramiden finden?"

„Ein jeder spricht davon und wenn du nicht da warst, hast du dich nicht gefunden!"

„So ein Blödsinn, du sprichst schon wie die Moslems, sie sagen auch: Ein jeder muss nach Mekka, um sich zu finden! Oder Rom, die Christen!"

Wir gingen so dahin und ich konnte es noch gar nicht fassen, dass ich von dieser Pyramidenwelt entkommen konnte. Ein paar Ecken weiter steuerten meine Begleiter auf ein Gebäude zu. Ich fragte neugierig, aber eigentlich wollte ich nur nach Hause: „Was machen wir hier?"

Gabi sagte: „Wir trinken hier etwas."

Mir war es gar nicht recht, alle Menschen, die sich in diesem Gebäude aufhielten, sahen mich mit großen und erstaunten Blicken an. Ich war in dieser Welt bei jedem misstrauisch und es musste natürlich nicht immer so sein, wie ich dachte, doch ich fühlte Verrat und wollte meine Angehörigen überzeugen, von hier zu verschwinden, ohne Erfolg, sie wollten etwas trinken und meine Einwände waren Luft für sie.

Dieses Gebäude war, wie fast alles hier, aus Glas, wir saßen ziemlich weit oben und sahen so durch das ganze Gebäude.

Neben uns saßen einige Männer, die mit ihren Motorrädern direkt zum Tisch gefahren waren.

Dies hatte ich auch in Hansis Welt gesehen, dort waren die Autos bis in die letzten Etagen hochgefahren und parkten neben ihrer Wohnungstür.

Alle blickten zu mir und tuschelten miteinander.

Ich kann nicht sagen, wie ich aussah, denn ich hatte mich seit meinem Unfall nicht mehr im Spiegel gesehen, meinem dritten Auge wurde vieles gezeigt, doch mit meinen eigenen Augen hatte ich mich nicht mehr gesehen.

Aber mein Gefühl sagte mir etwas anderes, sie tuschelten nicht wegen meines Aussehens, nein, die hatten mit mir etwas vor.

„Die wollen mich aus dem Weg räumen!“ sagte ich und stupste meine Frau immer wieder.

Die aber hörte mich gar nicht.

Da stand meine Frau auf einmal auf und sagte: „Ich geh nur einen Stock tiefer, schau, Herbert, da unten sitzt unsere Bekannte aus unserem letzten Urlaub!“

Ich warf meine Blicke in diese Richtung, die meine Frau mir zeigte, doch ich konnte niemanden erkennen, als ich meinen Kopf wieder zu meiner Frau wandte, war sie schon verschwunden, auch meine beiden Kinder verließen mich.

Ich blieb auf meinem Stuhl sitzen und ließ meine Gedanken schweifen. Ich war sehr froh, dass ich mich aus der Welt der Pyramiden schleichen konnte.

Ganz wusste ich noch nicht, ob ich wieder in meiner Welt war, doch stellte ich zufrieden fest, dass hier niemand mit Waffen herumlief.

Ich sah hin und wieder zu den Männern, die mit ihrem Motorrad bis zu ihren Tischen gefahren waren.

Immer wieder sahen sie zu mir ich ließ mir nichts anmerken und tat so, als würde mir dies nicht auffallen.

Nach einiger Zeit kam mein Sohn zu mir und sagte mit aufgeregter Stimme: „Papa, sie haben Mama entführt!"

„Wer?", fragte ich.

„Es waren die Männer, die neben uns saßen!"

Ich erschrak, ich wusste, dass diese Männer etwas vorgehabt hatten, aber ich dachte, sie wollten mir etwas anhaben, ich suchte noch mal mit meinen Augen diese Anlage ab, auch die Motoradfahrer waren verschwunden, dies hatte ich nicht mal bemerkt.

Wir erhoben uns und wollten so schnell wie möglich dieses Lokal, oder was es auch immer war, verlassen.

Da stand Margit neben mir und sagte: „Herbert, du lebst noch immer? Glaubst du wirklich, dass du diese Welt, ohne ein Opfer zu bringen, verlassen kannst?"

„Ich weiß nicht, was ihr alle von mir wollt! Hab ich nicht schon genug Opfer erbringen müssen? Die ständigen Qualen an mir, meine Mutter und die Leica! Sind das keine Opfer und außerdem, warum muss ich das alles überhaupt durchmachen? Margit, nimm doch mein Leben und lass die anderen aus dem Spiel!"

„Du solltest doch schon lange nicht mehr leben! Immer wieder sind bei dir Menschen hier, die hier nichts verloren haben, und so ist die Gabi nun an die Falschen geraten!"

„Wieso an die Falschen?"

„Du musst das doch schon wissen, die Zwischenwelt hat die Aufgabe, Menschen von dieser Seite zur anderen Seite zu bringen und nur die, die zum Transport vorgesehen sind, haben hier Zugang und sind registriert! Die anderen, so wie deine Frau, haben hier nichts verloren. Der menschliche Körper ist ein wichtiger Rohstoff, es ist davon alles zu gebrauchen und so kann es vorkommen, dass nicht registrierte Menschen in falsche Hände geraten."

„Meinst du?"

„Ja! Gabi ist schon in kleine Scheiben zerschnitten! Solltest du sie finden, werde ich sie dir wieder zusammenbauen, ausnahmsweise. Schau, Herbert, dort unten, der rote LKW, in dem befindet sich Gabi, du musst sie finden, sonst niemand!"

Wir bestiegen Andreas' Auto und versuchten dem LKW zu folgen.

Nach einiger Zeit bog dieser ab zu einem Parkplatz, neben dem eine Halle stand.

Dieser durchfuhr das Einfahrtstor und dieses schloss sich wieder.

Wir blieben abseits stehen und mein Sohn sagte zu mir: „Papa, ich habe keine Zeit mehr, ich muss zur Arbeit und außerdem musst du Mami alleine finden."

„Aber ich kann mich doch kaum bewegen!"

„Das schaffst du schon.“ Und er ließ mich aussteigen.

Nun stand ich etwa 20 Meter vor dem Tor, es war sehr kalt und ich war nur leicht bekleidet.

So ging ich auf das Tor zu, ohne zu wissen, was ich nur sagen sollte, wenn jemand dieses Tor öffnen würde.

Ich stand einige Zeit vor dem Tor, durch das ich nicht in das Innere des Lagerplatzes sah.

Es war alles verschlossen und totenstill, da gab es einen Knopf neben dem Tor, auf den ich drückte.

Nichts bewegte sich und es begann leicht zu regnen, was meinen Körper noch mehr abkühlte.

Ich zitterte am ganzen Körper und ich drückte nun andauernd auf diesen Knopf, auf einmal öffnete sich das Tor und eine Frau stand hinter dem Tor, sie fragte mit leiser Stimme: „Was wollen Sie hier, kenne ich Sie nicht, sind Sie der Verbrannte?“

Ich schritt näher zu ihr, so dass ich mich bereits auf der Innenseite des Tores befand, sah mich kurz um, hier war ein Höllendurcheinander, und sagte: „Suchten Sie nicht einen Arbeiter?“

Die Frau sah mich lange an und sagte: „Doch nicht Sie! Sie sind doch der Verbrannte, was wollen Sie noch arbeiten?“

„Lassen Sie mich doch rein, mir ist so kalt!“

„Na, kommen Sie doch, es kommt wirklich nichts Gescheites an Arbeitern!“

Wir gingen zu einer Halle, ich sah links von uns diesen roten LKW stehen, mein Blick verharrte lange auf dem LKW, das fiel dieser Frau auf und sie sagte: „Der LKW ist gerade gekommen, die verhalten sich etwas komisch, ich hab noch niemanden von ihnen gesehen und sich dort hinzustellen, dort hat sich bis jetzt noch kein LKW abgestellt."

Nun dämmerte es bereits und wir betraten die Halle, sie war riesig und noch kälter war es hier drinnen als draußen.

Die Frau sagte zu mir: „Hier oben auf diesen Ballen", wobei sie mir die Richtung mit ihrer Hand zeigte, „kannst du schlafen, zum Zudecken gibt es nichts und morgen wirst du mit den Männern, die auch dort oben liegen, um die Halle herum das Durcheinander zusammenräumen."

Der Besitzer dürfte ein Schrotthändler sein, denn es war sehr viel Eisen hier, auch alte LKW und Anhänger von Tankwagen gab es hier und alles lag kreuz und quer herum.

Die Frau verließ mich und ging über eine Treppe zu einem Obergeschoss, das zur Halle hin abgeschlossen war und ihr Wohnbereich sein dürfte.

Ich rief der Frau nach: „Gibt es hier auch einen Chef?"

Sie blieb stehen, drehte sich ganz langsam in meine Richtung. „Nein, den gibt es hier nicht, er starb bei einem Unfall und ich blieb auf diesem Chaos sitzen."

Langsam drehte sie sich wieder zurück und setzte ihren Weg fort.

Mit größter Schwierigkeit schaffte ich es zu einem dieser Ballen, kippte um und fiel mit dem Rücken darauf, wo ich nun dalag wie ein U-Haken und mich nicht mehr bewegen konnte.

Mein ganzer Körper schmerzte und ich konnte mich wieder einmal nicht bewegen.

„Das halte ich nicht aus und wie lange werde ich hier wohl liegen müssen, bis die Nacht vorbei ist?"

Als wäre meine Lage nicht anstrengend genug gewesen, begann es von oben auf mich herab zu tropfen, alle zehn Sekunden ein Tropfen auf meine Stirn.

Diese Tropfen müssen von hoch oben heruntergefallen sein, denn jeder dieser Tropfen fühlte sich an, als würde jemand mit einem kleinen Hammer auf meinen Kopf einschlagen. Ich hatte nicht die geringste Chance, mich nur einen Millimeter zu bewegen, um den Tropfen auszuweichen, so lag ich da, war kurz davor zu erfrieren und die Tropfen folterten mich stundenlang.

Auf einmal schüttelte mich jemand, ich riss meine Augen auf. Da stand ein Mann neben mir, der zu mir sagte: „Aufstehen, wir müssen mit der Arbeit beginnen!“

„Wie soll ich, ich kann mich doch nicht bewegen“, dachte ich mir, doch da konnte ich wieder meine Hände und Füße bewegen.

Diese Welt, die war verrückt, hier möchte ich nicht für immer leben.

Mit noch drei Männern humpelte ich aus der Halle ins Freie und mein erster Blick richtete sich Richtung roten LKW, er stand immer noch am gleichen Platz und ich schlug meinen Gang dorthin ein.

Als ich mich diesem näherte, sah ich, dass in diesem Lkw niemand war, ich ging zur Ladefläche und wollte sie öffnen, sie war verschlossen, so gesellte ich mich wieder zu den anderen, die bereits nach mir riefen.

An diesem Tag mussten wir den Vorplatz zusammenräumen und am Abend fielen wir auf die Silageballen, um zu schlafen.

Jeden Abend dasselbe, sobald ich in liegender Position war, konnte ich mich nicht mehr bewegen, von der Decke begann es zu tröpfeln und diese Tropfen trafen mich immer wieder am Kopf, es war zum Verrücktwerden.

Nach einigen Stunden des vierten Tages und der gequälten Ruhe begann mein Körper auf einmal zu schweben.

Ich hob ab von diesen runden Ballen und schwebte Richtung Betondecke.

Diese Macht, die mich in die Höhe zog, drückte mich gegen die Betondecke und der Druck von unten nach oben wurde immer stärker.

Diesen Vorgang hatte ich in dieser Welt bereits dutzende Male erlebt und immer wieder in Hallen. Doch dieses Mal konnte ich durch die Betonwand sehen und ich sah direkt auf den LKW.

Dieser begann sich in diesem Moment zu bewegen und verließ mein Blickfeld.

Zugleich wurde ich immer heftiger zur Decke gedrückt, sodass wieder mal mein Atem aussetzte, das Fleisch von meinen Knochen drückte und ich langsam mit der Decke verschmolz.

Wieder wollte ich es nicht wahrhaben, was mit mir geschah, und versuchte mit eisernem Willen und letzter Kraft meinen Körper doch etwas zu bewegen, was mir aber nicht gelang.

Nun wurde ich durch die Betondecke durchgedrückt und fand mich unter einem Meer von Menschen, die auf mich drückten.

So gab es für mich keine Gelegenheit, Atem zu holen, und mein Kampf nach Luft ging weiter.

Als ich es nach einiger Zeit schaffte, mich durch diesen Leichenhaufen zu kämpfen, befand ich mich wieder in dieser Vorhalle (Kuppel), die direkt in den Himmel führte, doch dieses Mal war alles anders. Ich fühlte mich überhaupt nicht wohl, denn ich wusste, ich konnte jetzt nicht sterben, ich musste doch noch meine Frau retten.

Da hörte ich die Stimme, die mich mein Leben lang schon begleitete, diese sagte: „Herbert, schau! Da unten, da fährt der LKW!"

Ich sah von hoch oben nach unten, der LKW bog von einer Straße ab und fuhr zu einer weiteren Halle, die einsam in einer mit Gestrüpp zugewachsenen Gegend stand.

Ich wusste nicht, von wo aus ich auf das Auto sah, doch ich ließ nicht ab von diesem Fahrzeug, denn ich musste meine Pflicht erfüllen, erst danach konnte ich in Ruhe sterben.

Ein großes Tor ging auf, der LKW verschwand in der Halle und zugleich stand ich vor der Halle.

Es dauerte einige Sekunden, ehe ich vernahm, dass ich wirklich vor der Halle stand, ich erschrak, mein Herz begann zu pochen und es schoss mir in den Kopf, dass ich mich verstecken musste vor diesen gefährlichen Menschen.

Ich hatte wieder Bewegungsfreiheit, nicht so wie ein Sportler, aber meine Gliedmaßen reagierten auf meinen Willen.

Ich schleppte meinen Kadaver unter eine Treppe und begann mich langsam zu beruhigen.

Ich hatte keine Ahnung, wo ich mich befand, es war zumindest eine Welt, in der ich mich nicht wohl fühlte und diese LKW sahen genauso aus wie in unserer Welt.

Die Halle war riesig, vom Asphaltboden, wo ich mich nun befand, führten hohe Betonwände, nach außen weichend, hoch nach oben.

Das sah aus, als stünde ich vor einer Sportarena, wo auch die Wände nach außen wichen, durch die Sitzplätze, die sich dahinter befanden.

Es war ruhig und ich hörte keinen Laut.

Endlich hatte ich mich gefangen, atmete ruhig und konnte mich nun langsam auf die Suche nach meiner Frau machen.

Langsam arbeitete ich mich eine Treppe nach oben vor.

Oben angekommen stand ich vor einer Tür mit einer runden Öffnung, in der sich eine Glasscheibe befand, durch die ich in die Halle sehen konnte.

Die Halle war groß, alles war weiß verfliest, wie in einem Schlachthof.

Da stand der Lkw und kein Mensch war zu sehen, da öffnete sich wieder das Einfahrtstor und weitere Lkw kamen und stellten sich aneinander, auf einmal war die Halle voll und ich wusste nicht mehr, welcher Lkw es war, den ich verfolgt hatte.

Ich sah keinen Menschen, doch nach einiger Zeit öffnete sich diese Tür von selbst, vor der ich stand und alles beobachtete.

Meine Neugierde war sehr groß und so trat ich vorsichtig in die Halle ein und sah von etwa sechs Metern Höhe auf die LKW hinab.

Langsam stieg ich die Treppe zu den LKW hinab.

Die Halle war voll mit Lastwagen, und als ich unten ankam, öffnete ich die Tür vom ersten LKW neben der Stiege und stieg in diesen ein.

Kaum war ich drinnen und schloss die Tür, fuhr noch ein LKW heran und parkte sich neben dieser Tür.

Ich begann zu suchen und sah auch in die Ladefläche, die vom Führerhaus aus einzusehen war.

Es war der falsche Wagen und ich wollte zum nächsten wechseln, doch mich verließen in diesem Moment meine Kräfte.

Ich musste aus dem Fahrzeug und aus der Halle, bevor ich mich nicht mehr bewegen konnte.

Es war nicht möglich, die LKW, die alle mit einer sandroten Farbe lackiert waren, hatten sich so nahe aneinander gestellt, dass es nicht mehr möglich war eine Tür zu öffnen.

Die Tür, durch die ich in den LKW gestiegen war, wurde soeben von einem weiteren LKW zugeparkt, so war ich gefangen.

Es war ein Meer von LKW und kein Ende war zu sehen.

Es war wieder ruhig und auch niemand war zu sehen, doch in mir kam Panik auf.

Ich wollte aus diesem Fahrzeug, doch wie?

Ich begann zu schreien, dies fiel mir sehr schwer und ich vernahm auch nicht, ob ich überhaupt einen Ton von mir gab.

Ich saß zumindest auf dem Fahrersitz, hatte Mund und Augen weit aufgerissen und wollte schreien.

Tagelang saß ich in diesem Fahrzeug und konnte mich nicht befreien und meine Bewegungsfreiheit hatte mich bereits mit Beginn der Panik verlassen.

Durch das stundenlange Sitzen, ohne sich zu bewegen, schmerzten meine Glieder fürchterlich.

In mir kam auch der Gedanke hoch: Wenn meine Frau klein zerlegt in einem der LKW hier liegen würde und das ohne Kühlung, würde doch das Fleisch verwesen und dann?

Mit aller Gewalt versuchte ich immer wieder mich wenigstens einen Millimeter zu bewegen, es war unmöglich und die Schmerzen wurden immer größer.

Mein drittes Auge konnte sehen und sah immer wieder über dieses Automeer, ob sich irgendwo etwas bewegte, die Halle hatte kein Ende, ich war gefangen und verlassen.

Mein innerer Wille kämpfte wie wild gegen meine Schmerzen, denn diese fühlte ich immer stärker, doch nach außen bewegte sich an mir nichts. Meine Energie, dessen Sitz in der Brust ist und war, versuchte in mir immer wieder etwas in Bewegung zu setzen. Denn diesen todesähnlichen Zustand hatte ich doch immer wieder in dieser Welt, es dauerte lange, aber die Kraft meiner Energie war so enorm, dass sie es immer wieder schaffte, Leben in meinen toten Körper einzuhauchen.

Wenn ich es nur schaffte, einige Muskeln leicht zu bewegen, ließen die Schmerzen um einiges nach. Dank meiner Energie schaffte ich dies auch dieses Mal. Das Fahrzeug, das mich eingeschlossen hatte, verließ auf einmal seinen Standplatz und meine Seitentür ging auf.

Nun konnte ich mich wieder bewegen und krabbelte langsam und vorsichtig aus dem Fahrzeug.

Meine Gelenke, sie schmerzten noch immer, ich musste unbedingt meine Motorik in Bewegung setzten, schmerzte es noch so sehr, so dehnte ich mich und winkelte meine Knie ganz fest ab, dabei beobachtete ich mein Umfeld nicht.

Auf einmal stand ich unter vielen Menschen, die weiß gekleidet waren, und all diese sahen auf mich und begannen über mich zu sprechen.

Wichtige Gespräche wurden geführt und mit ernsten Blicken, die sie immer wieder auf mich warfen, diskutierten sie über mich.

Ihr Thema war nur mein Körper, und so viel ich verfolgen konnte, waren sie an meinem Körper nicht interessiert, sie meinten, dass meine Haut für nichts mehr brauchbar sei und meine Innereien seien nur noch Hundefutter, noch viel mehr kam aus ihren Mündern, dass ich nur noch Sondermüll sei und sich niemand interessierte, mich zu entsorgen.

Das Einfahrtstor öffnete sich, ein Auto fuhr herein und eine Frau stieg aus. Ich konnte sie auf die Schnelle nicht erkennen, doch ich glaubte, dass das Margit war.

Sie ging auf diese Männer zu, die um mich standen und die sich vor ihr verbeugten.

Einige von diesen Männern gingen zu einem LKW, öffneten ihn und holten einen Transportwagen heraus.

Sie fuhren mit diesem zu Margit und öffneten diesen, Margit begutachtete die Ware, sah mich kurz an, winkte mit ihrer Hand, ich sollte zu ihr kommen und sagte, ohne mich nochmal anzusehen: „Herbert, wir haben deine Frau, komm her!“

Ich löste mich aus dem Haufen von Männern und begab mich zu Margit.

Sie wollte mich nicht ansehen und sie ging mit einigen der Männer in einen Nebenraum, der Wagen mit der Ware wurde mitgeschoben und ich folgte ihnen.

Dieser Raum war ein OP-Saal, da drehte sich Margit zu mir und sagte: „Ich habe zum Glück zwei Paletten von Gedärmen hier, das passt mir gut, mit diesen kann ich Gabi wieder genau herstellen, du aber, Herbert, du musst ins Krankenhaus, es geht nun um dich, Gabi kommt dich bald wieder besuchen!"

Ich sah Margit lange an und dachte mir: „Wer ist hier wohl der Menschenhändler?"

In Margits Augen konnte ich genau erkennen, dass sie wusste, was ich dachte, auf einmal wurde mir schwarz vor Augen und ich sackte zusammen.

Leicht benommen vernahm ich, dass meine Pfleger aufgetaucht waren und zur Margit sagten: „Wir bringen Herbert in eine Spezialklinik."

„Bitte nicht schon wieder die beiden", murmelte ich, ohne dass dies jemand verstanden hatte.

Sie packten mich in ein riesiges Fahrzeug und klemmten mich zwischen großen Maschinenteilen ein.

Einer von meinen Pflegern sagte: „Wir müssen los, wir werden verfolgt, es sind wieder einige hinter dir her, Herbert."

Sie fuhren mit mir los, ich war zwischen zwei Maschinen eingeklemmt, aber ansonsten im Freien, kein Dach über dem Kopf, es blies ein kalter Wind und es schneite auf einmal heftig.

Mir kam es so vor, als wäre ich etwa vier Meter über der Fahrbahn verladen worden.

Die Straßen, auf denen wir jetzt fuhren, waren enorm breit und die Autos groß wie Flugzeuge.

Der Pfleger, der auch bei mir im Freien war, fragte mich: „Wie gefällt es dir in unserer Welt?"

„Überhaupt nicht! Ich weiß ja gar nicht, wo ich bin! Warum sagt ihr mir nicht, wo ich bin und was ihr mit mir vorhabt!“

„Du bist ein harter Knopf, Herbert!“

„Nein, ich bin nicht hart, ich wär schon seit Langem tot, wenn ihr mich sterben lassen würdet, ihr seid es, die mit mir ein Spiel spielen!“

„Du hast es erraten, es ist wirklich ein Spiel, es ist das Spiel der Götter!“

Wir fuhren immer schneller, Schüsse fielen, es wurde auf uns geschossen.

Wir fuhren noch schneller, da quietschten und rauchten die Reifen.

Das Riesenfahrzeug kam ins Schleudern, stellte sich quer.

In Querstellung rutschte unser Fahrzeug mit mir über die Fahrbahn auf eine Barrikade zu, immer heftiger wurde aus Feuerwaffen auf uns geschossen und dann passierte es, wir rammten diese Barrikade und kamen von der Fahrbahn ab, durch Bäume und Gebüsche kämpfte sich das Fahrzeug, ehe es nach einigen hundert Meter zu stehen kam.

Die beiden Pfleger luden mich aus dem Fahrzeug und brachten mich von der Unfallstelle weg.

Einige hundert Meter von der Unfallstelle wurde ich abgelegt und sie sagten zu mir, dass sie mich bald wiederholen würden.

Sie gingen zum Fahrzeug zurück, da fielen erneut Schüsse, eine Explosion, dann Totenstille.

Vom Wagen und den Pflegern war nichts mehr zu hören.

Mir war schweinekalt, stundenlang lag ich zwischen dem Gebüsch versteckt, Äste und Dornen versuchten sich durch meine Haut zu arbeiten.

Ich war bewegungsunfähig und so musste ich die Stiche ertragen und der leichte Schneefall kühlte mich noch weiter ab.

Auf einmal näherten sich einige Männer, die ich zuvor noch nie gesehen hatte, sie durchkämmten die Gegend.

Ich fühlte, die suchten nach mir, mein Herz pochte und meinen Atem hielt ich an, um keinen Lärm zu machen.

Nach einiger Zeit wurde es wieder ruhig und ich atmete mal wieder richtig durch.

„Glück gehabt."

Nun lag ich immer noch hier und es war kalt, meine Zähne klapperten.

„Meine Pfleger haben das nicht überlebt, hier sucht mich keiner mehr."

Nach Stunden kam ein Wagen vorgefahren, eine Person kam direkt auf mich zu, und obwohl er mich noch gar nicht sah, sagte er: „Komm, wir fahren."

Er nahm mich unter seinen Arm und schleifte mich zu seinem Fahrzeug.

Es war ein etwas kleineres Fahrzeug als dieses, mit dem wir zuvor gefahren waren.

Es war wie ein Sportwagen, nur dass es Reifen hatte, die etwa einen Meter breit und auch so hoch waren. Das ganze Fahrzeug hatte eine Höhe von zwei Metern.

Er setzte mich auf den Beifahrersitz.

„Es ist herrlich bequem hier", dachte ich mir und er fuhr, ohne ein Wort zu sagen, mit mir los.

Nach einiger Zeit kamen wir in eine Stadt, sie war groß und modern, Straßen waren überall, Autos fuhren bis in die obersten Etagen dieser gigantischen Bauwerke.

Nach einigen Kilometern in der Stadt sagte er: „Hier muss ich stehen bleiben, du musst dich beeilen, um das Krankenhaus zu erreichen, bevor deine Gegner es erreichen."

„Meine Gegner? Wer sind die?"

Etwas abseits von uns stand eine kleinere Menschenansammlung, die zu uns herübersah.

„All diese Leute, die du hier siehst, warten schon hart auf dich, denn sie wollen deinen Tod. Es sind gute 500 Meter bis zum Krankenhaus, das könntest du schaffen."

„Warum fahren wir nicht hin?"

„Ich musste es ihnen versprechen, dass du ein Stück zu Fuß gehen wirst, ansonsten wärst du sicherlich nicht mehr am Leben."

„Sie müssen auch eine Chance haben, ihr Spiel zu machen, sieh es einfach wie ein Spiel, schaffst du es oder nicht, uns ist es egal, es ist für uns ein Spiel!"

„Und wo find ich das Krankenhaus?

„Geh einfach in diese Richtung und du findest es!"

Ich stieg aus dem Auto, da war auf einmal meine Familie.

Auch Gabi war hier und ich sagte zu ihr: „Du bist auch hier?"

„Ja, wo sollte ich denn sonst sein als bei dir!"

Ich schüttelte leicht meinen Kopf und sagte noch zu ihr: „Das ist eine verrückte Welt."

Worauf sie spontan und mit etwas scharfer Stimme sagte: „Du hast uns in diese Welt gebracht!"

Meine Leute umkreisten mich und langsam gingen wir Richtung Krankenhaus.

Immer näher kamen diese Menschen, die meinen Tod wollten, mein Sohn sagte: „Sie können nicht schneller gehen als wir, wir müssen den kürzesten Weg wählen, denn machen wir einen Schritt zu viel, sind sie vor uns an der Tür des Krankenhauses und wir müssen dich ihnen ausliefern, so ist das Gesetz."

„Das Gesetz des Spieles?", dachte ich mir.

Keiner von uns kannte das Krankenhaus, wir konnten uns nur nach den Anweisungen des Fahrers richten.

„Ob unsere Verfolger das Krankenhaus kennen?"

„Wir haben noch drei Minuten Zeit", sagte mein Sohn.

Endlich sahen wir das Krankenhaus, meine Gegner hatten bereits einen Halbkreis gebildet.

Einen Vorteil hatte dies für uns, um einen Halbkreis zu bilden, verbrauchten sie Schritte und die Seite zum Krankenhaus war auf unserer Seite.

Die Verfolger zogen Pistolen.

„Oh Gott, jetzt ist es zu spät."

Noch vier bis fünf Schritte zur Tür.

Bei meinen Verfolgern wurde es nun enger, sie mussten zusammenrücken, um zur Tür zu kommen.

Noch einen Schritt zur Tür.

„Warum schießen sie nicht?", dachte ich mir, jetzt wäre ich ein leichtes Ziel für sie gewesen.

Doch hier war alles anders, sie ließen mich zittern, sonst hatten sie, glaube ich, keinen Spaß an diesem Spiel.

Noch war die Tür geschlossen, meine Frau rief: „Macht auf, macht auf!"

Der letzte Schritt zur Tür, ich traf mit dem Fuß die Tür.

Die Verfolger blieben auf einmal stehen und zielten mit ihren Pistolen genau auf meinen Kopf, da öffnete sich die Tür und wir durften in das Krankenhaus eintreten.

Nach dem Überschreiten der Türschwelle sah ich noch mal zu meinen Verfolgern zurück, sie waren nicht mehr zu sehen.

Im Krankenhaus:

Das Krankenhaus, in dem wir uns befanden, sah nicht wie ein Krankenhaus aus meiner Welt aus, sondern mehr wie eine Therme.

An zwei Seiten war eine Glasfront mit getönten Scheiben, Vorhänge gab es nicht.

Vor uns standen sichelartige Badewannen, so geformt, dass der Arzt direkt in der Mitte neben den Patienten sitzen konnte.

Die Patienten lagen vor den Ärzten in den Wannen, in roter Flüssigkeit.

Der Arzt konnte den Patienten von Kopf bis Fuß in sitzender Position erreichen und behandeln.

Hier ging alles recht schnell, selbst Leute mit großen Wunden wurden in diese Wannen mit der roten Flüssigkeit gelegt, verschmiert, gedrückt und geheilt.

Schon nach Minuten verließen die Patienten gesund die Behandlungswannen und das Krankenhaus.

Etwas abseits, auf einer Halbetage, war ein Kaffeerestaurant, wo Angehörige der Patienten die Behandlungen mitverfolgen konnten.

Bei allen Behandlungen, die ich im Tiefschlaf in meinen Träumen hatte, waren immer Zuschauerräume vorhanden, auf Halbetagen, wo Menschen die Operationen verfolgten.

Vielleicht werden Operationen in etwa 20 Jahren in Kinosälen durchgeführt.

Ich glaube, viele Menschen würden Operationen sehr interessieren.

Wir standen in einer Ecke und beobachteten das Treiben hier in diesem Krankenhaus, es war für mich sehr interessant, zugleich warf ich immer wieder einen Blick ins Freie, ob ich noch einen Verfolger erblicken würde.

Ein Arzt kam auf uns zu und sagte: „Ach, du bist der Verbrannte.“

„Man nennt mich so, ja.“

Er setzte ein leichtes Lächeln auf, nahm mich bei der Hand und drückte sie leicht, erhob seinen Kopf zur Decke, nach einigen Sekunden senkte er wieder seinen Kopf, ließ meine Hand los und sagte: „Na gut, super, wir haben einen Anschluss für den Haken am Rücken, den hab ich schon gesichtet, so können wir gleich an die Arbeit gehen. Du kommst nicht in die Wanne, dich müssen wir in einen großen Tank hängen.“

Wir befanden uns rechts vom Eingang, nun mussten wir aber zur linken Seite vom Eingang. Die Atmosphäre hier war gut, es fühlt sich alles warm an, die Einrichtung war in rotbraunem Ton gehalten und diese wurde von einem gedämpften gelb-roten Licht, ich sah nicht von woher, beleuchtet.

Alle technischen Geräte waren an der Decke verankert.

Im Boden waren in gewissen Abständen Löcher, die mit Flüssigkeiten gefüllt waren.

Sie hatten einen Durchmesser von maximal eineinhalb Metern und waren auch mit roter Flüssigkeit gefüllt, so voll, dass die Flüssigkeit eben mit dem Boden abschloss.

Mit ungutem Gefühl schritt ich zu den Tanks, da kam Schreiber Franz zur Tür herein und mit ihm seine Familienangehörigen, wir sahen uns und gingen aufeinander zu.

Franz ist ein Obstbau-Kollege, mit dem ich viel geschäftlich zu tun hatte, und er tauchte auch immer wieder in dieser Welt auf, was mir unverständlich war.

Wir begrüßten uns und ich fragte: „Was machst du hier?"

„Wir waren gerade in der Nähe, jetzt essen wir eine Kleinigkeit und sehen zu, wie sie dich behandeln!"

Er drückte noch mal meine Hand, wandte sich von mir ab und ging zu seinen Geschwistern, die bereits auf der Halbetage Platz genommen hatten.

Ich sah ihm noch nach, da zog man mich an meinem Arm. „Komm, du musst in den Tank, die Ärzte warten bereits auf dich."

Ich folgte ihnen und die Augen derjenigen, die auf der Halbetage bei Kaffee und Kuchen saßen, folgten mir.

Die Tanks waren mit klarer, aber rot gefärbter Flüssigkeit gefüllt. Ein Seil, das von der Decke kam, wurde an meinem Halswirbel befestigt, an der Stelle, wo der Arzt meinte, ich hätte eine Anhängevorrichtung.

Jetzt war ich so lange unterwegs in den verschiedensten Welten und hatte noch nicht bemerkt, dass ich einen Haken am Rücken montiert hatte, alles, was hier geschah, war zweifelhaft.

Franz mit seiner Familie, nun noch der Haken, war das alles Zufall? All dies gab mir zu denken.

Mein Körper wurde angehoben und dieser Mechanismus fuhr mit mir über das Becken, blieb in der Mitte des Beckens stehen und langsam wurde ich abgesenkt.

Ich hatte fürchterliche Angst, mein Herz pochte und wieder einmal schloss ich mit meinem Leben ab.

Das Sterben war für mich nicht das schlimmste, nein, es war das wieder Leben und das erneute Sterben.

Und das Gefühl des Erstickens, Luftanhalten, so lang man nur konnte, und dann das fürchterliche Gefühl, wenn die Flüssigkeit in meine Lungenflügel strömte, wobei der Körper doch nur Luft wollte.

Immer tiefer wurde ich in den Tank hinabgelassen und die Flüssigkeit kam immer näher zu meinem Mund.

Als die Flüssigkeit mein Kinn erreichte, begann ein Arzt zu rufen: „Du musst die Flüssigkeit atmen! Atme! Atme!"

Mein Mund war bereits unter Wasser und kurz darauf der ganze Körper.

Ich hielt die Luft noch immer an und weigerte mich zu atmen, ich hörte den Arzt immer noch rufen, da ging mir die Luft aus und ich sackte für kurze Zeit in Ohnmacht.

Als ich wieder zu mir kam, atmete ich die Flüssigkeit, ich hatte es geschafft, diesen schrecklichen Moment zu überwinden.

Die Wand des Tanks war aus durchsichtigem Material und ich konnte alles um mich beobachten, die Ärzte und alles, was um sie war.

Etwas tiefer von mir, über eine Treppe erreichbar, standen zwei Ärzte.

Die Ärzte fassen mit ihren Händen durch die Tankhülle, wobei sie mit ihren Händen meinen Körper berührten und bearbeiten.

Die Flüssigkeit, in der ich hing, wurde von den Ärzten tief in meinen Körper eingerieben, dieser Vorgang verursachte mir keine Schmerzen, im Gegenteil, es war ein angenehmes Gefühl.

Da sah ich auf der Treppe, auf der die Ärzte nach unten zum Tank gingen, zwei Männer stehen.

Die beiden hatte ich bereits einmal gesehen, sie waren bei jenen dabei, die mich an dem Zutritt zu dieser Klinik hatten hindern wollten.

Sie sahen zu mir und sprachen miteinander, ohne dass sie ihren Blick von mir abwandten.

Auch ich sah zu ihnen und wusste, dass sie nichts Gutes im Schilde führten, ich hatte keine Möglichkeit, das auf mich Zukommende zu verhindern.

Die Ärzte hatten nun Werkzeuge in ihren Händen und arbeiteten an mir.

Da kam einer der beiden Männer, die an der Treppe standen, auf die Ärzte zu.

Einen Arm hatte er am Rücken versteckt, nun holte er seine Hand nach vorne und in der hielt er ein Messer, durchdrang mit dem Messer den Tank und schnitt den Tank der Länge nach auf.

Die Flüssigkeit strömte durch die Öffnung und zog mich mit.

Ich verließ den Tank mit der Flüssigkeit und befand mich bereits mitten in einem Wasserfall, den ich nun im selben Moment hinunterstürzte.

Ich prallte mit dem fallenden Wasser auf eine stehende Wasseroberfläche und wurde in die Tiefe gerissen.

Der Wasserstrudel warf mich an Felsen, holte mich wieder hoch, ich wurde zwischen Stämmen und Wurzeln eingeklemmt, die Wucht des Wassers riss mich von der Einklemmung wieder los.

Weiter ging es zum nächsten Wasserfall, dort wurde ich nach dem Fall durch enge Felsschluchten durchgeschleust.

Äste fingen mich wieder mal auf, doch der Druck des Wassers war so groß, dass die Äste nachgaben, und weiter ging es mit dem Wasser durch Schluchten und über Felsen.

Dieser Absturz von oben nach unten dauerte einige Stunden, doch dann wurde die Strömung ruhiger, ich trieb immer noch im Wasser, halb auf einem Baumstamm hängend.

Nun verdunkelte sich der Himmel und ein mächtiges Gewitter zog auf.

Erste Blitze schossen durch die Luft und mächtiger Donner erschütterte den Boden.

Ich trieb noch im Wasser, da näherte ich mich einem Gebäude, ich kam näher und sah, dass es das Gasthaus war, bei dem ich ins Krebswasser steigen musste.

Ich wurde Richtung Haus getrieben, konnte mich an etwas festhalten und mit viel Aufwand das Wasser verlassen.

Nach einer kurzen Verschnaufpause und Begutachtung meines Körpers, der für mich normal war, klopfte ich an die Tür und eine Stimme sagte: „Herein."

Ich trat ein.

„Nein! Der Verbrannte ist noch immer da."

„Ja, ich bin noch da, ich hätte gerne eine Mischung."

Sie sagten kein Wort und brachten mir wirklich eine Mischung.

Ich fragte: „Woher wisst ihr, wer ich bin?"

„Dich kennt hier jeder!"

„Wisst ihr, wo ich Zuhause bin?"

„Natürlich, du bist da drüben Zuhause."

„Kennt ihr meine Frau vielleicht?"

„Die Gabi! Natürlich."

„Bitte ruft sie an, sie soll mich holen."

„Ja, mach ich für dich."

Ehe ich meine Mischung trinken konnte, gab das Haus den Wassermassen nach und zerfiel in seine Bestandteile. Teile trafen mich, ich konnte mich nicht in Sicherheit bringen, da kam eine riesen Welle auf mich zu und riss mich zurück in die reißenden Fluten.

Dieser Fluss wurde zu einem mächtigen Strom, wurde zu einem See, immer noch mit einer mächtigen Strömung, in der ich trieb, nur das Wasser wurde seichter, denn ich konnte hin und wieder unter mir den Boden fühlen.

Die Wolken hingen tief und ließen kübelweise Wasser von sich.

So hatte ich unsere Welt noch nie gesehen.

Die Wolken hingen so tief, dass ich sie mit meinen Händen anfassen hätte können.

Sie hatten Farben und Formen wie Rauchschwaden, die sich in den Himmel drängten, doch dies waren Wolken, die sich mit gleicher Gewalt, aber zu mir herab drängten.

Die Strömung, in der ich trieb, erzeugte Wellen und Wolken und Wellen verschmolzen immer wieder ineinander, es war unheimlich.

Der Wind blies so heftig, dass sich die Wassertropfen wie Steine anfühlten an den Körperteilen, die hin und wieder aus den Wassermassen auftauchten.

Von überall kamen Bäume und Häuserteile auf mich zu, die meinen schwachen Körper erfassten und unter Wasser drückten oder mich zwischen ihnen einklemmten.

Peitschenhiebe von Ästen trommelten auf mich ein, ich hatte panische Angst vor dem Sterben.

Wieder war es wie in einem Spiel, etwas zog mich nach unten, etwas zog mich nach oben, es war der Kampf der Titanen, den ich mitkämpfen musste.

Dieser ungleiche Kampf dauerte meines Erachtens tagelang an, in der Irdenwelt hätte ich keine Chance gehabt, diesen Kampf zu überleben, dort wäre der Kampf nach einigen Minuten zu Ende gewesen.

Nun, wo ich hier war, war alles anders, hier glaubte ich, hatten sie Vergnügen daran, meinen Körper so lange wie möglich mit vollem Bewusstsein leiden zu lassen, es war das Spiel der Götter.

Ich fühlte meinen Körper nicht mehr, doch die Kälte, die mich umgab, fühlte ich sehr wohl.

Langsam begann ich mich aufzugeben und wollte so diese ungerechte Welt verlassen, doch etwas in mir ließ mich nicht sterben, denn dieses Etwas sagte mir immer wieder, dass ich noch etwas zu erledigen hätte, und somit konnte ich nicht sterben, ich musste weiterkämpfen.

Immer wenn ich mich aufgeben wollte, kam dieses Etwas und mit ihm schöpfte ich unvorstellbare Kraft, woher diese Kraft kam, wusste ich nicht.

Die Strömung war nicht mehr stark, ich trieb, hängend an einem Baumstamm, in diesem See, der zu einem Meer angewachsen war.

Das Meer war ruhig und ein Baumstamm hielt mich fest, auf dem sich mein geschinderter Körper ausruhte.

Stunden vergingen, in denen der Himmel immer gleich düster blieb, da vernahm ich Ruderboote, die auf mich zukamen, und von weitem hörte ich wieder diese Trommelmusik und Stimmen, die sagten: „Das ist der Verbrannte!"

Sie kamen immer näher, und als sie ganz nah bei mir waren und die Trommelmusik in meinen Ohren dröhnte, wollten sie mit ihren Rudern auf mich einschlagen, da tauchte ein weiteres Boot in meiner Nähe auf und da hörte ich die Stimme meines Sohnes Andreas: „Das ist Papa!"

Da zogen die anderen sich zurück, meine Leute halfen mir ins Boot, wo ich erschöpft zusammensackte.

Jetzt kamen immer mehr Boote, sie näherten sich, und alle, die auf den Booten waren, sagten: „Der Verbrannte ist da."

Ich schämte mich sichtlich und wollte mich in diesem kleinen Boot verkriechen, doch das ging nicht.

Da kamen weitere Boote, es waren mächtige Körper in diesen Booten und meiner Ansicht nach waren sie so kräftig wie Hansis Sonderzucht.

Einer von ihnen stand vorne am Boot und dieser hatte das gleiche Lächeln wie jener von der Pyramidenwelt, der zu mir gesagt hatte, ich müsste mich von oben nach unten kämpfen, mich holte die Vergangenheit ein.

Und dieser sagte: „Der verbrannte Herbert, Gabi, schmeißt ihn doch ins Wasser, was willst du mit dem noch anfangen? Dass er aus meiner Welt entkam, kann ich ihm nicht verzeihen, wir erschießen ihn sowieso und bei dir helfen wir gerne aus!“

Ein weiterer von ihnen schrie zu mir herüber: „Deine Frau, Herbert, nehmen wir sowieso, brauchst dir keine Sorgen zu machen.“

Zuvor hatte ich meinen Kopf etwas hängengelassen, um mich vor den Menschen zu verstecken, jetzt hob ich ihn leicht, damit ich sie sehen konnte.

Diese Ansagen trafen mich schwer und ich wollte, dass ich auf der Stelle versinke.

Ich sah meine Frau kurz an, sie schüttelte den Kopf und sah kurz zu mir, dann drehte sie ihren Kopf wieder nach vorne.

Ich verweilte kurz in Gedanken, da sagte meine Frau: „Herbert, wir sind da, du bist wieder Zuhause.“

Wir fuhren mit dem Boot zu einem Haus, das ich nicht kannte.

Dass man mit dem Boot bis zu unserer Haustüre fahren konnte, das gab es nicht und ich sagte: „Das Haus kenne ich aber nicht! Wenn das unser Haus ist und wir mit dem Boot bis zur Haustür fahren können, muss das Raabtal 200 Meter unter Wasser stehen, so etwas kann es nicht geben!“

„Herbert, das ist unser Haus, das wir gemeinsam gebaut haben! Wir haben nicht viel Zeit, wir müssen zu Franz, da sind wir zu einer Hochzeit eingeladen.“

„Ich möchte nicht ausgehen, bleiben wir doch Zuhause."

„Nein, das geht nicht, wir müssen dorthin."

Im Haus war alles anders, ich wagte nicht etwas zu sagen, und als wir das Haus wieder verließen, sah alles aus wie in Wirklichkeit.

Kein Wasser vor der Tür und das Haus war so, wie ich es in Erinnerung hatte.

Gabi setzte mich ins Auto und wir fuhren los, einen Berg rauf und runter.

Da waren wir auf einmal in einem wunderschönen alten Dorf.

Ich fragte Gabi: „Wie bist du hierhergekommen, ich hab das Dorf zuvor noch nie gesehen?"

„Wir sind hier in Hinterbuch, da oben ist unser Wald, weißt du das nicht mehr?"

„Doch, das weiß ich, wo unser Wald ist, aber das Dorf."

Ich musste mich sehr zusammennehmen, denn ich kannte mich nicht aus, hier hatte es zuvor noch nie ein Dorf gegeben und jetzt auf einmal?

Dieses kleine Dorf war zu einer Felswand hin erbaut.

In meiner Welt gab es hier keine Felsen, nur Lehm und Sand.

Es waren etwa zehn Häuser, ein Gasthof und eine kleine Kirche.

Im Dorf gab es keine Parkplätze, so mussten wir an der anderen Flussseite parken, es war ein mächtiger Fluss und eine gleichmächtige Brücke aus massivem Gestein führte darüber.

Das Dorf war wunderschön und wir gingen auf einen Gasthof zu. Ich hatte unter dem rechten Arm eine Krücke und Gabi stützte meinen linken Arm.

Die Gassen hier waren ganz eng und zum Fluss hin gab es sogar eine Steinmauer.

Die Häuser waren auch aus Stein, doch viel Holz war mitintegriert.

Der Gasthof war am Ende des Dorfes, von der Seite aus gesehen, von wo wir kamen.

Kurz nach dem Gasthaus gab es einen Wasserfall und genau über dem Wasserfall führte noch eine Brücke zur anderen Flussseite.

Diese war aus Holz und sehr massiv erbaut, unter und auch neben dieser Holzbrücke gab es Wasserräder, die alle in Betrieb waren.

„Schön ist es hier!“, dachte ich mir.

Ich wollte meiner Frau nicht wiedersprechen, nicht schon wieder, doch sie irrte sich, hier war ich noch nie gewesen und dieses felsige Massiv passte nicht zu unserer Gegend.

Dieses Dorf klebte nämlich neben der Felswand, und obwohl die Sonne schien, konnte ich mir nicht vorstellen, dass je ein Sonnenstrahl das Dorf erreichte.

Die Menschenmengen, die in dieses Dorf wollten, schoben sich über diese Brücke. Auf der darüberliegenden Seite des Flusses schien noch die Sonne, doch hier trafen keine Sonnenstrahlen auf mich und irgendetwas stimmte mich sehr traurig.

Wir schlugen in Richtung Gasthaustür ein und wollten zu diesem gehen, doch wir wurden mehr geschoben, als das wir gingen.

Da waren wir auch schon bei den Hochzeitsgästen, wir begrüßten sie, tauschten Handschlag aus, aber jeder von diesen Gästen sah mich wie einen Aussätzigen an.

Ich kannte keinen einzigen Menschen hier, obwohl sie mich alle begrüßten, als würden sie mich ewig schon kennen.

Die Hochzeit hatte begonnen, es spielte Musik, es gab zu essen und zu trinken, wobei ich nicht sagen kann, ob wirklich gegessen und getrunken wurde, zumindest stand alles auf den Tischen.

Da verspürte ich einen innerlichen Druck und ich musste auf einmal zur Toilette.

Ich zog meine Frau an ihrem Kleid, sie drehte sich zu mir und fragte: „Was ist denn?“

„Hilf mir bitte, ich muss auf Toilette.“

„Herbert, in dieser Welt gibt es keine Toilette! Aber hast du schon gehört!“

„Na, was.“

„Es kommt ein Unwetter zu uns.“

„Gabi, das Dorf hier gibt es nicht, das wird der Wind davonfegen.“

„Du spinnst ja.“

„Komm, gehen wir, du musst mir helfen.“

Ich konnte mich alleine nicht fortbewegen, nur auf Krücken und mit fremder Hilfe konnte ich mich vom Platz erheben.

Endlich konnte ich meine Frau überzeugen, mir zu helfen.

Wir standen auf und machten uns auf die Suche nach einer Toilette.

Hier gab es nirgends Toiletten, ich zeigte in verschiedene Richtungen, aber es gab keine.

Wir suchten noch weiter, da sahen wir einen Kellner.

„Gabi, da ist ein Kellner, frag ihn!"

Gabi schüttelte ihren Kopf, aber ging zum Kellner und sprach mit ihm, dann kam Gabi mit dem Kellner zurück und der Kellner sagte: „Hier in dieser Welt gibt es keine Toiletten, das weißt du doch, aber versuch es auf den Dachboden! Aber dafür müssten wir dich durch das Loch hier hochschieben."

Der Kellner zeigte nach oben und wir standen direkt unter der Dachbodenöffnung.

„Durch dieses Loch, wie soll das gehen? Und warum habt ihr hier keine Toiletten?"

„Nein, hier gibt's keine, komm, ich hebe dich hoch."

Der Kellner öffnete mit einer Stange die Luke zur Decke, nahm mich und schob mich durch die Luke hoch.

Ich fasste nach allem, was ich ertastete, um mich festzuhalten, doch der Kellner schob mich mit Leichtigkeit hoch und verschloss die Luke hinter mir.

Nun lag ich auf dem Dachboden, die Luke war verschlossen und es war hier stockfinster.

Mir kam es so vor, als würde mein Körper rutschen, und wieder versuchte ich mich festzuhalten.

Ich erfasste so etwas wie einen Schuh, der an etwas fest verankert war, und hielt mich an diesem fest, es war finster und es stank.

Es gelang mir und nun wollte ich mich aus dieser rutschigen Gefahrenzone bringen.

Ich tastete mich mit allen Vieren voran, nun war da etwas vor mir und dieses wollte ich ertasten, doch ich rutschte mit meiner Hand dabei ab und zugleich sackte ich auch mit meinem Oberkörper in etwas ein, es gab der Boden nach und ich vernahm, dass ich leicht in den Boden einsank.

Alles, auf das ich stieß, war weich, ich tastete herum und erschrak.

„Das sind ja Menschen, die hier liegen, sie sind warm, die leben noch!"

Diese Menschen begannen mich zu schlucken, ich rutschte förmlich zwischen ihnen durch, ich hielt mich an allem, was ich zu fassen bekam, fest, ohne Erfolg, sie schluckten mich.

Sie waren so glitschig, dass es unmöglich war, sich an ihnen festzuhalten.

Es war dunkel, doch ich fühlte, wie sich diese Menschenmassen, durch die ich nach unten rutschte, über mir schlossen.

Menschenmassen bedeckten mich und nun verspürte ich ihren körperlichen Druck, der auf mir lastete.

Ich bekam keine Luft, wieder einmal wurde mein Körper zerquetscht.

„Jetzt ist es aus."

Überall waren menschliche Teile, die auf mich drückten, von hier gab es kein Entkommen und mein Körper wollte nur noch Luft.

Auf einmal gab es einen lauten Knall, der in ein lautes Knarren und Raunzen überging.

Lichtstrahlen trafen auf mich und ein Teil des Hauses, in dem wir uns befanden, bewegte sich, Wasserspritzer trafen mich, Wassermassen rissen ein Stück des Hauses mit davon.

Endlich kam Licht in die Dunkelheit, in der ich mich befand, und auch Luft drang zu mir vor.

Nun sah ich das ganze Ausmaß, hunderte Menschen lagen hier und viele von ihnen auf mir, diese erdrückten mich.

Genau auf Höhe meines Kopfes wurde das Haus zweigeteilt, mein Körper lag auf der Seite des Hauses, die stehen blieb, und als der andere Teil des Hauses verschwand, sackte mein Kopf nach unten und bekam einen harten Schlag mit.

Viele Menschen wurden bei dem Hauseinsturz mitgerissen, ich verspürte mit gutem Gefühl, dass die Last leichter wurde und ich endlich ohne Beschwerung dalag.

Doch der Sog, der durch den Einsturz entstand, erfasste auch mich.

Ich hielt mich an allem fest, doch meine Beschwerung hatte mich verlassen und so wurde auch ich eine leichte Beute für den Sog, der mich aus meiner Verankerung riss und mich mitnahm.

Meine Gedanken konnten dem Vorgang nicht schnell genug folgen und so kam es mir vor, als würde sich mein Körper auflösen.

Ich atmete tief durch, da kam Licht auf mich zu, immer heller wurde das Licht, ich war hingerissen davon, und immer, wenn dieses Licht zu mir kam, waren alle meine Gedanken und Sorgen verschwunden.

Mund und Augen waren weit geöffnet und warteten sehnsüchtig darauf, was wohl jetzt auf mich zukommen würde, ich wollte nur noch in das Licht.

Mich umgab ein riesiger Lichtkegel und ich fühlte mich wohl darin.

Es gab keine Schmerzen, keine Sorgen, ich fühlte nur Energie und diese fühlte sich herrlich an.

Da wurde ich geschubst und riss meine Augen auf.

„Wo bin ich hier“, fragte ich.

Eine Stimme antwortete mir leise: „Ruhe, ich erkläre es dir gleich.“

Nun lag ich auf einer fahrbaren Trage, die geschoben wurde, und ich befand mich vermutlich auf einem Hochhaus, ich sah es daran, dass von anderen Hochhäusern die Spitzen etwas höher als wir waren.

Es war wie eine Parkanlage auf einem Hochhaus.

Es war wunderschön. Mit meinem dritten Auge sah ich von oben die Trage mit mir darauf.

Dieses Auge verfolgte das Geschehen und es sah sich die Parkanlage an.

Über Stufen und verschiedene Ebenen ging es weiter nach oben und auf der letzten und höchsten Ebene gab es eine Arena im Freien.

Die Blickrichtung der Sessel dieser Arena richtete sich zu einem gläsernen Pavillon, dessen Glas hellrot war.

Mein drittes Auge schweifte weiter aus und sah über die Hochhausmauern, da erblickte es meine Familie tief unter uns, einige hundert Meter weiter unten, und es erfasste sie und ich konnte ihre Gespräche hören.

Ich hörte, wie Gabi sagte: „Frieda, du musst die Kathi anrufen, wir kommen hier nicht rein, wir kleben hier am Boden fest, sie kann das in Ordnung bringen.“

Ein Glücksgefühl überkam mich, ich war nicht alleine, meine Angehörigen waren in meiner Nähe, doch machte ich mir Sorgen um sie, warum kamen sie nicht ins Gebäude?

Auf einmal sah ich wieder aus beiden Augen meines Körpers, der auf dieser fahrbaren Trage lag:

„Bin ich derjenige, den ich von oben sah?“

Ich fühlte, dass wir mit etwas hochfuhren, befand ich mich in einem Lift?

Der Lift ging auf und wir befanden uns in diesem roten, mit viel Glas verkleideten Pavillon.

Ich lag auf der Trage und sah durch die Glasfront hindurch auf diese wunderschöne Gartenanlage.

Alle hatten mich verlassen und ich fühlte Ruhe und Geborgenheit.

Es war hier alles aus Glas, man konnte sogar durch den Boden sehen.

Da sah ich, wie meine Familienangehörigen über die Gartenanlage zu diesem Pavillon hochspazierten und im Freien auf den Bänken der Arena Platz nahmen.

Wieder sah ich mich von oben und sah, dass Kathi und Gabi in den Pavillon spazierten, so als würden sie sich hier recht gut auskennen, und auf mich zukamen, sie sprachen miteinander und ihre Unterhaltung nahm keinen Abbruch.

Ich befand mich noch einen Stock höher und die beiden kamen zu mir hoch.

Als sie zu mir an die Trage kamen und mich berührten, ohne dass sie mich ansahen, bemerkte ich, dass mein Körper keine Reaktion von sich gab, als sie mich berührten.

„Bin ich bereits tot?“, fragte ich mich und schon verließen die beiden den Pavillon wieder, gesellten sich zu den anderen Familienmitgliedern, setzten sich und unterhielten sich weiter.

Um mich versammelten sich nun einige Menschen in Weiß, sie nahmen mich und legten mich in einen gläsernen Sarg, von dem aus ich alles beobachten konnte, doch mir kam es so vor, dass ich mehr von oben sah als aus meinen Augen.

Neben mir stand noch ein Glasgefäß, darinnen lag etwas, es könnte ein Herz oder Nieren gewesen sein, ich konnte es nicht genau definieren.

Auf einmal sagte eine Frauenstimme: „Wir machen nun einen letzten Versuch, zu starten, das wird wahrscheinlich ein bis zwei Stunden dauern oder auch länger." Dabei klopfte sie mir leicht auf die Schulter und sagte weiter: „Wir werden es schon schaffen, glaube ich und wenn nicht, können wir auch nichts machen."

Sie zuckte mit ihren Schultern und verschwand aus meinem Blickwinkel.

Außerhalb vom Pavillon gingen meine Geschwister auf und ab, unterhielten sich und waren sichtlich nervös.

Die Zeit verging, mir war es kalt und ich dachte mir: „Was ist, wenn diese Fleischstücke ihre Arbeit nicht mehr aufnehmen, muss ich dann sterben? Arbeitet mein Herz nicht? Hänge ich vielleicht an einer Maschine?"

Zwei Stunden waren vergangen, einer der Pfleger und mein Bruder kamen auf den Pavillon zu und sprachen mit einigen der Menschen, die mit mir hier warteten, ob meine Innereien wieder ansprangen.

Sie gingen wieder zurück, sprachen mit dem Rest meiner Familie und setzten sich wieder.

Diese Frau sprach immer wieder, sie musste hinter mir gestanden sein, denn ich konnte sie nur hören, nicht sehen.

„Ihr seid so ungeduldig, das hier braucht Zeit, wir warten noch, wir haben doch genug davon."

„Hoffentlich warten sie lange genug, nicht dass sie die Maschinen abschalten und ich sterben muss."

Ich war sehr beunruhigt, denn zu Lebzeiten hatte ich zu meinen Kindern und Frau gesagt, dass ich nicht an einer Maschine hängen möchte und sie mich doch lieber sterben lassen sollten.

Hoffentlich warteten sie noch etwas, denn ich möchte doch noch leben.

Diese Frau kam wieder auf mich zu, ich hatte sie zuvor noch nie gesehen, ein Mann gesellte sich auch zu uns, diesen hatte ich schon mal gesehen, es war jener, der mich in Scheiben schneiden wollte.

Nun standen sie neben mir, sahen mich lange an und auf einmal begann die Frau mit mir mit ruhiger Stimme zu sprechen: „Du willst nicht sterben, bist ein schwieriger Fall für uns. Willst du weiterleben oder doch neugeboren werden?"

Auf einmal konnte ich sprechen und sagte: „Geboren? Nein, das will ich nicht mehr, nein, Kind will ich nicht mehr sein, ich möchte wieder leben."

„Du weißt wohl nicht, wie schwer du verletzt bist? Dich zu retten wird sehr schwierig werden. Ich zeige dir mal deinen Körper, du kannst es dir noch immer überlegen."

Nun konnte ich meinen Körper sehen, auf einem OP-Tisch lag ein einziger Fleischklotz.

„Das soll ich sein?"

„Na, was sagst du, willst du es versuchen diesen Körper zu retten?"

„Ja, ich will", sagte ich ohne zu überlegen.

Auf einmal begann eines der Fleischstücke sich zu bewegen, setzte wieder aus und wir warteten weiter.

Wieder ein Zucken.

Da drehte sich diese Frau, die mit mir gesprochen hatte, Richtung Glasgefäß und blieb daneben stehen, fasste in dieses Gefäß und begann diese Fleischstücke leicht und vorsichtig zu massieren.

„Das arbeitet wieder“, sagte sie und sah mit leicht zur Seite angehobenem Kopf zu mir. „Wir haben nun einen sehr großen Schritt getan, aber das heißt noch lange nicht, dass du bereits überlebt hast.“

Auf einmal wurde ich durchgerüttelt, vor Schreck riss ich meine Augen weit auf, es war meine Frau, die mich durchschüttelte und mit mir schimpfte: „Du wirst mich nicht verlassen, ich warne dich!“

„Hör auf, ich bin ja eh da, ich wage es nicht dich zu verlassen.“

Dann war sie wieder verschwunden.

Ich war wieder woanders und sah mich um, ich lag in einem Bett, mitten in einer großen Halle.

Ich war der einzige, der hier auf einem Bett lag, alle anderen, die hier in dieser Halle waren, gingen kreuz und quer herum, es sah aus, als seien wir in einem Bahnhof, und auch meine Frau war hier und stand neben mir.

„Wo sind wir hier, Gabi?“

„Ach, Herbert, warum machst du das?“

„Was mach ich denn?“

„Du willst mich alleine lassen.“

„Wie kommst du auf diese Idee?“

„Weil du sterben willst und mich alleine lässt.“

„Ich will ja nicht sterben, aber die hier rund um mich, die wollen mich einfach umbringen!“

„Ach was, das ist Blödsinn, niemand will dich umbringen, im Gegenteil, alle wollen sie helfen!“

„Wo sind wir denn hier?“

„Wir müssen warten, deswegen sind wir hier in einer Wartehalle!“

„Ist das die Wartehalle zur Hölle?“

„Nein, mir wurde gesagt, wir müssen noch etwas warten, dann kann ich dich mit nach Hause nehmen.“

„Nein, Gabi, wir warten nicht länger, wir gehen gleich los.“

„Herbert, das geht nicht, wir müssen warten!“

Ich sah mich etwas in dieser Halle um und sagte zu meiner Frau: „Wir müssen hier weg, ich habe schon drei von den Typen gesehen, die mir in letzter Zeit das Leben streitig machen wollten.“

„Ach was, zeig mir, wer will dich umbringen?“

Ich zeigte mit meinem Zeigefinger zu einem Eingang. „Der da drüben, der diesen Eingang auf- und niedergeht, der hat ein Gewehr in der Hand, siehst du ihn?“

„Ja, ich sehe ihn.“

„Der war beim Peter auch, kannst du dich noch erinnern, er war bei den Jägern dabei, der Doktor.“

„Nein, daran kann ich mich nicht erinnern.“

„Ist klar, du und Katharina habt euch köstlich unterhalten.“

„Was soll das jetzt?“

„Der wollte mich schon ein paar Mal umbringen und außerdem, die Leica haben sie getötet.“

„Was sprichst du, ich hab die Leica mit hier und die kleine Gina auch.“

„Leica lebt?" Mir kullerten die Tränen über die Wangen, ich konnte es nicht fassen, spielte mir das Schicksal solche Streiche? „Wo ist sie denn, die Leica?"

„Ich weiß nicht, die laufen hier irgendwo herum."

„Das dürfen sie nicht, die mögen hier keine Hunde!"

Kaum hatte ich meinen Satz zu Ende gesprochen, fielen auch schon die ersten Schüsse.

„Gabi, bitte, schau, wo die beiden sind", flehte ich meine Frau an.

Gabi ging los und suchte die beiden Hunde.

Mir kam es auf einmal so vor, dass sich der Warteraum zu leeren begann.

Ich ahnte Schlimmes und da war die Halle auch schon leer.

Gabi kam mit beiden Hunden zurück, Leica sah mich und begann zu laufen, kam mit voller Geschwindigkeit auf mich zu.

Sie wedelte mit ihrem ganzen Körper, ihr Kopf suchte nach meiner Hand und sie gab weinende Geräusche von sich.

Ich streichelte sie und wir beide weinten vor Freude.

Nun war Gabi wieder bei mir und ich flehte sie an: „Bitte, Gabi, bring uns hier weg."

Mit einem Kopfschütteln schob sie mein Bett Richtung Ausgang, doch der wurde bereits versperrt.

„Da ist es zu."

Der Doktor stand noch immer vor der Tür, Gabi ging auf ihn zu und fragte nach einer Möglichkeit, hier raus zu kommen.

Sie bekam die Antwort: „Sie dürfen hier raus, doch Ihr Mann und die Hunde nicht, die bleiben bei uns."

Kurz stand sie wie angewurzelt da, dann drehte sie sich zu mir und kam mit schnellen Schritten auf mich zu.

Während sie auf mich zukam, legte der Doktor sein Gewehr an und zielte auf mich.

Als meine Frau wieder bei mir war und sich leicht drehte, senkte er sein Gewehr und lächelte.

„Wir kommen hier nicht raus!"

„Warte einen Moment, ich muss probieren, ob ich gehen kann."

Gabi half mir meinen Körper aufzurichten, ich rutschte vom Bett und stand auf meinen Beinen.

„Gabi, wenn du mir hilfst, kann ich gehen."

Gabi nahm mich unter den Arm und wir begannen einen Ausgang zu suchen.

Schüsse fielen.

„Wo sind die Hunde?"

„Gerade waren sie noch hier!"

„Schnell, wir müssen von hier fort."

Wir suchten und suchten, sahen außer denen mit Gewehren niemanden, doch außerhalb der Halle wurde immer wieder geschossen.

„Ich glaube, sie schießen auf unsere Hunde, die haben einen Ausgang gefunden!"

„Ach nein, Herbert!", beruhigte mich meine Frau, natürlich ohne Erfolg, denn selbst sie wusste, dass sie auf unsere Hunde schossen.

Obwohl wir niemanden sahen, glaubte ich, dass die andere Partei uns noch im Visier hatte. Endlich sahen wir ein Gittertor, das offenstand.

Dieses Tor führte zu einem Lager und wir gingen durch das Tor.

Es war dunkel, aber meine Augen gaben nicht auf, nach unseren Hunden zu suchen, da erblickte ich sie auf dem Dach und ich rief leise nach ihnen: „Leica."

Leica hatte mich vernommen und kam auf mich zu. Wo Leica hinging, ging auch der Kleine hin, so blieben beide Hunde bei uns.

Da sahen wir hinter der Gitterabsperrung unser Auto, tatsächlich fanden wir ein kleines Gittertor, das offenstand, und wir gingen durch das Tor ins Freie.

Wenn ich heute darüber nachdenke, hatten sie mich hunderte Male getötet, doch hatten sie mir immer wieder auch geholfen und mir eine Chance gegeben. Die ganze Zeit in der Zwischenwelt waren sich die Götter, glaube ich, nicht einig, was sie mit mir machen sollten.

„Komm, Gabi, schnell, wir müssen die Hunde in Sicherheit bringen!"

„Nur die Hunde? Was ist mit dir?"

„Gabi, ich bin nicht wichtig."

Endlich hatten wir das Auto erreicht, ich machte die Schiebetür auf und die Hunde sprangen hinein, ich schloss die Tür.

„Endlich, die Hunde sind in Sicherheit."

Kaum hatte ich die Autotür geschlossen, rutschte ich ab und fiel ins Bodenlose.

Ich fiel und fiel und landete auf einem riesigen Parkplatz.

Ich kannte diesen Parkplatz, hier war ich in dieser Zwischenwelt schon öfter zerquetscht worden.

Es war auch wieder so weit, zwei Raupenbagger kamen auf mich zu, meine Beweglichkeit war sehr eingeschränkt und ich hatte wieder mal keine Chance, diesen großen Schaufeln zu entkommen.

Ich lag hier am Boden und versuchte meinen Körper zu bewegen, ihn in Sicherheit zu bringen, was ich nicht schaffte, es gingen nicht mehr als ein paar Zentimeter vorwärts.

Die Raupenbagger kamen näher und ich wurde von den Schaufeln erfasst, sie schoben mich in die Richtung, wo sich die Silageballen befanden.

Mit voller Wucht wurde ich an die Silageballen gedrückt, der Aufprall war hart und er zerquetschte mich.

Um mich wurde es ruhig, meinen Körper verspürte ich nicht mehr.

„Ich glaube, ich hab's geschafft, jetzt bin ich wirklich tot."

Mein Körper und Geist begannen sich zu trennen, da hörte ich Stimmen: „Mama, den Papa müssen wir wohl immer suchen, na so etwas."

Ich öffnete meine Augen und sah von oben auf meinen Körper, zerdrückt wirkte er nicht und von Silageballen war auch nichts mehr zu sehen.

„Schau, Mama, da liegt der Papa, was machst du hier und warum liegst du mitten in der Halle hier? Papa."

„Wir suchten dich schon überall, du musst in die Druckkammer und danach bringen dich deine Pfleger in eine Therme in Ungarn."

Ich konnte mich nicht bewegen, auf einmal waren meine Pfleger hier, meine Pfleger halfen mir auf und legten mich wieder einmal auf eine Trage.

Meine Blicke suchten nach Frau und Kinder, doch niemand war zu sehen, wo waren sie nur hin?

Ich wurde verladen und wir fuhren los.

Wieder kam es mir vor, als seien wir nur um die Ecke gefahren, schon waren wieder da.

„Aussteigen“, hieß es.

Meine Pfleger holten mich aus dem Fahrzeug und schoben mich durch eine Glastür, die von selbst aufging, in eine Halle.

Diese Vorhalle war leer, ich war alleine hier, auch von meinen Pflegern war nichts zu sehen.

Alles war hier weiß, kalt und mich fröstelte es.

Auf einmal kamen zwei Männer auf mich zu und fuhren mit mir los, ohne zu fragen, wie, was und wer ich war.

Sie schoben mich in einen Lift, kaum startete der Lift, hielt er auch schon wieder.

Die Lifttür ging auf und ich sah in eine weitere Halle, wo viele Menschen sich bewegten.

Ich wurde aus dem Lift in die Halle geschoben.

Links und rechts von mir standen große Maschinen, die aussahen wie liegende Weintanks.

Sie schoben mich über eine Rampe hoch in einen Halbstock.

Hier in diesem Halbstock, war ich wieder alleine und um mich war nur Glas.

Ich sah durch eine dieser Glasscheiben den Franz, der auf mich zukam, ich fragte ihn: „Hallo, Franz, was machst du denn hier?“

„Ich bin mit meinem Bekannten hier, er ist auch hier in der Druckkammer, er ist gleich fertig, nach ihm wirst du an die Reihe kommen. Ich muss nach da vorne, Herbert, denn heute müssen wir mit seinem Arzt sprechen, ich komme dann noch mal zu dir, Servus inzwischen."

Mir war kalt und ich zitterte, ich wollte mir warme Gedanken machen, aber wie!

Ich machte mir noch Gedanken, wer wohl der Bekannte von Franz sei, doch ich verwarf ihn gleich, denn ich wollte mir nur warme Gedanken machen.

Franz war mit seiner Jacke an meiner Trage hängengeblieben und hatte diese etwas zur Seite gedreht, so hatte ich nun einen besseren Überblick über dieses Areal.

Überall, wo ich hinsah, war es kalt, aus den Druckkammern, zumindest glaubte ich, dass sie welche seien, wuchs das Eis raus, durch die Glasfronten sah ich nur Berge mit Schnee, auf einer Seite war direkt eine Eiswand, alles war kalt hier.

Da kam eine Frau auf mich zu und sagte: „Herr Hierzer? Ihnen geht es schon wieder besser? Es tut mir so leid, wir sind immer bei Ihnen gewesen, zum Pizzaessen, und was machen wir jetzt, aber es wird schon wieder werden, auf Wiedersehen."

Ich hatte sie nicht erkannt und mit ihr zu sprechen war ich nicht fähig, so nickte ich nur höflich.

Es war einfach nur kalt, mein Körper zitterte und meine Zähne machten fürchterlichen Lärm.

Doch da sah ich durch eine Glastür in einen Raum. Er war groß und auf hellblauen Betten lagen Menschen, der Raum strahlte eine warme Atmosphäre aus.

„Ob ich eventuell hier reinkomme?"

Auf einmal hörte ich: „Hierzer!", ich versuchte meinen Arm zu heben, was mir nur einige Zentimeter gelang, danach fiel meine Hand nach unten.

Doch eine Schwester hatte mich bereits gesehen und sie kam auf mich zu. „Jetzt fahren wir ein Stückchen."

Sie fasste nach dem Bett und schob mich in Richtung dieses warmen Raums, den ich zuvor gesehen hatte.

Als wir näherkamen, öffnete sich die Tür und ich wurde durch die Tür geschoben in den Raum, der für mich enorme Wärme ausstrahlte.

Ein wunderschönes helles Blau hatte dieser Raum, leichter Dampf stieg auf, komfortable Betten waren hier, die alle belegt waren mit Menschen.

Als ich durch den Raum geschoben wurde, träumte ich davon, einmal hier diese Ruhe genießen zu dürfen.

Wunderschön warm war es hier, ich fühlte nicht den leisesten Zug von Kälte, der in dieser Welt allgegenwärtig war.

„Hier möchte ich bleiben, es ist wie im Himmel, so stelle ich mir den Himmel vor."

Einige Minuten blieb die Schwester mit mir in diesem Raum, ehe sie die Trage weiterschob.

Leider wurde ich durch den Himmel nur durchgeschoben, denn eine weitere Tür öffnete sich und wir verließen den Himmel.

Danach zwei Mal um die Ecke, durch einen finsteren Gang, ohne Fenster, der aussah wie der Weg in die Hölle, und wir standen vor einer weiteren Tür.

„Wir sind da", sagte diese Frau und zugleich öffnete sich diese Tür.

Eine Druckkammer nach der anderen stand in diesem Raum und in einer von diesen wurde ich verladen.

Mehrere Helfer kamen, denn die Öffnung dieser Kammer befand sich in einer Höhe von etwa eineinhalbhalb Meter, Eis wuchs aus dieser Öffnung, sie alle hoben mich an, denn ich konnte mich wieder einmal nicht bewegen und schoben mich einfach in diese kalte Röhre.

Eisig kalt war es hier und etwas begann auf mich zu drücken.

Wieder einmal begann der Kampf gegen Kälte und Druck, ich versuchte meinen Körper zu verkrampfen, zu bewegen, doch mein Körper wollte nicht auf mich hören, zu sehr war er bereits durchgefroren, ich wollte nicht nachgeben und kämpfte weiter.

Einen Moment später befand ich mich an einer Wand, eine unsichtbare Kraft drückte mich dagegen.

Finger, Hände, Füße, Fußschaufeln, Körper, Kopf und Haare wurden an die Mauer gepresst.

Der Druck wurde langsam immer stärker, Haut und Fleisch wurden in die Breite und von meinen Knochen gedrückt, alles an mir, wie Gelenke, schmerzte erbärmlich.

Umso größer der Druck, umso größer wurden auch die Schmerzen.

Ich wollte schreien, doch durch den Druck waren Mund und Kiefermuskeln so verdrückt, dass ich keinen einzigen Laut von mir geben konnte, es wäre auch anders nicht gegangen, doch in so einer Situation kämpft man um das Überleben, mit aller Kraft, die der Körper noch hatte.

Hier hing ich nun und nach einiger Zeit hatte der Druck etwas nachgelassen, doch ich klebte noch gut an der Decke.

Sofort ging es in meinem Kopf um meine Absicherung, doch es war nichts in meiner Nähe, an dem ich mich festhalten hätte können.

So hing ich da und musste warten, was nun mit mir geschah.

An der Mauer neben mir gingen viele Rohre hoch, die etwa zehn Zentimeter dick waren und mit Eis überzogen waren.

Überall waren Rohre und all diese waren mit Eis angelaufen, es wuchs Eis aus ihren Enden.

Es war fürchterlich kalt, es war wie in einem Tiefkühlhaus und die äußere Hautschicht von mir war bereits tiefgefroren.

Mir kam es so vor, dass ich hier Stunden, wenn nicht Tage ausharrte.

Sehr ruhig war es um mich und mein Körper war starr. Ich fühlte auf einmal keinen Druck, sondern es war, als sei ich einbetoniert.

Ich sah nur weiß und dieses Etwas, in dem ich steckte, war weiß. Die Schmerzen meiner einzelnen Gelenke verbanden sich zu einem einzigen Schmerzpegel und ich musste versuchen meinen Körper einige Millimeter zu bewegen.

Es dauerte sehr lange, bis ich dies schaffte, und als es mir gelang, zerbrach dieses Weiß, das mich einbettete, und ich sah durch diese Öffnung.

Ich war nicht alleine hier, ich hing irgendwo und hunderte solcher weißen Kokons wie der, in dem ich mich befand, hingen hier, dazwischen waren unzählige Rohre.

Lange hing ich in dieser Halle und mein drittes Auge machte sich auf Reisen.

Ich schwebte über dem Olariziberg über die Unfallstelle und all die Leute, die ich sah, winkten nach mir.

Ich sah die Jäger, die zusammensaßen und tranken.

Noch viele andere schöne Gegenden und viel, viel mehr sah ich, mir kam es auch so vor, dass ich in die Zukunft sah und sehr viel Unangenehmes sah.

Dieser Zustand dauerte Wochen an, dachte ich, und dann traf ich wieder in dieser Kuppel ein, wo bereits einige hundert Menschen versammelt waren und warteten.

Vielleicht waren es all diese Menschen, die mit mir in der Halle gehangen hatten.

Ich gesellte mich zu ihnen und war wieder der einzige, der das kommende Ereignis miterleben durfte, die anderen hier waren bewusstlos oder ohne Reaktionen.

Ich befand mich bereits hunderte Male in dieser Kuppel und jedes Mal, wenn ich hier eintraf, genoss ich die Zeit, die ich hier verbringen durfte.

Ich konzentrierte mich auf diese wunderschöne Kuppel und wartete sehnsüchtig darauf, dass sie sich öffnete.

Es ging los, als erstes löste die Schwerkraft sich, man begann zu schweben, die Kuppel wurde immer größer und größer, so groß, dass die Kuppeldecke zu zerspringen begann und die ersten Sterne durchblinzelten.

Die Spalten der Deckenteile wurden immer größer und sie schwebten auseinander.

Nach einiger Zeit verschwanden die Deckenteile komplett und über uns war nur noch der Sternenhimmel.

Meine Mitmenschen, die sich in dieser Kuppel befanden, begannen zu verschwinden und mein Wegweiser tauchte auf und zeigte mir wieder einmal den Weg, den ich zu gehen hatte.

Nun waren wir nicht mehr Körper, nun waren wir Energie und ich sah von meinen Mitbegleitern nur noch einen leichten, weißen Hauch, der sich nach kürzester Zeit auflöste.

Mit rasender Geschwindigkeit raste ich auf diesen Stern zu, zu dem ich des Öfteren in dieser Welt hier bereits unterwegs gewesen war.

Wieder einmal ein lauter Knall, und als ich meine Augen öffnete, lag ich auf einem Bett in einem hellen Raum.

Neben mir stand ein Arzt, den ich noch nie gesehen hatte, meine Frau und Tochter.

Die drei sprachen miteinander, wandten sich hin und wieder zu mir, sprachen weiter, dies musste etwas Wichtiges gewesen sein, und wieder sahen sie zu mir.

Da blieb der Blick meiner Frau bei mir, sah mich einige Sekunden stur an und sagte: „Endlich bist du wieder hier, immer bist du woanders und wir müssen immer wieder tagelang auf dich warten! Jetzt wirst du in die Therme nach Ungarn überstellt. Ich komme mit dir, soll ich überhaupt mitkommen?“

„Natürlich, aber wo sind wir hier?“

„Wir sind in Hamburg!“

„In Hamburg? Was machen wir hier in Hamburg, gibt es bei uns keine Ärzte?“

„Du bist vom Herrn Professor eingeladen worden, er hat dein Schicksal mitbekommen, du kennst ihn noch von Hamburg aus. Er ist jener, der zu dir mal sagte, dass er in Graz studiert hätte und dass die Mädchen von der Steiermark die schönsten seien.“

„Ja, ich weiß, er ist aber Zahnarzt.“

„Wir sind ihm zu Dank verpflichtet, er hat an dir sehr viel gemacht und auch geholfen.“

„Danke viel Mal“, sagte ich.

Der Professor sagte: „Ihr müsst euch nun beeilen, denn eure Zeit für dieses Krankenhaus ist abgelaufen. Solltet ihr nicht rechtzeitig aus dem Haus sein, werdet ihr euch nicht mehr bewegen können und nicht mehr vom Fleck kommen, dann müsst ihr bis morgen am selben Platz verweilen.“

„Warum das?“

„Ihr habt Schlüssel in eurer Welt, wir hingen haben einen anderen Schutz vor Eindringlingen.“

Auf einmal standen meine Pfleger neben mir, nahmen die Trage und brachten mich zu einem Fahrzeug und ich fragte: „Wo ist meine Frau hin?“

„Die ist schon losgefahren, du triffst sie in der Therme.“

Ich wurde verladen in ein Rettungsauto und wir fuhren los.

Wir fuhren nicht lange, da umgab uns dichter Nebel, alles war weiß, man sah keine Straße.

Doch meine Pfleger fuhren, als hätten sie freie Sicht.

Nach einiger Zeit sah auch ich wieder, denn der dichte Nebel lichtete sich etwas, von weitem sah ich einen Turm aus dem Nebel ragen und auf diesen fuhren wir zu.

Mir kam das Ganze sehr bekannt vor und ich wusste, dass ich hier schon mal gewesen war.

In der Therme.

Der Turm kam immer näher, er sah unwirklich aus, so wie in einem Märchenfilm, und es begann bereits zu dämmern.

Nach einigen Minuten hielt das Fahrzeug, ich war neugierig, wie dieser Turm aus der Nähe aussah, so versuchte ich zu einem Fenster zu kommen, um zu sehen, wo ich war und wie diese Anlage aussah.

Viel konnte ich nicht sehen, nur so viel, dass wir vor einem großen Eisentor standen, der Nebel sehr dicht und der Turm verschwunden war.

Einer der beiden Pfleger stieg aus dem Auto, ging zum Tor und läutete an der Klingel.

Wir warteten, da öffnete sich das Tor und ein Mann trat hervor.

Die beiden sprachen miteinander, danach ging ein jeder von ihnen seinen Weg und der Pfleger stieg wieder ins Auto, fuhr durch das Tor und blieb vor dem Eingang zur Therme stehen.

Sie luden mich aus und trugen mich mit der Trage in den Vorraum, wo bereits meine Frau auf mich wartete.

Sie übernahm mich und meine Pfleger verabschiedeten sich von uns.

Zwei Schwestern kamen und begrüßten uns sehr herzlich: „Sie sind der Verbrannte?“

„Ja, ich glaube schon, dass Sie mich meinen, denn die meisten nennen mich so.“

„Natürlich meine ich Sie und dies ist Ihre Frau?“

„Ja.“

„Ihr Zimmer ist im ersten Stock, hier ganz vorne links ist der Aufenthaltsraum und gleichzeitig der Warteraum, dort warten Sie bitte, denn der Doktor muss Sie noch untersuchen. Herr Hierzer, in unserem Areal können auch Sie gehen.“

„Wirklich? Wäre das schön. So, Gabi, hilf mir bitte auf, denn ich kann gehen, hat die Frau gesagt.“

Meine Frau half mir auf und es ging wirklich, ich konnte wieder mal gehen.

Gabi half mir noch beim Gehen, wobei sie mich unter dem Arm stützte, und wir gingen Richtung Aufenthaltsraum.

Schritt um Schritt ging es besser und bereits nach einigen Schritten brauchte ich keine Hilfe mehr.

Da kamen wir bei einer kleinen Bar vorbei und wer stand hier, ein Jäger, d' Korl, er sah mich, winkte nach mir und sagte: „Ja, Servus, Herbert, du bist auch hier?"

„Ja, ich bin gerade gebracht worden, ich soll mich hier einige Tage erholen."

„Ja, das wird dir guttun, deinen Hund hab ich auch schon gesehen."

Ich sah meine Frau an und sagte: „Wieso, ist die Leica auch hier?"

„Leica und Gina sind hier."

Ich fragte den Jäger: „Seid ihr zum Jagen hier?"

„Ja, wir sind mehr, der Josef, Seppl und noch ein paar, das ist schön hier, tagsüber gehen wir zur Jagd, am Abend können wir uns hier noch etwas entspannen."

Korl sprach weiter: „Du weißt ja, die mögen keine Hunde hier, wenn wir sie erwischen, müssen wir sie erschießen."

„Ach was, du wirst unseren Hund erschießen, wenn ihr das macht, seid ihr wohl angeschossen in der Batterie!", sagte meine Frau, denn sie kannte den Korl gut, er stand viel bei uns am Tresen und Gabi hatte ihm des Öfteren recht viel eingegossen.

Der Jäger wandte sich von uns ab, nahm sein Glas in die Hand und trank einen kräftigen Schluck.

Wir gingen weiter, doch innerlich ärgerte ich mich sehr, immer die Hunde hier in dieser Welt, ich hatte es meiner Frau schon ein paar Mal gesagt, dass hier keine Hunde erwünscht waren.

Wir kamen in den Vorraum, von dem die Schwester uns erzählt hatte, er war wunderschön, von hier hatte man einen Überblick über das gesamte Areal.

Es gab hier gepolsterte Liegen, in die wir uns sinken ließen und die Atmosphäre um uns genossen.

Draußen war es bereits dunkel, der See, der die Anlage ummantelte, war zugefroren und das Eis dampfte leicht im Scheinwerferlicht.

Es sah aus, als würden wir auf Wolken schweben.

Das Dach über uns war zur Gänze aus Glas und auf das Dach fiel leise Schnee.

Dieser schmolz nach dem Auftreffen auf das Glas, durch die aufsteigende Wärme dieses Raumes war das Glas aufgewärmt.

Der feine Schneefall wurde durch die Scheinwerfer beleuchtet und sichtbar.

Dieser Schnee hatte eine beruhigende Wirkung auf mich und mir war es nicht mal kalt, der Anblick beruhigte und wärmte mich.

Mein Blick war Richtung Decke gerichtet und ich bewunderte das Spiel der Schneeflocken, da sagte ich zu Gabi: „Hier waren wir schon mal!“

„Ich weiß nicht“, bekam ich zur Antwort.

Mein Blick war immer noch Richtung Dach gerichtet, was erblickte ich oben auf dem Glasdach, dort spazierten unsere Hunde herum.

Wieder sagte ich zu meiner Frau: „Gabi, schau mal nach oben!“

„Die Leica und die Kleine.“

„Wir müssen nach oben zu ihnen und sie ins Auto sperren, wo steht denn dein Auto?“

„In der Tiefgarage.“

„Hier gibt es auch eine Tiefgarage?“

„Ja, natürlich.“

„Wie kommen wir dorthin?“

„Wir müssen nach unten, ich bin vorne beim Portier heraufgekommen.“

„Ja, wir müssen los.“

Wir erhoben unsere Körper aus den bequemen Liegen und machten uns auf den Weg zum Portier, da blieb ich auf einmal stehen und hielt meine Frau zurück, sie fragte: „Was hast du?“

„Schau da vorne, da stehen die ganzen Jäger, komm, wir probieren es über das Dach.“

„Nein, wie schaut das aus!“

Da rief eine Schwester nach mir: „Herr Hierzer, Sie können nun zum Arzt kommen.“

„Ich bin gleich fertig, dann kümmern wir uns um unsere Hunde, die Jäger saufen jetzt eh.“

Ich betrat den Raum, der Arzt begrüßte mich, es war ein junger Arzt mit langem, gewelltem, blondem Haar, mit einer Ringo-Star-Brille und einem Spitzbart. Ich kannte ihn bereits, ich glaubte, er hatte mich schon mal untersucht.

Er sagte: „Sie sind der Verbrannte, weswegen sind Sie hier?“

„Wegen Verbrennung und meiner Schulter.“

„Kommen Sie mit.“

Der Arzt stand auf, nahm mich vorsichtig an der Schulter und ging mit mir aus dem Zimmer.

Er ging mit mir zum Stiegenhaus, dort bei den ersten Stufen breitete eine Schwester Tücher aus und ich musste mich über drei Stufen legen.

Meine Frau und alle sahen in das Stiegenhaus ein und beobachten diesen Vorgang, es war für sie wie eine Theatervorstellung, alle interessierte dies und sie sahen zu mir.

Das Stiegenhaus war hellblau gefärbt und viele kleine Lichter waren an Decke und Wänden eingebaut, es war hell hier im Stiegenhaus, aber nicht grell, es war ein angenehmes Licht.

Ich lag über den Stufen und blickte hoch und der Arzt beugte sich über mich, sah in meine Augen und schlug mir in jedes Auge einen Nagel.

„Au!“, schrie ich.

Er sagte nur: „Das muss sein in unserer Welt, ohne Markierung kann ich nicht arbeiten, ich werde Sie morgen früh operieren, gleich hier im Stiegenhaus, die Leute können eh mit dem Lift fahren.“

Danach gab mir der Arzt seine Hand, half mir auf und ich begab mich wieder zu meiner Frau.

„Morgen, sieben Uhr früh gehen wir es an, hier bei der Stiege, ich wünsch Ihnen noch einen schönen Abend.“

Nun ging er, und als er aus unserer Sichtweite war, sagte ich zur Gabi: „Ich gehe nach oben, schaue, ob ich einen Ausgang finde.“

„Ist okay, ich sehe noch etwas fern, Herbert, was will der Arzt bei dir operieren?

„Ich weiß nicht, die Schulter oder die Haut! Was für ein Zimmer haben wir überhaupt?“

„Zimmer acht."

„Hast du den Schlüssel?"

„Hier gibt es keinen, nur wir kommen hinein."

Ich ging über die Stiege nach oben, wo noch immer das Tuch ausgebreitet lag, dem ich weit auswich.

Der Handlauf sah aus, als wäre er aus Gold. Überall waren Fäden gespannt, von der Decke zur Stiege, und als ich den ersten Stock betrat, hatte ich einen wunderschönen Überblick auf den Aufenthaltsraum, der sich darunter befand.

Er sah sehr groß aus von hier oben und ich sah auch eine Wand, die ich zuvor nicht gesehen hatte.

Sie war weiß gefärbt und an der Wand befanden sich viele dieser verkehrten Kreuze.

Hinter diesen Kreuzen, die in der Wand eingebaut waren, war etwas, das ich von hier aus nicht genau definieren konnte.

Hinter der Tresenwand, an der die Jäger standen und tranken, sah ich von hier in den zweiten Raum, hier waren eine Menge kleiner Bäder, in denen meist nur ein Gast saß und an einem Rad drehte.

Einer von ihnen winkte und nun sah ich, was hinter den Kreuzen hervorkam, es waren Frauen, die aus den Kreuzen stiegen, schlanke, große Frauen, die zu denjenigen gingen, die nach ihnen winkte.

„Wie in einem Bordell geht es hier zu! Ich glaube, das hab ich schon mal gesehen."

Direkt unter mir sah ich meine Frau auf dieser bequemen Couch liegen und ihre Blicke waren auf den Fernseher konzentriert, ihr entgingen diese Feinheiten dieser Hotelanlage.

Ich ging weiter, hier war ein Wegweiser, Zimmer eins bis acht, ich bog rechts, Richtung Zimmer acht, ein.

Ich ging an der ersten Zimmertür vorbei, blieb kurz stehen, denn ich hörte Geräusche aus dem Zimmer.

Es waren Geräusche des Beischlafs, ich ging weiter, das nächste Zimmer, wieder wilder Lärm. Im Zimmer gegenüber dasselbe.

„Was ist denn hier los?“, dachte ich mir.

Nun war ich bei Zimmer acht, ob ich wohl ohne Schlüssel ins Zimmer kam? Tatsächlich, die Tür öffnete sich automatisch und schloss sich hinter mir.

Nach einem kurzen Überblick, den ich im Zimmer machte, ging ich zur Tür, die sich wieder automatisch öffnete, und verließ das Zimmer.

„Ich muss nach meinen Hunden sehen!“, dachte ich mir und ging den Gang zurück Richtung Stiegenhaus, aus jeder Zimmertür, an der ich vorbeiging, kamen die Geräusche des Beischlafs.

Nun war ich wieder im Stiegenhaus, die Stufen gingen noch weiter nach oben, ich folgte diesen.

Oben angekommen machte ich wieder einen Rundblick, ich stand in einer Glaskuppel und sah über die ganze Dachterrasse, auf die leise der Schnee fiel.

Hier gab es keine Räume mehr, nur einen Ausgang ins Freie.

Ich öffnete die Tür, stürmisches Schneetreiben kam mir entgegen, und betrat die Dachterrasse.

Auf der Dachterrasse gab es kleine Wannen, in denen Leute saßen, und unsere beiden Hunde wurden von ihnen gestreichelt.

„Gott sei Dank, sie sind hier, ich werde die Gabi holen und dann setzen wir uns in eines dieser Bäder mit den Hunden."

Ich ging nach unten zu Gabi und sagte: „Gabi, oben auf dem Dach gibt es kleine Bäder im Freien, komm, gehen wir rauf, setzen uns in eines der Bäder und die Hunde können bei uns sein."

„Bisschen noch, ich will nur den Film fertig sehen, wenn du willst, Herbert, kannst du dich hier in eines der Bäder setzen."

„Nein, ich will zu den Hunden hoch, du weißt doch, die Jäger."

„Ja, gleich."

Ich setzte mich noch mal zur Gabi, sie sah fern und ich beobachtete das Areal und die Menschen.

Hier war es wie in den letzten Thermen oder Krankenhäusern, in denen ich gewesen war, die gleichen kleinen Bäder, in denen die Gäste saßen und an Handrädern drehten.

Da sah ich den Korl, er saß in einem der kleinen Becken, was machte er da, er begann zu winken.

Ich sah in die Richtung, in der er winkte, er winkte zu dem Doppelkreuz.

„Wie haben diese Frauen nur hinter diesen Kreuzen Platz?", dachte ich mir.

Durch Korls Winken begannen sich die Frauen zu bewegen und stiegen vom Kreuz.

Jetzt konnte ich es genau sehen, diese Frauen waren zusammengekauert und ihr Kopf ragte durch das Kreuz, es war das einzige, das von den Frauen zu sehen war.

Es waren sieben oder acht Frauen, die vom Kreuz stiegen, und alle gingen zu Korl.

Korl suchte sich eine von ihnen aus, die anderen gingen zu ihrem Kreuz zurück und bestiegen diese wieder.

Unvorstellbar, diese großen Frauen verkrochen sich hinter dem Kreuz in eine Vertiefung von etwa 80x50 und 20 Zentimeter in der Tiefe, sie ballten sich förmlich zusammen und saßen wieder hinter dem Kreuz, nur ihren Kopf konnte man zwischen den Doppelkreuzen erkennen und danach machten sie keine einzige Bewegung mehr.

Sie waren so ruhig, als wären sie versteinert.

Ich schubste meine Frau und sagte: „Gabi, hast du das gesehen?"

„Was?"

„Ich glaube, wir sind hier in einem Bordell, der Korl hat sich eine Frau kommen lassen."

„Wo ist er denn?"

„Schau, da drüben, siehst du ihn, er amüsiert sich bereits mit ihr."

„Diese Jäger, die sind nur im Puff, hier in Ungarn."

„Komm, Gabi, wir müssen los, du weißt ja, vielleicht kommen wir sonst nicht mehr vom Fleck."

Zögernd kam sie mit mir, wir schritten die Stiegen hoch und bemerkten bereits, dass unsere Füße immer schwerer wurden, endlich oben angekommen gingen wir ins Freie.

Als wir durch die Tür gingen, hatten die Hunde uns bereits gesichtet und kamen wie wild auf uns zugelaufen, sie freuten sich, wie sich nur Hunde freuen konnten.

Es war kalt und es schneite noch immer, wir gingen schnell, so wie uns die Hunde ließen, in eines der kleinen Bäder und ließen uns ins heiße Wasser sinken.

Herrlich war das Wasser, wir waren fast alleine hier, nur uns gegenüber in einem anderen Becken saß ein junges Pärchen.

Die Hunde legten sich zu uns und wedelten mit ihren Schwänzen vor Freude und wirbelten den frischen Schnee auf.

„Ich lass mich morgen nicht operieren, Gabi, wir verschwinden noch heute Abend!"

„Das geht nicht, du musst dich operieren lassen."

„Werden wir schon noch sehen! Jetzt genießen wir mal das warme Wasser."

Nun lag ich bereits vier Wochen im Tiefschlaf, war noch immer wie eine Wurst, doch etwas war anders, meine Wunden begannen zu heilen, aber so, dass die Ärzte nicht wussten, was hier vor sich ging.

Wieder mal kamen meine Lieben mich besuchen und nun sagte der Arzt zu ihnen: „Ich glaube, jetzt könnte man sagen, dass er es überleben könnte."

Sie sahen sich gegenseitig an und ihnen wurde jetzt erst bewusst, wie es um mich stand.

Immer wurden sie vertröstet, aber niemand hatte ihnen meinen Zustand erklärt.

Aber was die Ärzte noch sagten, denn dieses Mal waren viele von ihnen anwesend, dass meine Lunge ein Badschwamm wäre, meine Nieren nicht arbeiten würden, meine Leber abgesoffen sei und das Herz doppelt so groß und alles würde im Wasser schwimmen, so wie ich mich fühlte.

Meine Angehörigen waren am Boden zerstört und wollten schon gehen, da kam der Oberarzt auf sie zu und sagte: „Hört nicht auf sie, wenn es einer schaffen kann, dann ist es dieser Mann hier, er kämpft enorm ums Leben und nun wird ihm auch geholfen, denn was hier vor sich geht, so etwas habe ich noch nie erlebt. Es ist wie aus einer anderen Welt.“

Wir saßen nicht lange im Wasser, da kam einer meiner Pfleger auf mich zu und sagte, außer Atem: „Herbert, du musst schnell kommen, denn wenn du nicht kommst, erschießen die Jäger deine ganzen Hirsche.“

„Was, wieso, wo sind sie denn?“

„Gleich hier, 500 Meter entfernt in ihrem Gasthaus, wo sie immer sind, du musst schnell kommen!“

Ich stieg aus dem Wasser und machte mich auf den Weg zu den Jägern, einer der Pfleger wies mir den Weg, dann verließ er mich.

Wunderschöne Hauser gab es hier den Weg entlang, der mir zugewiesen wurde.

Es war sehr hügelig und viel Wald gab es hier.

Es gab meterhohen Schnee, der zwar geräumt war, aber doch musste ich durch etwa 20 Zentimeter Schnee stampfen.

Es war trotzdem sehr schön, durch den Schnee zu gehen. Hier war ich noch nie, rechts von der Straße war nur Wald, links von mir gab es hin und wieder ein Haus, doch ansonsten ging es fast senkrecht nach unten und diese Häuser, die es hier gab, waren an die Felswand geklebt.

„Die leben auch sehr gefährlich hier!“, dachte ich mir und ging weiter.

Schüsse hörte ich von weitem, hier war ich nicht Zuhause und dachte nicht, dass dies meine Hirsche betreffen könnte.

Nach einigen Minuten erreichte ich das Gasthaus, hier gab es weit und breit kein Haus und mit der Ruhe war es vorbei.

Als sie mich sahen, benahmen sie sich wie die Wilden und sie schrien etwas, ich konnte von dem, was sie schrien, kein Wort verstehen, es trommelte nur so in meinen Ohren.

Endlich schrie eine Stimme: „Essen gehen!“

Alle gingen in das Gasthaus, Hannes kam auf mich zu und sagte: „Du kommst mit rein, Herbert, du bist eingeladen!“

„Eingeladen, warum das?“

„Es ist ein großer Tag für uns alle, wir haben ab heute ein neues Mitglied und das wollen wir feiern.

Ich ging mit ihnen zu diesem Gasthof, wir mussten einige Stufen nach oben gehen und oben auf dem Vorplatz vor der Eingangstür blieb ich stehen und drehte mich noch mal um und betrachtete diese Winterlandschaft.

Es war Nacht, tiefer Schnee, die Äste hingen tief und auch hier, neben dem Eingang, gab es meterhohe Schneewehen.

Danach ging ich mit den Jägern in den Gasthof, es war schön hier drinnen, nur alles, was hier war, war kurz davor auseinander zu brechen, doch ich nahm Platz.

Am Tisch standen bereits Flaschen, die für die ganze Nacht reichen würden, und wir tranken mal ordentlich,

ich hatte eh so einen Durst, ich wusste nicht mal, wann ich das letzte Mal getrunken hatte.

Ich hatte in dieser Welt noch nie getrunken, nur wenn ich ertrinken musste.

Essen wurde aufgetragen und was wurde aufgetragen, die Prunsawurst.

„Oh Gott, die esse ich nicht, die ist ja aus Menschenfleisch“, dachte ich mir.

Die Prunsawurst, wurde mir erklärt, wird aus Menschenfleisch zubereitet und sei eine Delikatesse in dieser Welt. Vom Menschen sei das meiste zu gebrauchen und das, was nicht zu gebrauchen sei, kommt in die Wurst.

Eine der Austrägerinnen kam mir sehr bekannt vor, ja, es war Nadia, meine Schöne.

Als ich meinen Blick auf sie warf, sah auch sie mich, kam auf mich zu und sagte: „Dein Sohn wird heute aufgenommen, das wird hier gefeiert!“

„Muss ich laufen?“

„Nein, er hat seinen Jungfernschuss schon hinter sich.“

Sie lächelte mich noch mal an, streichelte mir sanft über die Wangen und verschwand auf Nimmerwiedersehen.

„Herbert, du Verbrannter, zeig uns deine Wunden!“, riefen die Jäger.

„Ihr sagt zu mir Verbrannter, aber ich sehe an mir keine Wunden!“

Sie lachten darüber und tranken weiter, da kam Hannes auf mich zu und sagte: „Wir haben ein Tier von deinem Gehege geschossen.“

„Hannes, du kannst ruhig den großen von den Hirschen schießen. Er soll dir gehören, aber lass meine Hunde zufrieden.“

„Das kann ich nicht versprechen, ich habe hier nichts zu sagen!"

Nun kam der Jäger und Doktor auf mich zu und sagte: „Der Kleine hat geschossen, er hat leider dein ältestes Tier getroffen."

„Nein, nicht, warum, Hannes, du hast es nicht über das Herz gebracht zur damaligen Zeit, du weißt schon wann, sie zu erschießen, ich hab ihr das Ableben versprochen."

„Untaten, zu denen ältere Menschen nicht fähig sind, werden jungen überlassen, denn sie haben noch nicht viel Leid miterlebt, handeln rücksichtslos und ohne Gefühl, sie leiden auch nicht darunter wie manch älterer."

Wütend saß ich da und niemand von den Jägern sprach mehr mit mir.

„Es war der Junge, normal wärst du an der Reihe gewesen, du hast es Nadia zu verdanken, dass du noch lebst."

„Wo ist Nadia?"

„Nadia ist gegangen, sie ist freigegeben worden und hat diese Welt verlassen, sie durfte nun hinüber, dort ist sie gut aufgehoben."

„Herbert, dein altes Tier lebt noch, wenn du von ihr Abschied nehmen willst!"

„Wo finde ich sie, ich weiß nicht, wo ich bin!"

Ein Jäger, den ich nicht kannte, stand auf und ging mit mir nach draußen, er sagte zu mir: „Geh runter, diesen Weg entlang, dort wirst du sie finden."

Ich ging schnell, ich lief und nach einigen hundert Metern lag sie vor mir.

Der Körper lag am Boden und langsam ging ich zu ihr und ich sprach sie an: „Hanseli!"

Da hob sie ihren Kopf, ich kniete mich zu ihr, nahm ihren langen Hals in meine Arme und streichelte ihren Kopf.

Sie genoss es sichtlich, dass wir uns noch einmal sehen konnten.

Dann starb sie in meinen Armen.

Ich erhob mich und ließ den Kopf des Tieres zu Boden gleiten.

Ich ließ das Tier liegen und ging den Weg zum Gasthof zurück.

Da standen alle Jäger vor dem Gasthof und starrten mich an.

Als ich nun zu ihnen stieß, tuschelten sie untereinander und Hannes kam auf mich zu und sagte: „Herbert, sie haben erfahren, dass deine Hunde hier sind, wir machen nun eine Treibjagd auf sie, geh schnell und bring sie fort!"

Ich ging so schnell, wie meine Füße mich trugen, doch meine Kraft ließ nach.

Schnell atmete ich, doch ich bekam fast keine Luft, meine Halsröhre brannte wie Feuer vor lauter schnellem Atmen.

Mit letzter Kraft erreichte ich das kleine Becken, in dem meine Frau saß, und ich erzählte: „Gabi, hol so schnell wie nur möglich das Auto, wir müssen hier weg, die Jäger kommen und wollen unsere Hunde erschießen!"

„Ach nein, Herbert."

Nun wurde ich wütend und sagte noch einmal: „Schnell, du holst jetzt das Auto!"

Endlich stieg sie aus dem Wasser und machte sich auf den Weg zum Auto.

Leica und Gina lagen hier neben dem Becken, ich nahm sie an die Leine.

Wo blieb sie nur, die Jäger kamen immer näher, da kam sie endlich aus der Garage gefahren und hielt vor uns.

Ich hatte die beiden Hunde noch an der Leine und hielt sie fest, da riss mir Leica die Leine aus der Hand und wütend bellend lief sie auf die Jäger zu.

Ein Schuss und Leica stürzte in den Schnee, der sich rot zu färben begann.

Ein Stich wie mit einem Messer durchfuhr mein Herz.

Auch die Gina zog wie verrückt an der Leine und wollte die Jäger beißen, wieder ein Schuss, Gina winselte und hob ihre Vorderpfote.

Ich schnappte sie und schob sie ins Auto, Gina war am Fuß getroffen. Auch ich musste ins Auto und da sah ich, wie Hannes versuchte die Meute, die hinter unseren Hunden her war, abzulenken.

Wir konnten fliehen, mussten aber Leica zurücklassen, traurig saß ich bei Gina und dachte an Leica.

„Nun ist es passiert, ich wusste, dass Leica diese Welt nicht mehr verlassen darf."

„Von was für einer Welt sprichst du immer?"

„Von dieser, von der Zwischenwelt!"

Gabi sagte nichts, aber an ihren Gesichtsausdruck merkte ich, dass sie mich nicht für voll nahm.

Am Einfahrtstor hatten wir Glück, vor uns war ein Auto, das die Thermenlandschaft verließ, und wir fuhren hinter ihm raus.

„Endlich weg von hier."

Ich nahm Gina in den Arm, drückte sie und sagte: „Was wird nun mit unseren Tieren, die ich hier zurücklassen muss?"

Umso weiter wir uns von der Therme entfernten, umso mehr begann auch meine Beweglichkeit zu schwinden und ich wurde wieder zum Schwerverletzten.

Gabi sagte: „Gina fahre ich zuerst in die Tierklinik und dann bringe ich dich ins Landeskrankenhaus nach Graz."

„Gott sei Dank, das ist mal eine gute Idee, diese ganzen Krankenhäuser und wo ich überall war, ich weiß nicht warum, Graz ist gut."

Auf dem Weg zur Tierklinik holte uns ein Auto ein, es hupte und wir blieben stehen.

Das Fahrzeug fuhr auch an den Straßenrand und hielt, meine Pfleger stiegen aus, kamen auf uns zu und sagten: „Gabi, wo bringst du Herbert hin?"

„Ins Krankenhaus!"

„Versorg du deinen Hund, wir bringen Herbert ins Krankenhaus."

Ich sah die beiden Pfleger und war froh darüber, dass sie hier waren.

Auch Hannes kam angefahren und hielt bei uns.

„Ich bring Herbert ins Krankenhaus!", sagte Hannes.

„Nein, ich will mit meinen Pflegern fahren!"

Er respektierte meinen Wunsch und die Pfleger verluden mich in den Krankenwagen und fuhren mit mir los.

Ich war müde und schlief ein, als ich meine Augen wieder öffnete, befand ich mich in einem Krankenbett in einer völlig neuen Umgebung.

Mit meinen Augen erkundete ich die neue Umgebung vor mir. Etwas höher oben war Heu gelagert, im Heu befanden sich kleine Schäfchen, die das Heu fraßen und überall herumliefen.

Alles duftete nach Heu, sehr stark roch es hier nach Lavendel.

Überall um mich waren Staub und Schmutz von diesem Heu und den Tieren.

Zu meiner linken Seite stand noch ein Bett, rechts von mir war ein kleines Fenster, was war bei diesem Fenster? Ich musste genauer hinsehen.

Von diesem Fenster sah jemand zu mir herein und er ließ seinen Blick nicht von mir ab.

Als ich noch weiter meine Umgebung erkundigte, kam auf einmal mein Schlächter auf mich zu, nahm sich einen Sessel und setzte sich zu mir.

„Jetzt heißt es wieder sterben!“, dachte ich mir.

„Muss ich wieder sterben?“, sagte ich zu meinem Schlächter.

„Nein, Herbert, du hast schwer gekämpft und hast es geschafft, du darfst leben.“

„Warum sollte ich denn sterben?“

„Du hattest sehr schwere Verletzungen, die normalerweise niemand überlebt!“

„Was sind das denn für Verletzungen?“

„Ein Großteil deiner Haut war verbrannt und musste mit neuer Haut abgedeckt werden. Du musstest schwer kämpfen.“

„Ja, das kann man wohl sagen! Aber wo bin ich hier, das kann doch kein Krankenhaus sein!“

„Hast du nicht zugehört, was dir gesagt wurde, in der Welt, wo du warst oder jetzt noch bist, da ist nur Platz für deinen Geist und Seele, alles andere sind nur Sinnbilder!“ Der Schlächter drehte sich leicht zur Seite, holte tief Luft und sagte weiter: „Du hast vorerst den Tod besiegt, dein Körper wurde hier in diesem Krankenhaus 42 Mal operiert, du hast viel mitgemacht, aber merke dir, das Schwierigste kommt erst auf dich zu."

„Warum?"

„Ja, es war ein schwerer Unfall, vieles ist noch defekt an deinem Körper, die Behörden, Versicherungen, deine Familie, Nachbarn und vieles mehr, mit all diesen hast du Probleme zu regeln, das wird sehr schwer für dich werden."

„Ich werde versuchen, alles zu erledigen, ob ich es schaffe, das kann ich noch nicht sagen!"

„Doch, du schaffst es. Denke immer daran, dieses Leben, das du jetzt leben darfst, ist dir geschenkt worden, du bist neu geboren, vergeude es nicht, sondern mach das Beste daraus."

„Ich werde es versuchen."

„Versprochen?"

„Ja, versprochen."

„Kann ich sonst noch etwas für dich tun?"

„Ich kann mich nicht bewegen, alles tut mir weh, ich fühle mich so eingesperrt, kannst du mir da helfen."

„Du hast den kaputten Körper auserwählt, es wird schon werden!"

In diesem Krankenhaus war nun alles anders, ich hatte zwar immer noch Angst um mein Leben, doch war ich nun bereits einige Tage hier und es gab keine Anzeichen von Gewalt mir gegenüber.

Doch der Pfleger hier und seine Kinder machten so manche Späße mit mir.

Sie kitzelten mich, zogen mich an den Haaren und wollten mir allerhand Dinge in meine Verbände schmuggeln.

Ein kleines Äffchen tobte auf mir herum, zwickte, kratzte und hatte enorm Spaß mit mir, ich aber weniger mit ihm.

Neben mir lagen noch zwei Patienten in ihren Betten.

Vor mir gab es eine Glasfront, durch die konnte ich nach draußen sehen und vor den Fenstern standen zwei LKW, ein alter mit großer Schnauze, der zweite war ein modernerer.

Über die LKW führte eine Brücke, auf der standen immer Leute und sahen zu uns ins Zimmer, abends, wenn es schon sehr dunkel war, sah ich darauf immer einen Jäger, der zu mir hereinsah.

So verging Tag für Tag und eines Tages wachte ich auf und mir war fürchterlich kalt.

Es war dunkel um mich und ich befand mich nicht im Bett.

Ich war in eine Ecke auf einer Dachterrasse gebettet, ich lag auf einem Haufen Luftmatratzen, halbsitzend, und auf mir lag eine Sauerstoffflasche, deren Schlauch an meiner Luftröhre angeschlossen war.

Hier waren Leute, die ich noch nicht kannte, sie amüsierten sich, einige sprangen in einen Pool, der sich hier in unmittelbarer Nähe von mir befand.

Einer von ihnen stand mit einem Gewehr an einer der Balkonmauern und sah ins offene Gelände.

Eine Frau versorgte die Amüsierenden mit Speis und Trank und der Mann mit dem Gewehr zielte auf etwas und schoss.

Dann wandte er sich um und sagte, als würde er es zu mir sagen: „Man kann diesen Vogel nicht sehen, man hört ihn auch nicht, es ist, als würde es ihn überhaupt nicht geben, doch in der Brunft macht er sich bemerkbar und das ist sein Fehler. Es geht ihm wie die Menschen, wenn sie noch so vorsichtig sind und glauben, allmächtig zu sein, es sind ihre Schwächen, die sie zu Sturz bringen, denn auf jeden lauert jemand, der ihn zu Fall bringen möchte."

Da kam ein Hund gelaufen mit dem soeben geschossenen Vogel im Maul, es war ein sehr großer Vogel, und auf einmal hörte auch ich ihr Brunftgeschrei, der Jäger schoss und schoss, sein Hund brachte ihm einen Vogel um den anderen.

Der Jäger drehte sich zu einem jüngeren Mann und sagte: „Weißt du, wie viele Menschen auf solche Momente warten, um ihre Konkurrenten zu Fall zu bringen!"

„Vater, der Verbrannte befindet sich hier irgendwo, er ist noch immer ausgeschrieben, wir könnten ihn immer noch zu Fall bringen!"

„Ach, lass ihn, er kämpft schon so lange, wenn er es schafft, dann soll er es schaffen."

Ich lag hier nur einige Meter von diesem Jäger entfernt und musste mir alles mit anhören.

Da hörte ich Signaltöne von einem Rettungswagen, der direkt vor diesem Gebäude hielt, und der Motor wurde abgestellt.

Es läutete an der Tür und der Sohn des Jägers öffnete diese, ich hörte eine Stimme und erschrak, ich kannte diese Stimme.

Es war Hannes' Stimme und Hannes kam auf den Jäger zu und sie sprachen miteinander: „Hast du Herbert gesehen, ich soll ihn abholen, er muss in die Klinik, er verschwindet immer wieder!"

„Nein, ich hab den Verbrannten auch nicht gesehen, wie geht es dir, hab dich schon lange nicht mehr gesehen, bist du noch immer auf den Verbrannten angesetzt?"

„Ja, aber ich glaube, wir stoßen ihn ab, er ist kein gutes Geschäft mehr für uns, wenn du von ihm hörst, rufst du mich an?"

„Natürlich mach ich das."

Hannes verließ den Jäger und dieser sagte: „Gott sei Dank, er ist weg, jetzt kann ich weiter schießen, denn, mein Sohn, dieser Vogel darf normalerweise nicht geschossen werden, aber es macht mich stolz, diesen mit meinem Gewehr zu erwischen!"

Sie unterhielten sich weiter und alle miteinander hatten eine harmonische Beziehung, nur mit dem Sohn hatten sie nicht so eine große Freude.

Denn sein Sohn wollte von mir nicht ablassen und immer wieder meinte er, dass sie mich noch kriegen könnten, sie sollten mich nicht einfach so aufgeben, weil sie wegen mir so viel durchmachen mussten.

Da sagte der Jäger zu seinem Sohn: „Ich habe noch nie jemanden so kämpfen sehen wie diesen Verbrannten und sollte ich ihm nun begegnen, würde ich ihm meinen Respekt erweisen."

Da wurde der Sohn wütend, warf etwas zu Boden und verschwand.

Der Jäger war sichtlich froh darüber, dass sein Sohn ihn verlassen hatte, und er sprach zu seinem Hund: „Einen holen wir uns noch."

Mir war schon so kalt und ich wusste, dass der Jäger nun alleine war, ich musste mich bemerkbar machen, dachte ich mir, denn ich wusste nicht, ob ich nicht ersticken würde, wenn die Sauerstoffflasche von mir fallen würde, und brauchte ich nicht Medikamente? So machte ich mir Sorgen um mich und da hörte ich wieder eine weitere Stimme, die sagte: „Ja, Servus, ich hab gehört, der Verbrannte ist hier bei dir?"

Da musste noch jemand gewesen sein, der nach mir suchte.

„Nein, nicht dass ich wüsste!", sagte der mit dem Gewehr in der Hand.

„Ich muss wieder weiter, wenn du ihn siehst, dann sag es mir bitte!"

„Servus!"

Nun waren wieder alle gegangen, nur der Mann mit dem Gewehr stand noch auf der Terrasse.

Da versuchte ich mich bemerkbar zu machen, ich versuchte zu stöhnen, was mir mit viel Mühe auch gelang.

Der Jäger drehte sich um und sah um sich, noch einmal kam ein Geräusch von mir und nun kam er auf mich zu, sah mich und sagte: „Deswegen fragen sie alle bei mir nach dir, was machst du hier?"

Ich wusste es selber nicht und wollte ihm das sagen, doch ich konnte nicht antworten, ich versuchte es, doch es kam kein Ton aus mir.

Er hielt seinen Zeigefinger vor seinen Mund, er zeigte mir, dass ich mich nicht mehr anstrengen sollte, er hob mich auf und trug mich zu einer Trage, auf die er mich legte.

Er schob mich ins Innere der Dachterrassenwohnung, wo es wärmer war, und zugleich sagte er zu mir: „Jetzt trinken wir einen Bacardi, kennst du das?"

Ich nickte leicht, da nahm er die Flasche in die Hand und nahm einen kräftigen Schluck daraus, dann wollte er mir etwas aus der Flasche in meinen Mund fließen lassen.

Er setzte die Flasche an meinen Mund und hob sie vorsichtig an, da kam nichts, er hob höher, immer höher, dann flossen einige Tropfen dieser Flüssigkeit in meinen Mund, die sich anfühlten wie Eiswürfel und kalt den Hals hinunterliefen, ihren Weg zum Magen suchten, ich musste dabei husten.

Doch nach einigen Sekunden fühlte ich die Wärme des Alkohols, die sich in meinem Körper breitmachte und ihn erwärmte.

Mit Händen und Füßen versuchte ich diesem Mann klarzumachen, dass ich zurück müsste auf die Unfallstation, doch er meinte nur: „Sei schön ruhig, du bist hier schon richtig."

Einige Zeit überlegte ich noch, wie ich es dem guten Mann nur klarmachen sollte, vielleicht hätte ich noch Behandlungen, die für mich wichtig seien und die ich nicht versäumen wollte.

Ich wollte ihm erklären, wo ich hingehörte, doch dieser Mann reagierte nicht auf meine Andeutungen.

Diese Bemühungen schlauchten mich und dann schlief ich ein.

Als ich aufwachte, war ich in einem großen Saal und der Mann, der mir gestern geholfen hatte, arbeitete in einer Buffetanlage, die vor mir stand, er sah, dass ich wach war, und kam auf mich zu.

„Du bist wach, das ist gut, schau, was ich hier mache, was ist das, du bist ja Koch?"

„Das dampft bei Ihnen, als würden Sie mit Stickstoff kochen!"

„Nein, das ist eine Spezialität aus Jerusalem!"

„Insgeheim hab ich mir gedacht, dass Sie Jude sein könnten!"

„Wir feiern heute das Osterfest."

„Was? Ist schon Ostern? Wie lange war ich in dieser anderen Welt? Und ihr feiert hier im Krankenhaus?"

„Das ist hier der zweite Stock, der gehört mir!"

„Und deine Gäste? Von wo kommen diese? Sind es Grazer?"

„Nein, das Flugzeug kommt in zwei Stunden aus Jerusalem an, dann muss ich sie abholen."

„Das bezahlen alles sie?"

„Ich feiere nur mit ihnen und dann fliegen sie wieder zurück, ich hab für sie ein eigenes Flugzeug gechartert."

„Man sagt, ihr seid die Auserwählten! Ich war sehr lange weit weg im Jenseits, hab aber nicht wahrgenommen, dass es zwischen uns Opfern einen Unterschied gegeben hätte, dort waren wir alle gleich."

„Du hast Recht, wir beide können darüber sprechen, da wir anderes gesehen haben, doch die Menschen hier auf dieser Welt brauchen einen Anhaltspunkt und es ist ein Ritual, ich finde, es ist schön."

„Ich habe fürchterliche Schmerzen, alles schmerzt mir, ich habe keine Lust, mit euch zu feiern!"

„Hab keine Angst, ich versetze euch wieder in Tiefschlaf!"

Als ich dies hörte, flehte ich den guten Mann an: „Bitte nicht in Tiefschlaf versetzen."

Doch da befand ich mich bereits wieder in dieser anderen Welt.

Ich saß auf einer Bank in einer gebirgigen Gegend, es schien die Sonne, mir aber war es sehr kalt.

Weit und breit war niemand zu sehen und ich hoffte, dass mich dieser jüdische Pfleger bald wieder zu sich holte.

Da kam ein Auto gefahren, im Auto saß mein Bruder, er blieb stehen, öffnete das Fenster und sagte zu mir: „Herbert, steige schnell zu mir ins Auto, ich muss dich von hier fortbringen, sie suchen dich und wollen dich töten!"

Verblüfft sah ich meinen Bruder an und wollte sagen, dass ich doch freigegeben wurde.

Doch aus mir kam kein Wort und mich zu bewegen war unmöglich.

So stieg mein Bruder aus seinem Auto, packte mich und setzte mich auf den Beifahrersitz und fuhr mit mir los.

„Wieder muss ich fliehen! Hätte ich das nur nicht gesagt und hätte mit den Juden Ostern gefeiert", dachte ich mir und dies stimmte mich sehr traurig. Wir fuhren einige Zeit auf einen hohen Berg zu, wo es so aussah, als würde die Straße hier zu Ende sein.

Da hielt das Auto, mein Bruder hob mich aus dem Auto und setzte mich in eine Transportseilbahn, die sich hier nicht sichtlich um die Ecke befand.

„Ich komme nicht mit dir, doch oben, wo die Seilbahn zu Ende ist, warten Freunde von mir schon lange auf dich, die werden weiter für dich sorgen und dort bist du auch sicher!"

Ich versuchte noch, ein Danke aus mir herauszuquetschen, was mir aber misslang, und schon schickte mich mein Bruder in die Höhe.

Ich fuhr bereits einige Zeit in dieser Transportseilbahn und entfernte mich von der Erde immer weiter.

Ich saß nur in einem kleinen Korb, obwohl ich mich nicht bewegen konnte, hatte ich große Angst, dass ich mich auf einmal bewegen könnte, eine falsche Drehung machen und mich selbst aus dem Korb katapultieren würde.

Nun fuhr ich auf eine Nebelschicht zu, der Korb und ich verschwanden hinter dichtem Nebel.

Ich sah nichts, nicht nach oben und auch nicht nach unten.

Nach einiger Zeit tauchte ich aus dem Nebel und befand mich im Himmel.

Unter mir der dichte Nebel und aus dem Nebel standen nur die Bergspitzen, auf die ich mit der Seilbahn zufuhr.

Es schneite leicht und zwischen den Schneeflocken blinzelte immer wieder mal die Sonne durch, wunderschön.

Ich schwebte über den Wolken, und da ich im Korb lag, sah ich auch nichts anderes als den Himmel, dies war ein seltsames Gefühl, aber befreiend.

Auf einmal blieb die Seilbahn stehen.

„Ich bin angekommen“, dachte ich mir.

Neben der Seilbahn stand ein altes Ehepaar, das auf mich wartete, und die Frau sagte, wobei sie ihren Mann an der Jacke zerrte: „Schau schnell, der Verbrannte ist hier!“ Wer war ich nur, dass die beiden mich so herzlich empfingen?

Sie empfingen mich herzlich, halfen mir aus dem Korb und unter ihren Armen tragend schleppten sie mich mit.

Hier begannen meine Füße mich wieder zu tragen und von Schritt zu Schritt trugen sie mich immer besser, sodass ich nach einigen Schritten mich wieder selbst auf den Füßen halten konnte. Ich sah mich um und sah, dass es hier nicht mehr weiterging, um uns gab es nur noch Felsen.

Ich blieb stehen, doch die Frau zog mich an meinem Rock und meinte, ich sollte ihr doch folgen, noch einmal drehte ich mich um und erblickte eine weitere Person, dieser Anblick lies mich erstarren.

Es war jener, der mich schon seit Langem verfolgte, jener, der im Krankenhaus den Tank, in dem ich mich befunden hatte, aufgeschlitzt hatte, es sah nicht gut aus, was würde wohl hier passieren?

Die beiden zogen mich mit und wir verschwanden hinter einer Felswand.

Sie war sehr eng, als wir aus der Schlucht wieder auftauchten, war vor uns das kleine Dorf, von dem mein Bruder gesprochen hatte. Wunderschön, es war direkt an die Felswände geklebt und von keiner Seite einsichtbar.

Begeistert begannen die beiden mir ihr kleines Dorf zu zeigen, und als ich zu der Schlucht zurücksah, aus der wir gekommen waren, blinzelten die Augen meines Verfolgers hervor.

Alles wurde mir gezeigt, es ging über schmale Stiegen hinauf oder hinab, im Raum rein oder hinaus, vier, fünf Häuser waren es hier und etwa sieben Personen, die dieses wunderschöne Dorf bewohnen durften.

Auf einmal blieb ich stehen und machte sie darauf aufmerksam, dass ich Gefahr in ihr kleines Dorf gebracht hatte und sie mich besser so schnell wie möglich wieder mit der Seilbahn ins Tal schicken sollten.

Doch die beiden sagten: „Nein!", und zeigten mir weiter ihre Raritäten des Dorfes, es war so schön, dieses Dorf, es konnte nicht Wirklichkeit sein, zu schön war es, einfach märchenhaft.

Wieder versuchte ich ihnen zu erklären, wer dieser Mann sei, da sagte die Frau: „Ach, der gehört ja zu uns!"

Ich ahnte nichts Gutes und wieder wollten mich meine Füße nicht mehr tragen.

Wir befanden uns außerhalb der Gebäude und ich sagte zu der Frau: „Ich kann nicht mehr stehen, könnte ich mich wo hinsetzen?"

Da winkte die Frau mit ihrer linken Hand ganz begeistert und sagte: „Komm mit, da vorne haben wir ein schönes Plätzchen, da setzen wir uns hin!"

Wir gingen noch einige Schritte, die Dame hielt mich fest am Arm und mit ihrer Hilfe schaffte ich es noch bis zu einer Sitzbank.

Als wir uns vor der Sitzbank befanden, ließ ich meinen schweren Körper auf die Bank sacken.

Nun saßen wir auf der Bank, ich war sehr erschöpft und brauchte einige Zeit, bis ich wieder zu Kräften kam, dann auf einmal überblickte ich ein herrliches Bergmassiv und diese Sitzbank befand sich oberhalb des Ortes, auf den wir hinuntersahen.

Bäume wuchsen unkontrolliert zwischen den Häusern.

Das ganze Dorf war aus Stein erbaut und viel Holz war integriert, aber so wunderschön und liebevoll gestaltet, dass ich zu mir sagte: „So etwas Schönes hab ich zuvor noch nie gesehen, hier möchte ich bleiben, bis ich gesund bin!"

Doch kaum hatte ich dies gedacht, kam Angst und Trauer über mich.

„Man hat mir doch gesagt, dass ich weiterleben dürfte, doch ich bin mir sicher, dass hier ein Unglück passieren wird, und werde ich dieses überleben?"

Nochmals wollte ich dieser Frau schildern, dass ich eine Gefahr für sie sei, doch sie hielt ihren Finger an ihre Lippen, ich sollte still sein, und danach stand sie auf und verließ mich.

Nun saß ich alleine hier und war traurig, alles ging mir durch den Kopf und immer wieder bekam ich Kraft durch dieses schöne Dorf, auf das ich immer wieder hinuntersah, und die Berggipfel, die sich rot verfärbten, denn die Sonne wollte hinter den Berggipfeln verschwinden.

Nun war es schon dunkel und ich saß immer noch auf dieser Bank, da kamen die beiden zu mir und holten mich und langsam und mit viel Geduld wurde ich ins Dorf zurückgebracht.

In dem Haus, in das ich gebracht wurde, war alles mit kleinen Kacheln verfliest, die mit kleinen, hellblauen Punkten versehen waren.

Der Ofen, der hier stand, war eingeheizt und die Ofentür war offen, sodass ich aufs Feuer sehen konnte, ich fühlte mich sehr wohl hier.

Wieder überkam mich die Sorge um die Menschen hier und ich sagte wieder: „Ihr müsst mich von hier fortschaffen, es wird hier etwas Fürchterliches passieren, es ist nicht gut für euch, wenn ihr mir Unterschlupf gewährt!"

„Was soll hier schon passieren?"

„Es könnte das ganze Dorf mit uns fortfliegen!"

„Wieso sollte so etwas passieren?"

„Weil ich hier bin!"

„Weißt du, wir sind nun schon hunderte Jahre hier, vielleicht haben wir durch dich die Möglichkeit, von hier zu verschwinden!"

Ich sagte kein Wort, doch leise schwirrte es mir im Kopf: „Hunderte Jahre hat sie gesagt? Bin ich vielleicht wirklich im Himmel?"

Doch es sah hier aus wie in unserer Welt, einfach schön.

Seit ich in diesem Krankenhaus war, war ich mir sicher, dass ich wieder auf der Erde war, doch was zuvor gewesen war, hatte keine Ähnlichkeit mit dem Planeten Erde.

Doch der Himmel konnte dies nicht sein, die Böden waren aus Holz mit Einlegearbeiten, die Wände waren mit Stuck versetzt und neben der Küche sah ich zu einer Brennerei hinaus.

Von diesem Raum aus sah ich, dass in diesem kleinen Dorf die Häuser von innen mit Türen verbunden waren.

Ich sah zum Fenster hinaus und es schneite, sonst war nichts zu sehen.

Ich verbrachte in diesem Dorf einige Wochen, wobei ich die meiste Zeit auf dieser Sitzbank saß und über das Dorf zu den Berggipfeln sah.

Nach einigen Tagen in diesem Dorf begann es stark zu schneien und bald darauf waren meterhohe Schneewehen um mich.

Doch mein Platz war auf der Bank, ob es schneite oder nicht, ich dachte über mein Leben und das jetzige nach.

Den Weg zur Sitzbank befreiten meine Gastgeber jeden Tag vom Schnee und sie verwöhnten mich so sehr, so wie ich noch nie verwöhnt wurde.

Eines Tages ging ich am frühen Nachmittag zurück ins Haus, da betrat der Mann, der mich verfolgte, den Raum, die Frau begrüßte ihn herzlich, so als würde sie ihn schon lange kennen.

Er kam auf mich zu und sagte: „Herbert, nun komm, wir gehen Schnapsbrennen, du kennst dich aus und ich würde gerne dein Urteil über mein Können bekommen."

„Das Urteil ist kein gutes!", dachte ich mir und folgte diesem Mann.

Als wir alleine waren, sagte er leise zu mir: „Du weißt, dass du mir gehörst und ich dich mitnehme!"

„Ich weiß, nimm mich und lasse die anderen Menschen in Ruhe, mach mit mir, was du willst!"

„Nein, das geht nicht! Du bist hier und ich nehme euch alle mit in den Tod."

Der Schnapsbrennkessel wurde mit Gas beheizt und er war bereits heiß und fertiger Schnaps kam aus dem Kühlgefäß, es war alles in Ordnung, nur öffnete er nun eine Öffnung an der Brennblase und der Schnapsdampf konnte von dieser Öffnung schneller und wuchtiger entweichen.

Es ging wie bei mir vonstatten, der Schnaps breitete sich blitzschnell an der Decke aus und drang durch die Türen in die anderen Räumen vor, nun sah ich das ganze Geschehen in Zeitlupe, das ich bei mir nicht sehen konnte.

Es gab hier kein elektrisches Licht, der Schnaps wurde immer tiefer zu Boden gedrückt und erreichte eine brennende Kerze, die auf einem Tisch stand.

Aus der brennenden Kerze wurde ein Feuerball, dessen Wucht die Gasflaschen anhob, die hier herumstanden, und durch alle Türen, die sich in diesem Raum befanden, schoss.

Während des Fliegens explodierten auch diese, das führte zu einer enormen Explosion. Ich sah, wie die Steine, auf denen die Gebäude erbaut waren, sich erhoben und dadurch das ganze Dorf zu Steinen zerbröselte.

Ich flog mit den Steinen und Häuserteilen, sah, wie ich schneller war als diese und der Feuerball und auch die Steine mich verließen.

Ich durfte weiterfliegen und das Dorf war zu Stein geworden.

Auch mein Flug ging zu Ende und ich erwachte wieder in diesem großen Saal bei dem Juden.

Langsam öffnete ich meine Augen und suchte nach einem Anhaltspunkt, um herauszufinden, wo ich war.

Endlich wusste ich, wo ich war, und glücklich und zufrieden fragte ich den Juden: „Sind deine Gäste bereits abgereist?"

„Ja, es war eine schöne Feier, Ostern ist schön, man spricht mit Zuneigung miteinander über Glauben und Kultur und man sollte Streit vermeiden."

„Was ist der Glaube für dich?"

„Glaube ist, du weißt es durch persönliche Erfahrung, dass das wahre Leben erst nach dem Tod beginnt, dies sollte man den Menschen klarmachen, dass nach ihrem

Tod die Abrechnung kommt und danach das Leben der Energie beginnt.

Doch die meisten Menschen benehmen sich auf dieser Welt nur deswegen so unsozial, weil sie glauben, dass nach ihrem Tod alles vorbei sei.

Man müsste ihnen klarmachen, dass die Abrechnung nach dem Tod dem Wirken des Lebens um das Hundertfache, wenn nicht für gewisse Menschen das Tausendfache übersteigt.

Auch sollte der Mensch erfahren, dass das Sterben im Jenseits um das Hundertfache, wenn nicht für gewisse Personen das Tausendfache schmerzhafter sein würde als im Leben.

Erst wenn jedem Menschen dies klar ist, werden sie vor gewissen Handlungen Abstand nehmen und Herz und Seele entscheiden lassen."

Ich durfte all dies an meinem eigenen Körper erfahren, im Leben kann ich nur einmal sterben, doch in dieser Welt stirbt man unendlich oft.

Ich flehte zu Gott, nicht nur einmal, nein, des Öfteren, er sollte mich verrückt werden lassen, nein, ich musste meine Schmerzen zur Gänze fühlen.

Das, was ich erlebt hatte, im Tiefschlaf und in der Zwischenwelt, würde ich meinem ärgsten Feind nicht wünschen, doch bin ich sehr froh darüber, dass ausgerechnet ich das erleben durfte.

Es wird für jeden von uns die Zeit kommen, ob Feind oder Freund, dass er seine eigene Zwischenwelt erfahren wird und in dieser leben muss.

„Der Mensch vernimmt es nicht, wenn er stirbt, er lebt einfach in die andere Welt hinüber. Du hattest einen

Unfall und hast mit dem Tod nicht gerechnet, deswegen dauerte es so lange, bist du begriffen hast, wo du warst!

Du bist des Öfteren gestorben und hast es nicht vernommen, denn es geht gleitend, ohne Unterbrechung weiter in die Welt der Energie."

Nun kam ich in die Aufwachphase und in eine Welt, der ich nur sehr langsam zu trauen begann.

Denn in der Zwischenwelt wollte ein jeder meinen Tod, dass es jetzt anders sein sollte, daran musste ich mich erst langsam gewöhnen und es dauerte einige Zeit, bis ich Vertrauen in diese gewann.

Ich befand mich noch einige Zeit in einer Traumwelt und lebte mit Menschen, die es nach meinem Erwachen nicht mehr gab.

Da gab es das Äffchen, das zog mich an den letzten Haaren, die ich noch hatte, kitzelte mich an der Nase und ärgerte mich sehr.

Der kleine Bub klebte mir in der Nacht oder in der Zeit, in der ich schlief, Pflaster, Abziehbilder und so weiter auf meinen Körper.

Der Pfleger verschwand immer mit seiner Freundin, was sie taten, war offensichtlich.

Die Tochter, sie war die angenehmste, sie war sehr besorgt um mich, half mir in allen Lagen und mit ihr konnte ich auch sprechen.

Doch auch in dieser Zeit sahen verschiedene Jäger zum Fenster herein, das sich neben meinem Bett an der Wand befand.

Diese Familie begleitete mich so lange, bis ich in unserer Welt zurückdurfte.

Sie verschwanden, ohne sich zu verabschieden, und so suchte ich sie nach meinem Erwachen noch einige Tage, ohne Erfolg.

Als ich meine Augen öffnete und ich wieder in der realen Welt war, stand meine Frau neben mir und kam mit der ersten schlechten Nachricht: „Die Gina, sie kann ihren Vorderfuß nicht mehr gebrauchen."

Ich unterbrach sie und sagte: „Ich weiß, die Jäger haben sie angeschossen!"

„Nein, das stimmt nicht, der Arzt sagte, das kam vom vielen Stiegengehen. Wir müssen sie operieren oder ansonsten werden wir sie in ein paar Monaten einschläfern müssen."

„Unbedingt operieren!"

„Das kostet 1000 Euro!"

„Macht nichts, wir werden noch so viele Schwierigkeiten haben, dass dies nur ein Klacks sein wird."

Gina wurde operiert und Gina begleitet uns heute noch durchs Leben.

Von der Intensivstation wurde ich auf Station verlegt und nach einigen Tagen befand ich mich wieder in unserer Welt, in meinem Kopf hatte ich das volle Programm aus der anderen Welt und die Energie, die ich in mir verspürte, war enorm.

Diese Energie war so stark, dass es mir so vorkam, als hätte ich 40 Grad Fieber, was nicht stimmte.

Schlafen war unmöglich und nur mit Tabletten konnte ich von neun Uhr abends bis zwei Uhr morgens schlafen.

Danach holte mich das andere Leben ein und ab zwei Uhr morgens wurde mein Körper von ihnen in Beschlag genommen.

Etwas war in mir und zu diesem kamen immer wieder verschiedene Menschen, mit dem sie sprachen.

Ich war ein im Abseits stehender Unbeteiligter.

Dieser Vorgang dauerte bis vor einem Jahr an, tausende Menschen kamen zu mir und sprachen mit mir, ohne dass ich ein Word verstand, und vor einem Jahr wurden sie weniger, bis sie ganz verschwanden.

Nur hin und wieder kommt jemand und die, die jetzt noch kommen, schimpfen hauptsächlich, sie schimpfen, warum sie jetzt schon sterben mussten, denn all die Menschen, die zu mir kamen, waren sicherlich Sterbende.

Dasselbe passiert mit der Energie, die ich aus dem Kosmos mitbrachte, zwei Jahre hätte ich nicht schlafen müssen und ich hatte Kraft, wenn mein Körper mitgemacht hätte, ich hätte Bäume ausreißen können.

Doch seit meinem letzten Reha-Aufenthalt begann meine Energie zu schwinden und meine Frau sagte, dass ich nicht mehr so heiß sei wie zuvor.

Diese Energie war magnetisch, sodass ich an allem, was Eisen war, kleben blieb. Da bin ich schon sehr froh, dass ich einen Großteil dieser Energie wieder los bin.

Als ich das erste Mal meine Notdurft auf einer dieser eisernen Schüsseln verrichten musste, blieb die Schüssel an mir kleben und nur zu dritt schafften sie es, sie von mir zu entfernen, wobei sie Hautstücke von mir mitrissen.

Danach mussten sie Plastikschüsseln besorgen und diese beschmierte ich noch mit Salbe, dass ich nicht daran kleben blieb.

Die Energie des Körpers ist unwiderruflich, sobald sie gezeugt ist aus Teilenergien von Vater und Mutter und kosmischer Energie, ist sie nicht mehr zu entsorgen, sie wächst und wächst.

Nach dem Tod kehrt sie zurück in die Zwischenwelt und wenn sie von dort freigegeben wird, kehrt sie zurück zum Ausgangspunkt der kosmischen Welt und wird dort alle ihr angehörigen Energien treffen.

Vier Monate nach meinem Spitalsaufenthalt sah ich einen Bericht über einen Rebellen, dessen Organisation in einem afrikanischen Staat bis zu einer Million Menschen mit den Schwertern abschlachtete, dieser gute Mann ist in Amerika, ausgerechnet in Amerika, auf Asyl.

Er wurde von den Reportern befragt und er beteuerte seine Unschuld und dass er mit den Massakern nichts zu tun hatte.

Doch ich sah das erste Jahr nach meinem Unfall in beide Welten, ich sah unsere Welt und sah zugleich in die Zwischenwelt, da sah ich in seinen Augen die Angst, die in ihm steckte.

Vor allem Leute, die schwere Verbrechen begangen hatten und nicht mehr die Möglichkeit hatten, sie wiedergutzumachen, diese Leute haben enorme Angst.

Haben am meisten Angst alleine zu sein, denn wenn sie nicht abgelenkt werden, holt sie ihr Gewissen ein und sie fallen in ein Loch, das kein Ende hat.

Ich sah in seine Augen und sah in der Zwischenwelt, wie viele hunderttausende Menschen auf ihn warten, diese Seele wird hunderttausend Mal sterben müssen, aber jedes Sterben wird hundertmal schmerzhafter sein als das Sterben, das er befohlen hat.

Seine Seele wird mit Sicherheit verstümmelt wie so viele andere auch.

Es ist möglich, dass diese Menschen nach ihrer Aburteilung noch ein schweres Leben bestreiten müssen, wo ihnen nichts gelingt, ihnen immer wieder alles genommen wird und sie nur Fußabstreifer anderer sein werden.

Noch einmal zurück zu der Energie, die Energie des Menschen ist wie die Energie von Atomstäben, hat man die Energie entzündet, ist sie nicht mehr abzustellen.

Atomstäbe kann man einbetonieren und so ihre Strahlung aufhalten, nur diese Energie kann nicht gestoppt werden.

So ist es auch mit unserer Energie, nur lässt sich diese Energie nicht einbetonieren, sie durchdringt alles und so kann sich dieser afrikanische Rebell auch nicht einbetonieren lassen zum Schutz vor seinen Verfolgern in der Zwischenwelt, er hat keine Chance, sich vor seinen Richtern zu drücken.

Auf dieser Welt ist alles möglich, Opfer werden zu Tätern, Täter zu Opfern, aber das Schöne ist, dass keiner sich vor seiner Verurteilung in der Zwischenwelt davonschleichen kann.

Als ich nach Hause und zu meiner Mutter kam, war sie bereits sehr schlecht beisammen.

Ich ging auf sie zu und sagte: „Mami, ich bin es, der Herbert!“

Sie sah mich an, sah auf meinen schwarzen Handschuh, wischte mit ihren Fingern darüber, so als würde sie den Stoff prüfen.

Nach dem Tiefschlaf musste ich zur Behandlung einen Druckanzug tragen und dieser war schwarz und sofort fiel mir ein, dass ich einen Handschuh davon bereits in der Zwischenwelt getragen hatte, als meine Mutter im Erdboden versunken war.

Ich vernahm, dass sie sich nicht ganz sicher war, dass ich es war, denn mein Aussehen hatte sich stark verändert.

Der Vorgang war derselbe wie in der Zwischenwelt, als sie meine Mutter als Opfer genommen hatten, dann sah sie mich wieder an und sagte: „Der Herbert."

Am nächsten Tag musste ich zur Rehabilitierung, es dauerte nicht lange, etwa um neun Uhr wurde ich angerufen: „Deine Mutter ist verstorben."

Kurz darauf begann die Leica, unser Hund, zu brechen, wir gingen zum Tierarzt, ihre Bauchspeicheldrüse hatte versagt, wir mussten sie einschläfern lassen.

Lange hatte ich überlegt, ob ich sie nicht erschießen lassen sollte, denn Einschläfern ist oft sehr schmerzhaft für die Tiere, dann aber haben wir uns für das Einschläfern entschieden und Leica musste nicht leiden dabei.

Einige Tage darauf blieb meine älteste Hirschdame liegen und stand nicht mehr auf.

Ich kniete mich neben sie und nahm sie in meine Arme, genauso wie in meiner Tiefschlafphase, ich drückte sie und sie legte ihren Kopf in meinen Schoss.

Ich wartete noch einen Tag ab, es gab keine Besserung mehr, ich musste sie erschießen lassen.

Sie wurde von Hannes erschossen.

Die Menschen aus dem Tiefschlaf halfen mir noch lange und ich glaube sogar heute noch.

Meine Wunden heilten schneller als bei anderen und meine Innereien wurden gesund, alle sprachen von einem Wunder.

Mein Wunder kam aus der Zwischenwelt, doch jedes Wunder fordert seinen Tribut, der von mir nach kurzer Zeit eingefordert wurde.

Dadurch, dass ich sehr oft und lange keine Luft bekommen oder im Tiefschlaf nicht selber geatmet hatte, musste ich meinem Körper das regelmäßige Atmen wieder beibringen, wobei ich nächtelang aufrecht saß und immer zu diesem sagte, er sollte atmen.

Heute habe ich kein Problem damit.

Diese Erzählung berichtet über einen kleinen Teil meiner Erlebnisse aus der Zwischenwelt, viele kann ich nicht erzählen, da ich sie nicht richtig beschreiben kann.

Den größten Teil meiner Zeit in der Zwischenwelt verbrachte ich in einer Welt, die ich die Computerwelt nenne, denn diese Zeit war für mich als hätte ich mich in einem Computerspiel befunden. Hier möchte ich nur einige Beispiele anführen.

Ich lag zum Beispiel auf einem Bett, der Raum war dunkel und er wurde von unten beleuchtet, sodass die Dunkelheit in diesem Raum nur leicht beleuchtet wurde.

So war der Raum unter meinem Bett heller und nach oben hin wurde er immer dunkler.

Der Raum war etwa zehnmal zehn Meter groß und auch etwa zehn Meter hoch, vielleicht etwas größer.

Der Raum hatte keine Decke, sondern wurde bedeckt von einer Weltkugel, ein Planet, der sich langsam über mir drehte.

Er drehte sich, wie sich eben ein Planet dreht, und zu diesem sah ich vom Bett aus gerade hoch.

Im Laufe der Zeit sah ich verschiedene Planeten, aber keiner war so schön wie der Planet Erde.

Die Oberfläche war meistens braun, hügelig, wüstenähnlich und zu diesem sah ich auf.

Auf einmal waren Wege auf diesem Planeten markiert und an gewissen Stellen waren rote Punkte gekennzeichnet und so drehte sich dieser Planet über mir immer fort.

Da ich an diesen Geschehnissen hunderte Male beteiligt war, wusste ich bereits nach den ersten paar Mal, dass ich mir diese Wege einprägen musste, damit ich dann in dieser Welt meine Aufgabe besser bewältigen konnte.

Diese Anblicke waren für mich natürlich prachtvoll, ich lag da und konnte von der Farbenpracht dieser Planeten nicht genug bekommen.

Auf einmal wurde ich aus meinem Bett hochgezogen, Richtung Planeten, und in diesen ausgespuckt. Ich war nie alleine, wir waren immer Hunderte.

Ich stürzte dann von oben herunter und landete entweder im Wasser, in Wüsten, Gebirgen oder was weiß ich noch.

Alles war anders und fremd auf diesem Planeten, wir mussten versuchen zu überleben, was uns sehr selten gelang.

Von hier aus mussten wir versuchen ein Ziel zu erreichen.

Immer musste ich diesen Haufen anführen, aber wie wir dieses Ziel erreichen sollten, wusste ich zuvor nie.

Schafften wir es nicht, da wir verdursteten oder ertranken, lag ich wieder in diesem Bett und sah zu den Planeten hoch.

Schafften wir es, schaffte ich es aber nicht, die Brücke, die dann vor uns war, zu überschreiten, denn ich war immer zu langsam und die Brücke verschwand.

Der Kampf ums Überleben und das Sterben waren für mich real.

Ich flehte hunderte Male zu Gott, er möge doch Erbarmen mit mir haben und dem ein Ende machen oder wenigstens mich verrückt machen, sodass ich das alles nicht voll mitbekommen würde, nein, ich musste das hunderte Male Sterben mit all meinen Gefühlen und Leid miterleben.

Solche Spiele wurden mit mir hundertfach gespielt und so kam es mir auch vor, als ich aus dem Tiefschlaf erwachte, als wäre ich 20 Jahre von dieser Welt weg gewesen.

Auch heute, nach drei Jahren, kommt es mir noch so vor und nur langsam kehrte ich in unsere Welt zurück.

Einmal, in der Zwischenwelt, kam auf mich eine Person zu und sagte: „Du interessierst dich für Geschichte?"

Ich nickte, da sprach diese Person weiter: „Du bist vom Olariziberg, hast viel Interessantes über diesen Berg geschrieben, willst du eine Geschichte von diesem Berg sehen?"

Ich nickte wieder.

Schon war ich im Geschehen, ich lag in einem Krankenbett, hier auf dem Olariziberg, da kam eine Frau auf mich zu und sagte: „In den nächsten drei Tagen kommen die Türken, sie rücken mit einer enormen Armee heran und sie marschieren auf uns zu. Auch ich habe eine Armee mobilisiert, etwa 3000 Mann, die heute Abend noch eintreffen."

Meine Bahre ließen sie einfach auf der Kuppe stehen, von überall kamen Soldaten und sie quartierten sich ein.

Ich war zurückgesetzt ins Mittelalter und verfolgte das Geschehen, es faszinierte mich enorm.

Sie bauten Abwehrstellungen und es wurde Nacht, da kam eine Frau auf mich zu und sagte: „Die Soldaten haben Hunger, du musst für sie Essen besorgen."

„Ich weiß nicht wie! Sie sollen Backhendl vom Schalk holen!"

„Wer ist der Schalk? Den kennen wir nicht. Ich habe zu ihnen gesagt, sie sollen deine Ziegen essen!"

„Nein!"

„Zu spät, sie sind bereits geschlachtet."

Wut entzündete sich in mir, doch ich war schuld, ich war so neugierig.

Die Nacht verging und am nächsten Morgen waren die ersten Türken zu sehen und die Angriffe begannen.

Mit Pfeil und Bogen und Schwertern wurde gekämpft, ich befand mich unter dem Getümmel, Pfeile flogen über mich und neben mir wurde gekämpft mit Schwertern und Messern.

Es war fast wie in der Pyramidenwelt, nur hier wurde einfach aufeinander eingeschlagen, in der Pyramidenwelt waren es elegante, gleichmäßige Bewegungen gewesen, die sie zur Musik gemacht hatten. Es war ein Ritual, das sie mit Ehrgeiz pflegten.

Vermutlich waren sie nur für diese Pflege des Rituales auf dieser Welt.

Da rief eine Stimme: „Schafft mir den Verbrannten weg!"

Sie packten meine Bahre und ich wurde in einen Raum geschoben, die, die mich geschoben hatten, verließen den Raum wieder und schlossen die Tür hinter sich.

Nun war ich alleine hier und hörte von draußen den Lärm des Kampfes.

Auf einmal wurde es ruhig und nichts war zu hören.

Ich wartete gespannt auf das, was nun auf mich zukommen würde, auf einmal riss jemand die Tür auf und Türken stürmten zu mir in den Raum.

Zehn Schwerter waren im selben Moment auf mich gerichtet und ich wartete nur noch auf den Einstich.

Sie verharrten und eine Stimme sagte: „Ach, der Verbrannte", und sie verließen wieder den Raum.

Solche Geschichten wurden mir zu hunderten gezeigt, nur musste ich ihre Erzählungen immer live miterleben und des Öfteren auch mit sterben.

Ich habe auch kein großes Bedürfnis mehr, von Zuhause wegzufahren.

Als ich vom Tiefschlaf in diese Welt zurückgekommen war, hatte sich in mir viel verändert und ich glaube, ich kam nicht alleine zurück. Ich lag hier im Krankenbett und niemand sagte mir etwas über meinen Zustand, ich kannte nämlich meinen eigenen Körper nicht mehr.

Ich lag im Bett und konnte mich nicht bewegen, über meine Hände waren schwere Handschuhe gezogen, so konnte ich diese nicht bewegen.

Mir schmerzten alle Gelenke und Schmerzen kamen von überall, ich wusste gar nicht, dass ein Mensch so viele Schmerzpunkte haben konnte.

Nach drei Tagen, nur durch viel Flehen, wurden mir diese Handschuhe entfernt.

Die Haut an meinem Hals war steinhart und zum Rücken zurück hingen Hautfetzen weg, an denen ich immer mit meinen Fingern zu reißen versuchte.

Auch an den Händen, am Kopf und allem, was ich an mir ertastete, standen Hautfetzen weg. Am Kopf hatte ich Schuppen, die aussahen wie Schuppen von einem Karpfen.

Mir wurde viel gesagt und gezeigt in der Zwischenwelt, was mit meinem Körper sei, nur wirklich geglaubt hatte ich niemandem und so musste ich nach und nach meinen Körper selbst erforschen.

In der Bewegung war ich schon extrem eingeschränkt, doch die Energie, die ich aus dem Tiefschlaf mitbrachte, war so enorm, diese wollte viel von mir und ich konnte nichts.

Diese Kombination war fast nicht zu ertragen und wiederum musste ich selbst herausfinden, was mit mir war, ich fragte die Schwestern, die Ärzte, meine Frau und alle sagten nur: „Ruhe dich nur aus, du hast so viel Zeit."

Dann waren noch die Erlebnisse aus dem Tiefschlaf, die ich so erlebt hatte, wie eben die reale Welt hier ist, ohne Unterbrechung und somit war ich sicher, dass ich sie auch erlebt hatte.

Alle versuchten mir einzureden, dass diese Erlebnisse nur durch die Medikamente entstanden seien.

Ich hatte viel Zeit und begann die Tiefschlafzeit aufzuarbeiten und zur damaligen Zeit wurde mir bei gewissen Situationen auch noch kein Vorhang vorgeschoben und ich sah die Technik und all das Erlebte ganz klar.

An vielem hätte ich eventuell gezweifelt, ob ich dies wirklich erlebt hatte oder nicht.

Doch diese Pyramidenwelt war vollkommen anders als unsere Welt, alles war anders, ob Maschinen, der Planet, die Sonne, der Mensch, Technik, dort gab es nichts Vergleichbares mit unserer Welt, sogar die Musik war völlig anders.

Hätte ich dies geträumt, wo hätte ich diese Träume her? Wäre es so, dann hätte ich diese Welt zumindest vor meinem Leben erleben müssen, denn etwas, was der Mensch nie gesehen hatte oder das es sowieso nicht gibt, kann man auch nicht träumen.

Ich kann mit Sicherheit behaupten, dass nicht nur die Medikamente schuld waren an meinen Erlebnissen, sondern das ich doch irgendwie auserwählt wurde, diesen schweren Weg zu erleben.

Es könnte sein, dass auch in der Zwischenwelt niemand damit rechnete, dass ich überleben könnte und dass ich deswegen alle Vorkommnisse aus der Zwischenwelt in meine Welt mit zurücknehmen konnte.

Ich durfte die Welten sehen, in ihre hohe Intelligenz eintauchen und sehen, dass Menschenarten auch ohne Säuglingsgeburt zu Welt kommen könnten.

So wie zum Beispiel als ausgewachsener Mensch aus einem Kokon schlüpfen oder als Schmarotzer an fremden Körpern wachsen und so weiter.

Mit Hilfe meiner Ärzte und natürlich mit Hilfe aus der anderen Seite konnte ich mich so erholen, dass an mir keine gravierenden Spuren blieben.

Etwa ein Jahr trieb mich etwas an, das war so stark, dass es mich vollkommen in Beschlag nahm.

Kaum machte ich keine Tätigkeit, hatte mich diese Kraft wieder im Griff.

Immer wieder sagte ich zu meiner Frau: „Hilf mir, ich hab was vergessen, weißt du, was ich vergessen habe?" Ich war auf der Suche nach etwas, von dem ich nicht wusste, was es war.

Dies dauerte so lange, bis ich zu malen begann, und nun kann sich diese Kraft, die mich antrieb zu suchen, mit mir austoben und wir beide malen und malen.

Nach außen hin sieht man an meiner Haut schon noch die Verbrennungsnarben und Hautentnahmestellen, doch innerlich hat sich mein Körper sehr gut erholt.

Irgendwie habe ich das Gefühl, dass mir die Energien von der anderen Seite alles zeigen und mich danach doch weiterleben lassen wollten.

Denn wäre das nicht der Wille dieser Mächte gewesen, ich wäre sicher gestorben, da bin ich mir sicher wie das Amen im Gebet.

Mein Zustand nach dem Unfall verschlechterte sich im Tiefschlaf in den ersten vier Wochen immer mehr, dann irgendwann musste ich mich entscheiden, Leben oder Tod, wobei ich mich für das Leben entschied.

Von dort an verheilten meine Wunden so schnell, dass das Krankenhauspersonal nicht verstand, was hier vor sich ging.

Einen Monat später, nach dem Erwachen, kam ich zur Reha nach Tobelbad, hier wurde mir gesagt, dass meine Wunden so aussehen würden wie nach etwa acht Monaten, dies war das Ergebnis der Hilfe von der anderen Seite.

Die Kraft der Energie, die ich mitbrachte, wirkte sich bei mir so aus, als würde man im Winter, an sehr kalten Tagen, mit nassen Händen oder mit der Zunge an Eisen kommen, dabei würde man kleben bleiben, dies war der gleiche Vorgang, nur bei mir auch bei Wärme.

Nur war ich in diesem Krankenhaus wahrscheinlich der erste, dem es so erging, denn niemand wusste, was mit mir geschah.

Ich schilderte dies meinen Krankenschwestern, die mir natürlich kein Wort glaubten, im Gegenteil, am nächsten Tag hatte ich zwei Tabletten mehr in meiner Tablettenbox.

Ich wusste von nun an, dass ich mit diesen Problemen alleine fertig werden musste, und so machte ich es auch.

Wenn die Schwester aus dem Zimmer war, begann ich vorsichtig das Leinentuch herauszuziehen und stülpte es über alle Eisenteile, die mir gefährlich wurden.

Doch wenn die Schwestern kamen, bauten sie sofort das Bett wieder in seinen Urzustand zurück, und sie schimpften mit mir, doch ich konnte nicht anders, denn ich musste auf mich achten.

Diese Energie erzeugte zwar kein Fieber, aber mein Körper fühlte sich heißer an, dieser Zustand dauert auch heute noch an.

Als ich mich das erste Mal nach dieser langen Zeit meines Unfalls und Krankenhausaufenthalts zu meiner Frau legen durfte, erschrak ich, sie war nämlich kalt.

Mit der Zeit haben wir uns wieder aneinander gewöhnt, meine Frau ist kälter und ich bin heißer, wenn sie zu mir kommt und sich an mich schmiegt, stehen ihr nach kurzer Zeit Schweißperlen auf der Stirn, wie in einer Sauna.

Im Sommer ist es so, dass ich ihr nicht zu nahe kommen darf.

Dieser ganze Unfall und das weitere Geschehen hatten mit so vielen Zufällen zu tun, dass es fast kein Zufall mehr gewesen sein kann.

Dass auch die Medikamente bei mir nicht so wirkten, wie sie sollten, dürfte auch wieder auf einen Zufall hinweisen.

So vernahm ich auch die Schmerzen viel intensiver als andere Patienten, ich bin kein Arzt, oder verspüren alle Patienten die Schmerzen so intensiv und vergessen sie dann?

Die Pyramidenwelt, diese hatten sicherlich mehrere Menschen bereits gesehen und so ist es auch zu verstehen, dass auf verschiedenen Erdteilen vor drei-, viertausend Jahre Pyramiden erbaut wurden und diese sich sehr ähneln.

Heute bin ich froh, dass ich ein Auserwählter war, der dies sehen durfte.

Da gibt es noch vieles, das wir pflegen und das aus der Zwischenwelt kam, wie das Weiterleben nach dem Tod oder die Aburteilung und noch so vieles mehr.

Es begann schon mit dem Unfall, diese ganze Vorgeschichte, dass es in dem Raum so ruhig wurde und kalt, dass ich eine Stecknadel fallen gehört hätte. Dass der Kessel sich überhitzt hätte und das mir mit einmal Einheizen gelungen wäre, ist mir unvorstellbar.

In meiner ganzen Brennzeit von 25 Jahren ist mir dies mit der halben Menge Schnaps nicht gelungen.

Dass ich zusehen konnte, wie sich die Schrauben von selbst öffneten, und dass ich ganz normal stehen blieb, obwohl Wände und Dächer davonflogen, ist mir auch nicht erklärbar.

Dann diese Stimme, die mich aufforderte, mich doch zu löschen, und weiter diese Tiefschlaferfahrungen, in der sie mir so viel zeigten, dass es mich heute noch verwundert, wenn ich etwas fertige oder irgendwo neu hinkomme, dass ich dies in meinem Tiefschlaf bereits gesehen hatte.

Ich glaube, sie zeigten mir nicht nur die Vergangenheit, sondern auch wie die Zukunft des Menschen sich gestalten wird.

Eines freut mich am meisten, dass ich mir sicher sein kann, dass ein jeder Mensch durch die Zwischenwelt geschleust wird und ein jeder von uns vor seinem Richter stehen wird, nur ist das Abstrafen in der Zwischenwelt um hundert-, wenn nicht tausendmal strenger als hier auf Erden.

In der Zwischenwelt gibt es kein Bewusstloswerden, dort musst du so lange leiden, bis es ihnen recht wird, deinem Leiden ein Ende zu setzen.

Ich glaube, dass 70 Prozent aller Menschen keine Angst haben müssen vor dem Sterben.

Denn diese Menschen haben so viel Arbeit mit sich selbst und ihren Angehörigen, dass sie gar nicht auf die Idee kommen, anderen Leid anzutun, oder sie haben nie die Möglichkeit, Menschenmassen Leid anzutun.

Das sind die Menschen, die die beste Energie in die Zwischenwelt mitbringen.

Für 20 Prozent dürfte es ein Szenarium werden wie bei mir, doch für zehn Prozent wird es sehr schwierig werden, sie werden fürchterliche Qualen erleiden müssen, solche, die sie sich in ihren schlimmsten Träumen nicht vorstellen können.

Bei diesen zehn Prozent wird ihre Energie verstümmelt, während andere als reine und intelligente Energie weiterreisen und ihre Aufgabe bei ihrer Ursprungsenergie antreten können.

Weiterreisen dürfen nur reine Energien, verstümmelte werden in der Zwischenwelt für Jahrtausende herumirren.

Ich konnte es miterleben, dass Energien durch mich die Zwischenwelt verlassen durften.

Wie zum Beispiel Nadia, ihr Versäumen, im Leben ein Kind zu haben, belastete sie so sehr und durch mich konnte ihr Traum in Erfüllung gehen und nach einigen Jahren zog sie weiter.

Dies zeigt auch, dass viele die Zwischenwelt nicht verlassen wollen, weil ihnen ein Punkt für die Weiterreise fehlt und sie hoffen, dass ihr Wunsch doch noch in Zwischenwelt in Erfüllung geht.

Wen man hier auf dieser Welt gewissenlos und ohne Rücksicht auf andere nur mit den Gedanken nach eigenem Profit durchs Leben geht, wird man auch so in der Zwischenwelt behandelt, niemand wird Rücksicht auf diese Energie nehmen, was man auch verstehen muss.

Es ist wie hier auf Erden, Großmächte glauben und verfügen über enorme Macht, die sie andere spüren lassen.

Nicht nur Großmächte, auch einzelne Menschen säen Gewalt und Ärger und diese müssen natürlich auch mit Gegengewalt und Ärger rechnen, nur zu gut zu verstehen.

Jeder Mensch würde gut daran tun, sein Leben zu bereinigen und dies trifft fast auf alle Menschen zu, egal, welcher Kultur sie angehören. Denn in der Zwischenwelt gibt es keine Kultur, keine Muslime, Christen, Juden oder Andersgläubige, auch keinen Unterschied zwischen Farbigen, sondern nur Sünder, zu denen ich auch gehöre.

Wenn eine Glaubensrichtung glaubt, sie müsste Gottes Werk beschneiden oder verändern, glaube ich, ist sie nicht auf dem richtigen Weg.

Der Mensch wird geboren, um sich zu vermehren und all seine Gefühle auszuleben.

Nur solange wir leben, dürfen wir über unsere Sinnesorgane verfügen und diese mit vollen Zügen genießen. Wenn der Mensch auf realem Wege sterben kann, vernimmt er selbst das Sterben nicht, denn er lebt sich langsam, aber sicher in die Zwischenwelt ein, wohin nach seinem Tod Geist und Seele ziehen.

In der Zwischenwelt wird ein jeder Mensch viel erleben, ertragen und erdulden, und wenn ihm andere das Leben schwermachten, kann er auf sie warten, um sie zu richten.

Nach der Aburteilung wird der Geist abgestoßen und nur die reine intelligente Energie (Seele) kehrt zu seinem Heimathafen zurück.

Eine gestärkte und erfahrene Energie kehrt nach Hause zurück.

Die Zwischenwelt ist die Welt der Energie und des Geistes, hier wird jede Energie sichtbar und deswegen sieht diese Welt viel wuchtiger, farbenfroher und gefährlicher aus.

Hier auf der Erde kann der Mensch seine Körper-Energie nicht sehen, doch manche Menschen können die Energie (Aura) fühlen und sie behandeln.

Man kann sogar diese Energie fotografieren, nur mit den Augen können wir sie nicht sehen.

Ich weiß, dass ein jeder Mensch, auch wenn er es nicht zugeben will, mit Gedanken an ein Weiterleben nach dem Tod glaubt oder hofft, da bin ich mir sicher, dass nach dem Tod ein Leben beginnt, dass man sich im menschlichen Körper nicht vorstellen kann.

Überall dreht sich alles um Energie und mir wurden viele Möglichkeiten mit Energie gezeigt, wie zum Beispiel, dass es in einigen Jahrzehnten keine Schlüssel mehr geben wird, sondern man hat entweder Zugang oder nicht, wenn nicht, ist es nicht möglich, nur einen Schritt in fremde Anwesen zu setzen.

Räder, die sich von selbst drehen und Energie erzeugen, dies ist die Zukunft, keine Kabel, kein Gas, kein Öl, keine Atomkraft, nichts, nur Energie aus Rädern, kleine, große, winzige Räder, alle produzieren Energie und alles wird einfach aussehen.

Wie zum Beispiel diese rote Flüssigkeit, die ein Allheilmittel sein wird und vielleicht bereits in 50 Jahren erfunden wird.

Dass man Sportlern einfach Füße und Hände durchschneidet und diese mit einem anderen Stück verlängert oder vergrößert und dass durch diese Mittel sich auch die Nerven sich wieder verbinden.

Dass der menschliche Körper ein Ersatzteillager sein wird, wissen wir heute schon, doch es wird die Zeit kommen, wo es fast in jedem Haus einen OP-Saal geben wird.

In dieser Zeit werden Menschen sich gegenseitig Teile aus- oder umbauen oder verkaufen, so einfach wird die Medizin werden, sollte den Menschen der Knopf mit der Einfachheit der Energie und des menschlichen Körpers aufgehen.

Wie ich schon andeutete, verbrachte ich die größte Zeit in irgendeiner Art von Spiel, wo es mir so vorkam, als wäre ich in einem Computerspiel.

Wobei ich nun immer wieder denke, ob wir uns nicht wirklich in einem solchen Spiel befinden und dies das Spiel der Götter ist.

Mit diesen sollte man sich nicht anlegen, sondern man sollte sich bemühen, dieses Spiel mit Anstrengung und Ehrgeiz zu spielen, denn unsere Energie, die wir hier auf Erden aufbauen, wird dringend woanders benötigt.

Was auf völliges Unverständnis traf, waren die Schlachthöfe, die wir Menschen für das Schlachten der Tiere bauen, und da zeigten sie mir Beispiele.

Wir fahren mit Lebendtieren in alle Richtungen des Landes, Staates oder was anderes, dazu meinten sie, warum fahrt ihr nicht mit einem fahrenden Schlachthof zu den Tieren und schlachtet sie vor Ort, ohne sie zu stressen und sie in völlige Panik zu versetzen, denn auch die Energie der Tiere ist für sie wichtig. Jedes Lebewesen sowie auch Pflanzen erzeugen Energie und all diese Energie ist für die Welt der Energie von enormer Wichtigkeit.

Es ist doch mit viel Arbeit verbunden, Tiere auf Transporter zu treiben, sie wieder herunterzutreiben und immer wieder treiben, man muss sie füttern oder ihnen zu trinken geben und zugleich wurde mir der ruhige Vorgang gezeigt von einem Schlachtwagen, diese Tiere gehen stressfrei in den Tod.

Wir Menschen sind verantwortlich für uns und unseren Nächsten, wir haben dafür zu sorgen, dass alles, was lebt, Zugang zu Wasser und reiner Luft hat.

Wir sollten uns nicht so sehr auf das Große konzentrieren, denn das Große ist bereits in Auflösung und nur das Kleine kann weiter existieren.

Hier geht es um das Geld, das verdampft, und niemand weiß, wo dieses veredelte Produkt hin geht.

Als ich mit diesem Mann im Tiefschlaf durch die Straße ging, in der viele Brennkessel standen, fragte ich, was sie brennen, einer sagte, er brenne Scheiße, und ein weiterer sagte, er brenne Geld, doch er wüsste nicht, wo dieser Tropfen hingehe.

Der edle Tropfen des Volkes verdampft und diejenigen, die diesen edlen Tropfen bekommen, werden mit der Zeit mit dieser Veredelung nicht mehr handeln können, weil die Mehrheit des Volkes nichts zum Handeln haben wird.

Alles Große wird sich auflösen und den Menschen wird nur seine natürliche Solidarität zu Verfügung stehen. So werden wieder die kleinsten Gruppen in der Gemeinschaft für das Leid der Menschheit sorgen müssen und das Große beginnt zu zerfallen.

Sie machten mir viele Beispiele und ich kann sagen, dass der Krieg im Orient, in Syrien, der Ausgangspunkt für den Zerfall der Großmächte sein wird.

Mir wurde gesagt, dass es bereits in fünf Jahren dieses Europa, wie es 2012 noch war, nicht mehr geben wird. Dieses Ereignis erzählte ich unserem Bürgermeister und er sah mich an, als würde er denken: „Dem Herbert hat es das Hirn wohl auch verbrannt!“ Denn er ist ein großer EU-Befürworter.

Es geht um Respekt, jedes Leben erzeugt Energie, intelligente Energie und um diese geht es im Kosmos.

Respekt für jedes Leben, Mensch, Tier und Natur, alles ist Leben und Energie, in deren Welt wir alle eintauchen werden.

Der Autor

Herbert Hierzer wurde 1959 geboren und lebt in Österreich. Er verbrachte nach seiner Lehre neun Jahre in Deutschland und kehrte danach nach Österreich zurück. Er wurde Landwirt und Unternehmer und kochte in seiner eigenen Weinschänke für seine Gäste.

Am Schreiben hatte er schon lange großes Interesse und nach einem Unfall, nach dem er im Koma lag, brachte er seine Erfahrungen in der Zwischenwelt in seinem Buch „Tiefschlaf“ zu Papier. Allerdings waren auch seine Augen verbrannt, so schrieb er diese Erlebnisse als fast Blinder auf. Nachdem sich seine Sehkraft dann wieder gebessert hatte, konnte er alles in ein Buchformat bringen.

In der Freizeit befasst sich der Autor gerne mit Malen – diese Eigenschaft und Begeisterung brachte er aus dem Tiefschlaf mit – sowie mit Weinbau und klassischer Musik.